湛庐文化 Cheers Publishing
a mindstyle business
与 思 想 有 关

EMPOWER LEADERSHIP

赋能领导力

指数时代领导力转型的关键

田俊国◎著

浙江人民出版社
ZHEJIANG PEOPLE'S PUBLISHING HOUSE

开启赋能领导力的新历程

58集团总裁兼CEO
姚劲波

田俊国是我在中欧EMBA学习时的同班同学，他当时是用友大学的校长，所以我们都称他“校长”。6月初，他邀请我为他的新作《赋能领导力》作序，他以在实践中开发的9门课作为全书的9章内容，结合自己的实践，系统地阐述了互联网时代的领导者带领团队开展业务，同时为下属赋能的全新领导方式。他请我以互联网时代的创业者代表的身份，用真实的创业经历检验其内容的有效性和针对性。拿到书稿后，我饶有兴趣地把它与我的创业经历进行了关联对照，发现共鸣颇多，竟然爱不释卷，一口气读完，下面我简单谈几点感受。

首先，领导者中“领”的含义就是探索业务方向和确立愿景，并持续带领团队向新的愿景进发。书中前两章介绍的领导者如何动用团队力量，群策群力地进行迭代式的业务设计，并引领团队变革的方法和套路就非常实用，我一向认为，在互联网浪潮风起云涌的当今，企业如果不主动拥抱变化、持续提升整体战斗力，就等同于坐以待毙。而持续创新和推动变革不仅需要勇气，更需要有可行的方法套路，书中介绍的方法简单实用，给我很大启发。

其次，领导者中“导”的含义就是引导下属与团队，帮助他们借助工作平台实现个人价值和持续成长。书中认为卓越的领导者会培养下属成为优秀的领导者，下属的成功衬托出领导者的成功。这一点我深有体会。早年我自己的领导风格是比较强悍的命令型，要求员工必须按我的意思执行。后来在实践中发现，员工没有按我的意思执行，却给了我更好的方案、更好的结果。在反思中我逐渐认识到，其实自己的方案未必是最完善的，在某些方面也未必是最强的，企业发展只需要找到最好的途径就可以了。而田校在这本书中系统地介绍了用教练技术激发下属创造力，以及组织团队在工作中学习的内容，他的方法实操性强且简单有效，同时把背后的心理学原理挖得很透。

最后，领导者自己也是在事业中修行的人，领导者只有持续提高自己的格局和影响力，才有资格持续领导企业前进。书中第三部分讲的是赋能领导者应具备的三大能力，特别提到持续拓展人脉和用故事提升自身影响力的问题。没错，在互联网时代一定要做个有人气的领导者。我说过，今天创业，只要你是一个会讲故事的人，就能抢占先机。而田校的这本书，把故事如何影响人的原理解释得非常精辟，总结出整套开发故事和讲故事的策略，是我见过的最具实操性的策略。这本书的最后还提到领导者的反思修养，他所主张的“成功之前最需要养成反思的习惯”我深度认同，几个反思工具也非常接地气。

此外，解决问题、化解冲突、经验萃取和业务复盘等内容也十分精彩。全书给我印象最深的是：**理论剖析有深度、操作手法接地气，领导者用这套方法确实可以把在工作中“赋能”这个理念落到实处。**

2017年5月，田校宣布创业了。他在公众号上发表的文章中写道：“从职场高管到创业新兵，重新把自己置身于巨大的不确定性中，只为开启另一段修身历程。正如美国诗人罗伯特·弗罗斯特（Robert Frost）在诗中写道：森林里有两条路，我选择了人迹罕至的那一条，所以看到了不一样的风景。只要内心光明，崎岖只当风景，荆棘权作花红！”至少，我从他的这本《赋能领导力》中解读到，他在领导力培养方面选择了一条不一样的路，将看到不一样的风景。如果说从创业宣言中解读到了他的勇气的话，这本书让我看到了他这份勇气背后的底气。

领导力是可以修炼的

创业黑马创始人、董事长
牛文文

当一个人开始创业的时候，首先面临的就是领导力的问题，创业者都是要在不确定性中寻求确定性的冒险者。所有优秀的创始人必然是具备领导力的领导者。在创办《创业家》以及黑马成长营的过程中，我深感领导力对创业者的重要性。所以看到田俊国先生的新作《赋能领导力》中对于“领导力”的描述与阐释，我深有同感，这是一本不仅对企业管理人员，乃至对普通的基层员工都十分有益的好书。领导力是后天修炼的，是可以学习和培养的。只要你有意愿，只要你有能力并努力，人人都可能成为领导者。

如今的企业员工普遍都有这样的工作感受：整天忙于那些毫无意义且看不到尽头的工作任务；在太多的公司里，不仅员工不知道自己在做什么，甚至他们的上司也不知道什么是有价值的；员工们只是按惯性前行，完全不知道自己身在何处，迷失了方向。这就是无序的领导，即使你忙得焦头烂额，也不一定有好结果。这也是如今许多企业所面临的共性问题。

领导力是一个人或一个组织综合素质和综合实力的体现，它不是指地位和权力，而是一种实在、方向明确、积极向上、充满正能量的影响力。领导力不完全取决于领导者，它的有效性还取决于领导环境和追随者。只有追随者接受和认同，才能形成真正的领导力。

高层领导者的工作不是待在办公室里发号施令、利用权力与威胁来管理，而要走出办公室，不断与员工沟通公司目标并激励他们去完成。对基层管理者同样如此，必须对员工的能力给予一定信任，为下属“赋能”，帮助下属成长、成功。只有设立清晰明确的目标，增强与员工之间的沟通，彼此间建立信任，才会取得事半功倍的效果。而这些因素便是有效领导力的基石。

今年，创业黑马在内部做了一次组织上的变革，这个变革的主题是：年轻人要勇敢地站在舞台中央，要主导公司的成长。我觉得，一个公司的成长，是因为人。我不相信，当我们要开创一项新业务的时候，招募一个新的团队就能做下来。我相信的是，我们现有团队的成长和成熟，会促使公司战略的延展和拓展，要敢于为团队的成员授权。

我与海底捞的创始人张勇曾聊到过这个话题，海底捞的核心竞争力在很大程度上取决于单店店长，取决于单店团队的成熟度。一家店的店长及骨干团队成熟了、扩大了，能够另开新店了，才会去开新店，就这样一支从重庆出发的草根团队，最终走向了全世界。这个力量是相信员工的力量，是赋予员工领导力的力量。

在服务于创业者的过程中，我们发现，许多创业者十分渴望于提升自我的领导力，提升企业高管的领导力。所以，黑马成长营提出了“搞定自己、搞定模式、搞定资本”的“三搞定”口号，把“搞定自己”当作黑马成长营最重要的开营模块，特别强调提升创业者的领导力。正因为如此，黑马成长营成为了中国创业者的黄埔军校，从这里走出了一大批上市公司的CEO，以及新锐的商业明星。田俊国先生的《赋能领导力》也将成为黑马成长营创始人领导力的推荐教材，希望这本书能带给创业者，以及更多职场人士关于领导力的修炼方法。

解构领导力，整合组织效能

前阿里巴巴集团人才发展总监
360大学创始人
百度学院负责人
朱晓楠

随着“需求比萨”“MVP”以及其他一系列专业又实用的领导力管理工具在各个章节徐徐展开，我相信田老师，或者大家熟悉的田校长，这次给大家准备的丰盛大餐，肯定是既美味又实惠了。果然，通读下来给我的感受是，田老师一如既往的实干、不断贡献干货的风格扑面而来。让我这样一直在企业中从事领导者角色的“行路人”“在途者”，真是心有灵犀一点通，同是“领导力探索人”的感受。

我与田老师相识多年，熟知他学贯中西，饱读诗书。在企业管理上，更是不断尝试创新变革，探索实践。多年来，他在担任用友大学校长期间，自主研发出不少来自企业实践，又能不断推陈出新的管理课程和方法，助力企业发展。每次与他交流和分享，总能有不少新知识和新见解让人耳目一新，倍感受益。作为一名互联网老兵的我，经历过不同企业的发展阶段，有从0到1的创业公司，也有发展阶段不同的互联网巨头企业：如特种兵文化的互联网安全公司360公司、简单可依赖的搜索巨头百度公司以及互联网生态平台阿里巴巴集团，深知企业管理中，领导力在不同层级员工的核心能力中非常重要。

这一前提是，在今天的互联网时代，大家必须升级自己的人才观念，不能认为只有管理者需要领导力，而应该是人人都要具备领导力，包括一名普通员工。互联网时代是用户高度参与组织共创产品和服务、内容以及商业模式，并且组织内部必须是高度自组织管理模式。员工只能通过影响他人，共同发挥团队最佳效能，最大化创新来突破企业发展瓶颈。**因此，领导力已成为一个互联网时代企业员工所必须具备的能力。**越来越多的企业，甚至在校园招聘中，都开始引入领导和影响他人的能力要素评价，就是在于今天的管理层级已经日趋扁平化，团队内日益精兵化，因此团队中每个人都扮演着至关重要的角色，人人都是引擎和火炬手，要不断引领和触发、联动他人，奔向共同的业务目标。**可见，人人都必须具备领导力已成为企业运营的必然。本书将对互联网时代的从业者非常有帮助。**

可贵的是，田老师在这本书里通俗易懂地解构了深奥的领导力，让人人都能领悟和读懂领导力的奥妙所在。本书用一系列实践工具，如：故事板形式构建领导力要素、SCORE结构化萃取企业最佳实践、平衡轮具象化组织和团队、个人能力差异和评价，这些具体又实用的领导力工具，都是被不同优秀企业实践验证过的极为有用的好工具。田老师通过自身实践和应用，将他们通过这本书系统地呈现给大家，并活灵活现地将使用场景生动地演绎出来。这将让许多80后、90后的企业从业者受益匪浅。建议大家可以深度阅读，并在企业管理中将书中的一些工具方法应用起来，将会让企业管理事半功倍，裨益无穷。使用者也将有机会体验到田老师著写此书的用心和真知。

同时，如本书第1章所示，在构建愿景及业务设计时，需要你摆脱“生活与苟且”，着手“诗与远方”的设计。但领导力本身就是不具体、不可触摸和不可察觉的，相当抽象的一种能力，它可能是一种解决问题的能力，可能是某个行为习惯，可能是某种决策风格，又可能是一种思维和沟通习惯等。这导致了目前领导力领域门类颇多，科学与艺术，甚至谎言及臆想都粉墨登场。前面我高度认可田老师给出的很多工具，就是欣喜有了这些工具和方法，大家就能将领导力这看不见、摸不着的神奇魔神降伏在地，显了原形，自此可以展开手脚改变和提升它了。接着，我又欣喜地发现，田老师通过9章内容高度凝练地将领导力闭环完美地、一气呵成地呈现出来。每一次领导力呈现都面临着不确定和风险承担，田老师通过业务设计、引领变革、解决问题、化解冲突、教练下属、团队学习、传播思想、构建人脉和反思觉察9个步骤，将领导力具备的要素、关键点、思想意识、行为方法都系统地梳理给大家，从而让大家更完整地了解领导力的宏观系统。只有概念和意识完整，大家才能轻装上阵。

总之，在这个技术飞速发展、产品快速迭代的互联网时代，人力资本成为企业经营的重中之重。所有的企业竞争，归根结底都是人才的竞争。人才的竞争就是组织能够确保团队发挥最大的效能去实现创新和突破。领导力的重要性也在于此。在一个人人都能引领和激发他人、成就他人，并且有统一愿景的组织里，我相信，再次创造类似BAT的奇迹完全是指日可待。这恰恰是这本书能够给大家带来的意义！

EMPOWER LEADERSHIP

目录

02 在迭代与融合中成长

在外界环境剧烈变化的今天，领导者最不能回避的事情就是引领变革。变革是时代的最强音，如果领导者不能带领自己的组织主动求变，去主宰变革，就一定会遭遇被变革所主宰的命运。

03 做群策群力的问题终结者

在VUCA时代的今天，靠领导一个人的智慧去解决问题显然已经不合时宜。今天的领导者，不仅要掌握解决问题的方法套路，还要懂得带领团队，群策群力地解决问题。带领团队快速解决问题才是未来领导者工作的新常态。

第三部分
赋能领导者必需的三大能力

究竟什么是赋能领导力

我很抱歉，把原本应该用9本书写完的内容浓缩在一本书中，以至于很多朋友都抱怨干货太多，浓得化不开。所以，在全书开篇，很有必要把赋能领导力做一个梳理和提炼。“赋能”这个概念能火起来，要归功于阿里巴巴集团学术委员会主席曾鸣教授在《重新定义公司》推荐序中的一段话：“**未来组织最重要的功能已经越来越清楚，那就是赋能，而不再是管理或激励。**”组织的功能被重新定义了，领导者的身份当然也应该重新定义，随之而来的是领导者的核心价值观和关键能力也应该重新定义。这本书的目的正是要重新定义指数时代卓越领导者的特征和关键行为。读者不难发现，尽管全书分为9章，每章内容聚焦领导者面对的不同事物，但各章内容蕴含的价值主张和方法套路又是统一的，反过来说，本书也正是通过9章不同的内容，强化同一套新时代的领导理念和方法套路。如果要找几个关键词给这套赋能领导理念贴标签的话，我想应该是以下几个：

关键词 1：成长。传统的领导者把大部分精力用在组织的绩效增长上，而赋能领导者把更多的精力关注在精英员工的成长上。一阴一阳之谓道，当期绩效好比是迈起来这条腿，一到年底，当期绩效就变成经营年报上的数字，新一年的组织绩效还能否持续就要看即将迈起、当前还踏在地上的另一条腿，这条腿代表着团队的精神状态、能力和方法套路等。赋能领导者必须深谙这层道理，把团队状态和组织能力当成常抓不懈的大事，切实关注每一个员工在工作中的持续成长，让他们在做好当前工作的同时得到充分的锻炼和成长，也唯有如此，他们每年的成长才能支撑次年的业绩增长。从这个角度看，挑战性工作不仅是业绩增长的需要，更是精英员工自身成长的必需。稻盛和夫主张把工作当成修行的道场，我想也唯有在工作中持续修行，才能保证自身能力成长的速度大于环境变化的速度。同样的道理，赋能领导者更要关注自身的持续成长，而且领导者自身的成长速度要大于团队的平均成长速度，领导者才有资格持续领导精英团队，这就是本书第三部分大篇幅把领导者个人成长作为重点内容的原因。

关键词 2：授权。在传统组织中，假设领导者是最聪明、最有主见也最有经验的老司机，所以凡事都请示领导。领导者都希望对自己的业务和团队有掌控感，但问题是领导者的掌控感多一些，员工的自由度就少一些；领导者的控制多一分，员工的抵抗也会多一分，团队能量内耗很大。而在日新月异的互联网时代，领导者在客观上已经不再是老司机了，这就要求给精英员工足够的授权。充分授权不仅是新时代推进各项业务的必需，更是精英员工在工作中修炼成长和享受工作乐趣的必需。我常开玩笑说："把猴子变成猪的方法是命令，把猪变成猴子的方法是装傻。"领导者最难的就是装傻。聪明容易，装傻难，所以孔夫子感慨：愚不可及。授权意味着给员工充分的决策权和施展空间，让员工在工作中能找到创业的感觉，正如里德·霍夫曼（Reid Hoffman）在他的《联盟》（*The Alliance*）中所讲的："雇主与员工之间从商业交易转变为互惠关系，新型的工作模式是公司和个人相互投资的联盟创业模式。”只有在这种模式下，精英员工才能最大限度地激发其才智和潜能，才能收获最大的工作乐趣和成就感。

关键词 3：成就。传统领导者最大的成就感源自组织绩效，常常是领导者成就感越大，员工的成就感越小，因为表面上看，一切组织绩效都是领导有方的结果。而赋能领导者最大的成就感来源于员工的成就感，诺埃尔·蒂奇（Noel M. Tichy）说：“成功的领导者会教导他人成为领导者。”领导者的成就感不仅源自组织绩效，更多的源自支持、辅导下属取得成功。要把领导者原来用于撸起袖子亲自抓业务，和颐指气使控制团队的精力转移到支持和辅导员工取得成功上来，是一件挺不容易的事情。曾经有人惴惴不安地问我：“老师，您说的这一套方法我懂，也支持，我唯一的担心是真要按这种方法去做，我在员工心目中的威信怎么树立？”我问他：“你觉得‘领导’和‘老师’这两个称谓，哪个更有含金量？”事实上，当老师比当领导更难，也更能赢得下属的尊重！

成就员工包括给员工足够的施展空间、必要的支持指导和一定的资源保障，让员工直接感受到工作给他带来的成就，这里所说的“成就”既有成就下属的意思，又有给下属成就感的意思。帮助每个员工寻找隐藏在工作中的成就感，是赋能领导者的重要责任，因为艰难经历和巨大挑战的背面就是成长机会和成就感。此外，很多时候，领导者给员工效能感远远比给他知识技能、方法工具还有效果。

关键词 4：套路。领导者给精英下属充分的授权，决意让他们在工作中找到足够的成就感，那么，随之而来的是要让他们在工作中掌握做事的方法和套路。遇到问题，一时半会儿没有答案并不要紧，要紧的是我们应该知道用什么方法和套路去寻找答案。我一向认为方法技能是组织智慧的核心，GE 之所以能够批量“生产”领导者，与他们重视方法技能的培养关系很大。而在组织中，培养和普及方法套路的最佳策略不是培训，而是各级领导者自己带领团队用方法和套路解决实际业务问题，在工作中持续强化和固化方法套路，让下属成为有套路的人，才是充分授权的前提和保障。方法技能是与具体的应用场景做了一定抽离的、解决某一类问题的流程和工具的集合。业务场景是复杂多变的，而方法套路则相对稳定，解决现实问题的关键是把具体、多变的业务场景装入恰当的方法和套路中，有套路的行为才是可复制的行为。本书每一章内容都包含着方法套路和实用工具，细心的读者也许会发现，这些方法和工具完全可以灵活搭配用于不同的场合。

关键词 5：迭代。互联网时代已经不能容忍先做需求分析，再做总体设计和详细设计，而后开发和测试的工程化思想。取而代之的是生物成长代谢式的迭代思想。在开发产品时要先做出一个简单的原型，称之为最小化可行性产品（Minimum Viable Product, MVP），然后把 MVP 当作与用户沟通和寻求反馈的工具，快速迭代，不断修正产品，最终适应市场的需求。我认为，这种敏捷迭代的思想可以泛化应用，且作为赋能领导者的重要理念和做事方法。事情没必要也不可能设计到位再开工，而是有一点想法就快速付诸行动，行动见效果就快速复盘和反思，采取必要的纠正措施并再融入一些新的想法，就这样慢慢地从丑小鸭演变成白天鹅。而我坚持认为，在每一次迭代中，业务本身要有成长，每一个参与的员工也要有成长，领导者本人更要有成长，一切都在迭代中发展和成长才符合自然法则。也正因为如此，赋能领导者才能真正做到：塑造员工的同时，员工也在塑造领导者；成就下属的同时，下属也在成就领导者；推进业务的同时，也在业务中磨练人。

我想这 5 个关键词还是可以概括本书的绝大部分内容的，当然赋能领导力的概念本身也应该与时俱进地迭代下去，持续迭代是生命力旺盛的标志。

EMPOWER
LEADERSHIP

第一部分

赋能领导力的三大业务关键

01

从想法到商业模式的共创

业务设计

未来属于那些拥有与众不同思维的人，唯有拥有右脑时代的6大全新思维能力：设计感、娱乐感、意义感、故事力、交响力、共情力，才能决胜于未来。

——趋势专家　丹尼尔·平克

EMPOWER LEADERSHIP

赋能式思考
EMPOWER LEADERSHIP

- 在VUCA环境下，领导者如何保持组织的业务模式与时俱进?
- 如何做到资源和业务设计的最佳匹配，以突显业务的独特风格?
- 为什么说经得起质疑的业务设计才值得付诸实践?

领导者就是带领团队实现目标的人。领导一词中的“领”是引领的意思，设定方向和前进路线是各级领导者的必修课。领导力顾问大卫·科特莱尔（David Cottrell）在他的畅销著作《周一清晨的领导课》（*Monday Morning Mentoring*）中，把领导者比作司机，与乘客相比，司机要清楚地知道目的地以及到达路线。业务设计是一件看上去很高大上的事情，似乎只是大老板才关心的事，而实际上，各级领导者都有责任指明前进方向，带领团队设计业务策略、分解关键任务。趋势专家丹尼尔·平克（Daniel H.Pink）[①] 认为“设计感”，是人类以自然界史无前例的方式塑造和改善着我们所处的环境，以满足我们的需求，并使生活充满意义的能力。他把“设计感”置于决胜未来的 6 大能力之首。

组织目标的实现过程，为每一级领导者都留下了创新的余地。反过来讲，各级领导者都有机会在实现组织目标的过程中进行创造性的发挥，用自己独特

① 丹尼尔·平克的系列经典著作《全新思维：决胜未来的 6 大能力》《全新销售：说服他人，从改变自己开始》《驱动力》简体中文版，已由湛庐文化策划，分别由浙江人民出版社、中国人民大学出版社出版。——编者注

的方式达成目标，在产品和服务中体现出自己的独特风格、核心优势和匠心独具。

生活与苟且，诗与远方

奇点大学创始人雷·库兹韦尔（Ray Kurzweil）[①]和当代著名思想家杰里米·里夫金（Jeremy Rifkin）在他们的著作中，都把当下的时代定义为范式转换（paradigm shift）的时代。互联网正在用全新的方式颠覆式地重新定义各个领域，传统产业互联网化的进程势不可当。在这种大环境下，企业试图找到一个好的蓝海战略来维持生存是非常困难的。所谓的蓝海只是暂时的避风港，只要某个领域或某个商业模式有利可图,野蛮的资本和山寨的力量就会快速跟进，迅速把蓝海变为红海。**因此，未来的企业只有持续创新、快速变革，不断找到新的蓝海才能保持持续的领先优势。未来企业之间的竞争，归根结底是变革效率的竞争。**

主动求变，把握先机

互联网时代之前的传统企业战略并不会轻易改变，大多数企业领导者的核心任务是落实既定的战略方针。而互联网时代的领导者，则需要持续不断地根据外部环境的变化调整其战略、设计其业务。**业务设计能力成为新时代领导者的重要能力。**摆在各级领导者面前的共同命题是:**如何动态地、随需应变地、创造性地设计业务，适应环境。**

我的一位企业家朋友曾经非常苦恼地找我倾诉经营过程中的烦恼。我感

① 21世纪最伟大的未来学家与思想家，奇点大学校长，谷歌工程总监，被誉为“开创美国的16位改革家”之一。其经典著作《人工智能的未来》简体中文版已由湛庐文化策划，浙江人民出版社出版。——编者注

觉他的经营正处在疲于应付的状态，他几乎把全部精力用在了处理客户投诉、收拾烂尾项目、挽留骨干员工之类的事情上。我开玩笑地说："你的工作只有生活与苟且，没有诗与远方。"一个人的精力总是有限的，如果把全部精力投入到"生活与苟且"中去，必然没有多余的精力去考虑未来发展的"诗与远方"的事情。

我们可以把一个人所做的事情划分为两类：一类是为外力所迫不得不做的；另一类是按照自己的意愿和规划主动去做的。

有的人工作越干越狼狈。被动应付不仅会让人陷入当下的疲惫状态，更糟糕的是，对未来缺乏设计必然使其更为被动，不得不付出更多的精力应对未来更大的不确定性，由此陷入越来越疲惫的恶性循环之中。所以，**当一个人长期把全部精力用于应付当下的话，我认为他迟早不能胜任。**

有的人工作则越干越轻松。他总是积极主动地规划未来，主动求变会使他获得成就感和掌控感。越主动，越轻松，当一个人为自己想要的东西而忙碌的时候，就没有时间为不想要的东西而担忧了。谷歌提倡每个人应该用20%的时间干与工作无关的事情，客观上起到了良好地配置员工能量运用结构的效果，使得员工有精力从事创新性工作，有机会为未来发展作出考虑。**当工作进入主动求变的正循环的时候，一个人的聪明才干和创新思维，才能在工作中充分地发挥出来，才能活出绽放的状态。**

欧洲工商管理学院教授斯图尔特·布莱克（J. Stewart Black）在他的《变革始于个人》（*It Starts with One*）一书中把变革分为三种类型：预期性变革、反应性变革和危机性变革。

预期性变革，是在现有模式最辉煌的时候就能敏锐地嗅到新的机会或预见

到潜在风险。日中则昃，月满则亏，物盛则衰，辉煌的巅峰即是衰落的开始，这时的团队成员都沉浸在成功的喜悦中，没有人认为需要变革，所以推动变革的难度最大。而此时推动变革所要付出的成本最低，变革成功的潜在收益也会因为抢占了先机而高昂，这就要求领导者具有更远的眼光、更大的魄力和更硬的手腕。

反应性变革则是大势已经形成，组织已经感受到环境变化带来的威胁和压力，领导者决定采取变革以适应变化。这时，团队中部分先知先觉的人也觉察到变革的必要性，所以推行变革的难度适中，付出的成本也适中，变革成功所带来的预期回报也适中，谈不上抢占先机，只是没有落伍。

到了危机性变革，就是为形势所迫，不变革就要被市场淘汰了。这时，变革的危机感和团队共识很容易形成，可惜市场的先机已经被竞争对手占尽，变革的成本很大，难度也很大，变革成功所带来的收益也没那么明显了，勉强可称之为跟上了潮流，没被淘汰出局而已。

显然，乔布斯带领的苹果所进行的智能手机领域的变革堪称预见性变革，随之而来的三星智能手机业务的变革算是反应性变革，而诺基亚则悲催地为危机性变革做了失败的注解。

在互联网时代，如果领导者不能主动求变，必然会陷入疲于应付的状态。主动求变才能把握先机，掌握主动，形成竞争优势；主动求变才能活出自己的风格，充分发挥自己的才干，绽放出更多的精彩；主动求变才能最大限度地收获成就感和成长感，更容易获得社会认同。

引领团队，合力共创

传统企业管理的假设是最高领导者作为业务的总设计师和总指挥，业务设计完全是高层领导的事情。基层单位的领导者无须参与业务设计，也无须具备业务设计能力，只要贯彻执行好总部分派的任务就可以了。而今的情况则大不相同了，外部环境快速变化，业务越来越复杂，处处充满不确定性和模糊性，最高层的总指挥客观上已经做不出滴水不漏的顶层设计。这就要求基层领导者具备较强的权变能力，能够根据当地的实际情况灵活应对和独特创新。**组织的业务模式，是由高层的指导性概要设计和基层的创新性实践合力演变而成的。组织不再是一个贯彻高层设计思想的机器，而更像是高层意志与基层实践共同作用下持续进化的有机体。**

反过来，未来的基层领导者更需要参与业务设计的机会。如果一个人的工作全部都是上级安排下来的，在工作中没有任何创新空间，工作带给他的意义感和成就感就会大打折扣。真正的业务精英是需要创新空间的。探求意义和价值是大脑的本能，也正是这个本能赋予人成就感和幸福感。有的人恰好从事他们很喜欢的工作，工作和个人爱好完美地结合起来，他们就会感到幸运和幸福。大部分人没有那么幸运，他们的工作未必是个人爱好，那么，努力发掘和主动探索工作能带给自己的意义和价值，主动把自己的特长和才干通过工作表现出来，才是更重要的让自己幸福、把握自己人生的能力。

甚至优秀的基层员工也需要工作中的灵活授权和创新空间。无论领导者自己的目标多么明确，思路多么清晰，都很有必要跟团队成员一起进行年度业务设计的共创。带领团队共创年度业务策略，跟领导者自己确定业务策略然后向下宣贯，有三个显著的不同点：

- 第一，多人智慧胜一人，集体决策对提高决策质量是有帮助的。
- 第二，给员工主人翁的感觉，员工参与了策略的制定，对策略的理解就更充分，在执行过程中会更积极主动。

◆ 第三，员工在参与研讨的过程中，既有机会把自己的想法融入组织工作计划中，也便于他们把个人成长与团队年度计划进行有机结合。

寻找意义和快乐是一种能力，员工能够从工作中找到属于自己的独特意义和快乐，才能激发出内心的驱动力。也正是为了激发出更多员工的内驱力，英特尔、谷歌等硅谷大公司把传统的 KPI 考核发展成 OKR①。我认为，OKR 最精髓的思想在于把员工自身的成长放在首位，鼓励员工主动把工作和自身成长紧密结合，发现工作的意义和价值，自主承担起在工作中成长的责任。事实上，早在一百多年前，蒙台梭利就发现，孩子是把工作和任务当作探索世界和学习新知的方式。而成年人却把工作和学习分开，认为工作是为了谋生，工作就应该被动接受上级领导的安排，工作就是完成任务然后得到好处，应付工作的心态才逐渐滋生。**只有重新定义工作，主动把工作当成学习的机会，有意识地从工作中锻炼和发展自己的各项能力，我们才能从工作中释放更多的激情，收获到全新的体验。**

总之，在 VUCA② 时代，最高领导者客观上不具备全面的组织业务设计能力，中基层管理者和基层员工又非常需要工作中的创新空间。**未来组织的业务模式一定是各级管理者与员工合力共创，并且在实践中持续演进的。而且，唯有如此，工作才能给基层员工带来足够的成就感、创新机会和成长机会，工作才能成为真正意义上的员工实现梦想和赋能的平台。**

下面我会重点介绍在实践中可以直接套用的一套领导者带领团队共创业务设计的实战方法。

---

① OKR（Objectives and Key Results），全称为“目标与关键成果”，是企业进行目标管理的一个简单有效的系统，能够将目标管理自上而下贯穿到基层。——编者注

② VUCA，即 volatility（易变性）、uncertainty（不确定性）、complexity（复杂性）、ambiguity（模糊性）的缩写。这个术语源于军事用语，在 20 世纪 90 年代开始被普遍使用。随后被用于从营利性公司到教育事业等各种组织的战略新兴思想中。——编者注

始于交流，让所有干系人找到意义和价值

很多企业把自身的失败归咎于没有跟上互联网的时代步伐，而实际上更本质的原因在于没有满足客户持续变化的需求。商业失败永远只有一个原因，那就是失去了客户的信赖。商业成功也永远只有一个原因，那就是满足了客户的需求，得到了客户的信赖。**因此，切实了解并持续满足客户需求才是基业长青的根本，当然也是领导者带领团队进行业务设计的基础。**

业务设计基础：广泛深入的交流

几乎每个企业的核心价值观中都包含客户至上、以客户为中心的意思，只是用不同的词汇表达罢了。而事实上，能真正做到以客户为中心的企业又不算太多。不是没意愿，而是常因能力有限不能兼顾。要做到以客户为中心，首先要找到真正的目标客户；其次要了解客户的核心需求；再次要兼顾自己的能力和资源选择性地匹配客户需求；最后要形成产品和服务并以恰当的方式提供给客户。而这一切又都是动态变化的。

一切事业的目的是为了人，一切事业的实现要依靠人。无论是全新业务的设计还是已有业务的持续优化，跟不同的参与者（项目管理称之为干系人）的广泛深入交流是开展工作的基础。

某公司要做一款协同工作的APP，对原型客户做了访谈。客户的最高领导和管理层提到最多的需求是，能够实时看到员工的工作状态，能够用大数据分析员工工作行为的有效性，能提供员工考核的依据，能根据员工的行为表现有针对性地给他们推送行为改进的课程等。而员工们提到的需求则是能够自由支配自己的工作，有机会展示自己的特长和工作成果，能找到对自己成长有帮助的老师，能及时解决工作中的问题。

不难看出，针对这款 APP 管理层希望更多地为业绩服务，希望更多地掌握员工的工作动态；而员工们则希望能更好地为自己的成长服务。他们的需求有时候是矛盾的。**互联网时代业务设计的关键点在于整合不同干系人的利益诉求，让所有干系人都能从中找到意义和价值。**干系人在业务中找到的意义和价值越多越大,他们参与的热情就越高。业务设计恰恰需要兼顾不同群体的诉求，整合不同群体的资源。正如芝加哥大学社会学家罗纳德·伯特（Ronald Burt）所说：站在社会结构间隙的人想出好主意的可能性更大。

组织中哪些人最容易感知到环境的变化、竞争的威胁和更好的商机呢?当然是战斗在最前沿的一线员工。一线员工很容易感知到客户诉求的变化和竞争的变化。**一个组织的失败在表面上看是因为决策层对威胁和机会不敏感，深层次的原因则是决策层与客户和一线员工的距离太远。**华为提倡把指挥部设在“能听到炮声的前线”，就是要根据“前线的战况”及时调整策略。

业务设计的关键：商业生态链设计

互联网时代业务设计的关键是商业生态链的利益设计。传统的业务模式设计认为：战略就是发挥和整合自己的优势去满足客户的某种利益，组织只要紧盯着自己的细分市场（战略定位的结果），设计好最终客户的利益，整合资源服务好自己的客户就万事大吉了。而互联网提供了丰富的信息、多样的选择和迅捷的响应条件，使得快速、廉价地满足个性化需求成为可能。越来越挑剔的客户会倒逼企业转型，企业不仅要把自己的优势发挥到极致，而且要把员工的积极性调动到极致，还要尽最大可能横向整合资源，把企业拓展成生态链，调动整个生态链的资源来满足客户的需求，这样才能持续满足客户日益苛刻的要求。

互联网时代，商业模式不再是组织与最终客户之间的事，还要涉及伙伴、团队甚至社会的利益，商业设计就升级为商业生态链设计了，设计者要为全生态链上的所有玩家设计生存模式和利益模式。淘宝不仅让终端消费者高高兴兴，也让千万个网店的店主开开心心，自己还赚得钵满盆满。《连线》杂志创始主编凯文·凯利（Kevin Kelly）提出“有序失控”的主张，推崇的是维持一种不断动态演化的商业生态，让所有参与者像自然生态中的各个物种一样生存，为每一位参与者创造一个适合生存的环境，让他们从自己的利益出发，用自己的方式去适应环境。

互联网时代的业务模式都有平台化倾向。老子说：“天地之间，其犹橐龠乎？虚而不屈，动而愈出。”橐龠就是风箱，风箱的特点是中间空虚而两头开放。平台化商业模式就是风箱模式，把自己当作开放的流动中枢，用互联网技术打造一个多方共同经营、各得其所的生态环境，从而呈现出“虚而不屈，动而愈出”的自然状态。

在互联网社区文化的熏陶下，员工的自我意识不断提高。在企业里，表面上是员工给老板打工，实际上员工也在挑选一个能够充分施展自己才智的平台。企业不再是一个打工场所，而是老板和员工各自追逐自己梦想的平台，事业成功了，投入资本和知识的人各得其所，所以员工更注重自己的梦想，更追求卓越，更希望有属于自己的成就感，更希望有自己创业的感觉。如果这些感觉都有了，他们会很好地服务于客户，为企业赢得口碑，越来越像合作伙伴。所以，**领导者应该给员工足够大的授权，让员工参与公司的决策，敢于给卓越的贡献者分享丰厚的经营利润。**

需求比萨，整合干系人核心需求

面对同一项业务，不同干系人的诉求是不一样的。滴滴出行同时兼顾了乘客、员工、出资方、出租车司机、快车司机、专车司机、代驾司机、政府等多方参与者的利益诉求，才能真正做到整合全社会资源，共同推动国人出行新模式。面对新的商业模式，每位干系人都会站在自己的角度上来审视该业务对自己意味着什么，能带来什么价值。每位干系人都是自己利益的代表，而业务设计者的任务就是尽可能满足所有干系人的诉求，让他们愿意参与进来，愿意把你的业务当成他们成就事业的平台。

需求比萨正是一个整合不同干系人核心需求的工具。任何业务都会涉及若干类干系人，各类干系人的需求又可以分为不同层次，如核心需求、重要需求和一般需求（见表 1-1）。

表 1-1　　不同干系人的核心需求

需求类别	干系人的诉求
核心需求	必须满足，不满足我就坚决不参与
重要需求	非常重要，如果不满足我会考虑别的选择
一般需求	最好满足，满足了我会更喜欢

EMPOWER LEADERSHIP 工具箱

需求比萨模型

举个例子，某项业务有6类干系人，就可以把一个圆分成6个扇区，每个扇区代表一类干系人。圆内又可以套两个同心圆，自内而外分别代表核心需求、重要需求和一般需求。在实践中，完全可以邀请各类干系人参与或者由员工扮演不同的干系人，让他们头脑风暴出各自的需求，并对各类需求进行归类，找出各类干系人的核心需求（如图1-1所示）。

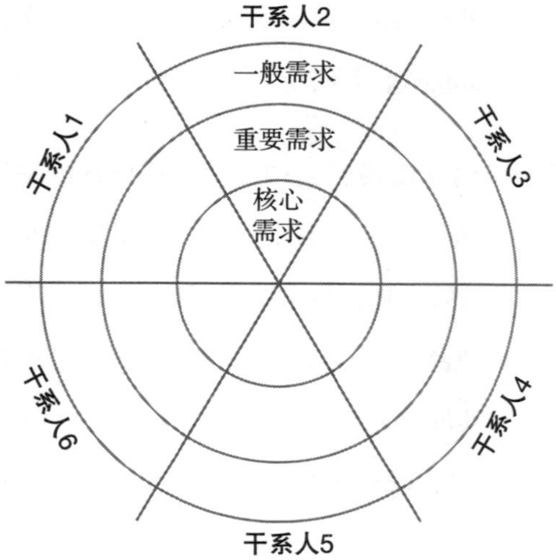

图 1-1　需求比萨模型

大事业要有大情怀

伏羲教民结绳为网，以佃以渔；后稷教民稼穑，树艺五谷。先圣是因为开启了先民全新的生活方式才成为圣人的。大事业的背后是大情怀，一定是胸怀天下、惠及万民的，是以推动整个社会进步为己任的。《周易·系辞》中说："举而措之天下之民，谓之事业。"乔布斯曾经说："消费者并不知道自己需要什么，直到我们拿出自己的产品，他们才发现，这正是我要的东西。"

业务设计的一个难点、也是重点在于，不仅要倾听客户的声音，而且要想办法超越客户的需求，引领客户的需求。如何才能超越客户的期望，引领商业潮流呢？我认为以下两点很重要。

其一，细致入微的用户体验。用户不是创新专家，他们习惯了去克服生活中的种种不便，却无暇思考如何做才能消除这些不便，时间久了甚至意识不到这些不便的存在，认为生活本该就是这样的。业务设计者只有深入到用户的生活中，仔细体味这些细节，结合新技术和自己的创新，发现并彻底消除这些不便，才能发展出引领潮流的业务创新。

其二，能够看清事物更深层的结构，把握更根本的本质。马车更本质的作用是交通工具，福特抓住了这一本质，发展出了T型车；手机更本质的作用是人们沟通和获取资讯的工具，乔布斯把握住这一点发展出了智能手机；商场更本质的作用是交易平台，进而马云发展出了淘宝。《道德经》说："天下有始，以为天下母。既知其母，以知其子；既知其子，复守其母。"这里的"母"可以理解为本质，"子"可以理解为实现手段，把握本质的创新才是不离谱的创新。

而这样的创新是需要有家国情怀、工匠精神和持续专注能力的，不是追求短期商业利益之徒能够做出的。斯坦福大学教授迈克尔·雷（Michael Ray）从其20多年来的教学经验中总结发展出"最高目标"（Highest Goal）的概念，在他的著作《此生为何而来》（*The Highest Goal*）中指出："所谓最高目标是指个人的核心本质和协助我们的力量，通常可以用一个字或词来表示，如爱、沟通、智慧、连结、能量、安宁、创意等。每个人的最高目标都不同，唯有找到自己的最高目标，为它而活，生命才能充实、圆满，也更有创意。"乔布斯说："人生需要一个与财富无关的追求。"**大概唯有把人生的最高目标与大情怀有机结合的人，才能超越单一的对商业利益的追求，而开创出全新的方式、引领潮流的事业。组织成就这一事业的过程，也必然塑造出一批投入该事业的人。成功的组织也必然成为为员工赋能的平台。**

凸显元素，塑造业务灵魂

在"需求比萨"中，靠近中心的核心需求里隐藏着业务的凸显元素。战略一定是有所为，也有所不为的。任正非说：**"战略的重心是略，只有坚决地放弃那些不重要的事情，才能专心致志、心无旁骛地做好重要的事情，凸显出自己的特色和风格。"**

刚创业的公司常常不得不做一些有悖于当初的战略设计，却能挣点钱维持生存的事情。长此以往，公司就变得没有焦点，演变成为了生计什么都做的"杂货铺"。杂货铺也许能够维持生计，但永远不可能做大。更可怕的是，开杂货铺的思维模式会让领导者不思进取，得过且过。

用友大学成立不久，我们就确定了自己要凸显的元素：名师、名课、方法论、自成体系和品牌形象。我们要打造名师队伍，所以对教育学、心理学挖得很深，专职讲师著书立说蔚然成风；要有自己的品牌课程，我们花大力气持续开发精品课程；在教学中尤其注重方法论的萃取和贯彻，认为方法技能才是组织智慧的核心；多年来，我们积累出一整套自成体系的业务开展法；当然，内外部的品牌形象也在持续提升。这5个凸显元素成为我们多年来重大决策的重要依据。对于任何一件事要决策该不该做，该重点做还是应付地做，该不该投入更多的预算和资源，我们总是问自己几个问题：这件事是否有利于塑造名师？是否有利于打造名课？是否有助于形成自己的方法论？对体系的形成是否有贡献？对品牌的提升是否有贡献？业务风格是常年坚持的结果。

丹尼尔·平克说："客户购买的是风格，而不是产品本身。"从这个意义上讲，世界上根本不存在完全意义上的竞争对手。哪怕两家公司的产品和服务一模一样，也会有风格的不同，而风格背后是基于各自价值观的选择，是资源和精力的投入。奇普·希思（Chip Heath）和丹·希思（Dan Heath）[①]兄弟俩在

① 奇普·希思，斯坦福大学商学院组织行为学教授。丹·希思，奇普·希思的弟弟，杜克大学社会企业发展中心高级研究员，前哈佛商学院研究员，Thinkwell（思睿）新媒体教育公司创办人之一。两人合著了多部畅销书。——编者注

他们的新作《瞬变》（*Switch*）中指出：不断地寻找值得他人效仿的成功做法，即亮点，并有意识地复制亮点才是开展业务的关键。

没有独特风格的业务缺乏灵魂，凸显自己独有的风格才是业务设计的重点。旗帜鲜明地凸显自己的风格有利于各种资源和团队能量的聚焦。稻盛和夫说：只要你知道自己去哪儿，全世界都会为你让路。哈佛有句名言：当你为自己想要的东西而忙碌的时候，就没有时间为不想要的东西而担忧了！

凸显元素塑造了业务的品牌形象。定位理论认为，建立品牌就是要实现品牌对某个品类的主导，成为某个品类的第一品牌。当消费者一想到要消费某个品类时，立即想到这个品牌，就说明该品牌已成为某个品类的标志。不仅产品需要有品牌，实际上任何一个业务单元，哪怕是组织内部的职能部门，也需要合适的定位和品牌形象。凸显元素更像一面旗帜，对内部的资源分配、能力建设、关键行动有明显的牵引作用。

关联矩阵，为凸显元素赋予资源与能力

确定凸显元素的过程恰恰是战略选择的过程。凸显元素确定下来了，接下来的工作，是探索如何做才能确保要凸显的元素在业务开展中切实地凸显出来。确定战略的过程，就是把市场需求和自身资源与能力有机结合的过程，而凸显元素本身就是市场需求和自身资源与能力初步匹配的结果。我们既不可能凸显市场根本不需要的元素，也不可能凸显自己根本没有基础的元素。

EMPOWER LEADERSHIP 工具箱

关联矩阵

一个能够把凸显元素和组织自身资源与能力有机结合起来的工具（如表1-2所示）。矩阵的一个维度是凸显元素，另一个维度是已有的资源与能力，矩阵中任何一个交叉点都是一个问题，都需要团队做关联性思考。

表 1-2　关联矩阵模型

	凸显元素 1	凸显元素 2	凸显元素 3	凸显元素 4	凸显元素 5
产品研发					
运营推广					
资源支撑					
售后服务					

如果把凸显元素比作业务的灵魂，把资源与能力比作业务的身体，那么填写关联矩阵的过程就像形神结合的过程。领导者带领团队用头脑风暴的方式填写关联矩阵，在这个过程中会遇到三种情况。

其一，某个凸显元素和已有的资源与能力完美匹配，意味着团队可以把现有的资源与能力发挥到极致。我经常说，对没有目标的人来说，无论什么资源与能力都没有意义。一旦目标明确，我们就可以带着目标重新审视已有的资源与能力，其实资源与能力一直都在那里，等待着有目标、有意识地被发掘和利用。

其二，发现某个凸显元素并没有与之相匹配的资源与能力，意味着要凸显某个特点还缺乏相应的资源与能力。无论是在内部发展新的能力，还是在外部招聘有此能力的人员，或者要运作新的资源，这些都可能是后续战略落地的攻坚工作。

其三，发现某些既有资源与能力不能跟任何一个凸显元素匹配，意味着这些资源与能力可以转移。有些资源可以置换成对凸显元素有贡献的资源，有些能力需要快速转移，甚至涉及人员的安置。在实践中我发现，关联矩阵背后有强大的牵引力，它迫使人们带着很强的目的性重新审视现有的资源与能力，也能够自动显现出资源与能力的缺陷与不足。

所谓领导者就是有能力把资源整合成绩效的人。而把资源整合成绩效，又有一系列方法和工具可用。关联矩阵是一个用途很广的工具，凡是要把目标和资源进行匹配的场景，都可以用关联矩阵来寻找目标和资源与能力的因果关联。

这里要特别强调的是，**组织的治理方式一定要与凸显元素相匹配。组织目标与员工个人利益及成长的关系是业务设计的又一个重点。**领导者始终要思考“如何才能最大程度地有效释放员工潜能”的问题。美国硅谷的公司动辄拿出上千万美元激励一个员工创新，足见在当下“知本”的价值。

正如上文所述，在互联网时代，企业是领导者和员工实现各自梦想的平台，领导者应该给员工足够大的授权，让员工参与公司的决策，敢于给卓越的贡献者分享丰厚的经营利润。这些都是大势所趋，不可逆转。如果领导者能意识到这些，就会早点采取灵活开放的治理方式，采用互联网时代的生产关系。

架构方案，经得起质疑才值得付诸实践

团队共创关联矩阵的过程是一个典型的想法发散过程，关联矩阵的每个格子里都可能贴上多个即时贴，每个即时贴上都写着一条行动建议。但这些行动建议在形成的过程中，并不考虑和其他行动建议的关系。接下来的任务是，要把这些独立的建议整合成一个有机的整体方案。

整合形成方案，明确优先级

凸显元素的合力形成业务的风格。因此，整合方案不能是各个凸显元素的简单拼凑，而应该是多种措施的有机整合。方案整合过程要考虑很多问题，比如两个不错的行动建议是相互促进的还是相互矛盾的？如果两个行动建议都

要付诸实践，那么孰先孰后、谁主谁次？这一系列问题都需要带领团队一起评估和审视后决定。

这里面会涉及很多重要的权衡。比如，坚持要质量取胜，但高质量带来的高成本如何消化？又如，把顾客当上帝，又该如何对待员工？有时候看似不矛盾实则矛盾很大，有时候看似矛盾实则不矛盾。**方案架构的过程，就是要将各部分的行动建议放在整体背景下分析，对各部分的行动建议从更高的视角上进行评估、审查，然后排出先后主次。**

团队的精力总是有限的，永远需要找出最重要且紧急的行动计划优先付诸实践。业务推进过程总会与问题相伴，解决问题是领导者的重要职责。业务没有问题了，领导者存在的意义和价值也就没有了，从这个意义上讲，领导者就是为问题而生的人。对解决问题我最崇尚“割韭菜”的方式，永远只解决当前几个最突出的问题。优先解决主要矛盾，主要矛盾解决了，那些次要矛盾就会上升为主要矛盾，再去解决。就这样像割韭菜一样一茬茬地找到重点问题，并采取行动。

如何从诸多选项中找到重要且紧急的行动项目呢？如何确保这些行动项目被执行到位呢？这两个问题在第 3 章中有专门的篇幅进行讨论。

用“花苞刺”广泛征求意见

我经常看到有人向别人分享自己的商业模式，一旦对方有质疑，他就陷入为自己的解决方案辩护的状态中，有时候甚至争得面红耳赤。对方感受到再争下去会伤感情，心想又不是自己的事，何必较真，就转而说几句恭维的话，当事人这才心满意足了。方案论证阶段因为爱面子而回避质疑，把问题留到实施阶段势必会付出更大的代价。华为流行一句话：烧不死的鸟就是凤凰。

经得起质疑的方案，才是值得付诸实践的方案。理查德·鲁梅尔特（Richard Rumelt）在他的名著《好战略，坏战略》（*Good Strategy Bad Strategy*）中指出：

> 当我们有了一个想法时，我们往往会投入大部分精力去为这个想法辩护，而不是质疑。这是任性，即使是经验丰富的高管也不例外。简单地说，我们的思维总是倾向于逃避质疑并放弃早期判断带来的痛苦，而且我们还往往意识不到这种逃避。

为了有效抑制"自我方案辩护"倾向，在实践中，我们通常要求每个小组设计一个方案并向全体学员汇报，再采用一个被称为"花苞刺"的工具向全体学员广泛征求意见。

EMPOWER LEADERSHIP 工具箱

广泛征求意见的"花苞刺"

可以用三种不同颜色的即时贴代表：

花（红色即时贴）代表正面肯定，认同的、赞赏的好设计。

苞（绿色即时贴）代表补充建议，包括建设性意见和好的建议。

刺（蓝色即时贴）代表反面否定。

方案设计者先面向全体学员呈现本小组的方案简报，然后广泛征求建议和意见。其他成员可以将建议和意见以"花""苞""刺"的形式贴在其方案简报上。

每个小组汇报结束后，再反过来修改自己的方案。在修改过程中，第一，要重点参考全体学员"花苞刺"环节给出的建议和意见；第二，可以公开参考和借鉴其他小组汇报中的亮点。这样，经过三轮左右的迭代汇报，各小组的方案会越来越趋同。虽然初始汇报很不一样，但由于大家可以相互采纳意见和借鉴亮点，大家一致认同的措施会被每一组采纳。这种方法借鉴了德尔菲法（Delphi Method）的思想，背后隐藏着一个自然的评价和选择机制，在团队达成共识的过程中非常有效。

敏捷迭代，业务设计演化的自然法则

工业化时代的主导思想是系统工程思想，开展业务就像做工程，领导者更像总工程师。总工程师需要对整个业务进行完整的顶层设计，然后再用工程化的思想将其拆分成若干个可以单独完成的任务，而每个任务又交给不同的团队去完成，最后，所有团队的工作成果汇集成一个整体。这就要求总工程师一定要能高屋建瓴，总揽全局。

以软件工程为例，早期的软件开发采用的都是瀑布模型。项目从需求分析开始，经过概要设计、详细设计、编码、单元测试、集成测试等多个环节，最后大功告成。结果往往是，产品发布后才发现开发的软件跟用户的需求大相径庭，却已经投入了大量预算。因为瀑布模型背后有一个假设，就是软件设计师能够准确把握用户的需求。而实际上，做到这一点几乎不可能。第一，大多时候，用户在见到实物之前是说不清自己的需求的；第二，就算用户能表达自己的需求，设计师也未必能够毫无保留地接受和理解；第三，设计师常常会把自己的想法和用户的需求相混淆，甚至把自己的一些想法合理化为用户的需求;第四，用户的需求也是与时俱进的，从需求到产品发布这段不短的周期中，外部环境和用户的想法都不是停滞的。瀑布模型背后是分工协作的机械组合思想，这种思想指导下的产品是人工造出来的、没有生命的机械。

而现实情况是：无论一开始软件设计师的理解有多深，他们终究无法预测用户对最终产品的反应。只能提前与用户接触，把低清晰度的原型作为与用户交互的媒介，来收集用户的反馈。因此，**互联网时代产品开发的新模式是反复迭代的敏捷开发**。十多年前，我在学习项目管理的时候，老师把边设计、边开发、边改造的"三边"型项目作为反面典型，而今，这种"三边"模式恰恰成为典范。工业化时代讲究的是设计好了再干，互联网时代流行的恰恰是边干边设计。**迭代思想更接近把产品假设成为一个成长变化的有机体，产品的全生命周期都是不断发展变化的，产品是持续演化的而不是一次设计到位的。**

迭代式开发是先设计原型。最初的原型称为最小化可行性产品（Minimum Viable Product，简称 MVP），是将用户的核心需求用最简洁的方式快速开发成原型产品，快速投放市场让目标用户使用，然后不断听取用户的反馈意见，持续对产品进行迭代优化。**MVP 实际上是与客户进一步深入沟通的工具。开发产品的过程就会演变为边搜集客户需求，边改进和增量开发，边寻求反馈的持续改进和快速迭代过程。**MVP 的方式模糊了传统瀑布模型中需求和设计开发的界限，加速了开发进程，提高了产品开发的针对性。

迭代思想更接近于自然法则。动植物长成什么样子，其实都是自身基因和所处环境长期相互作用的结果；一个人发展成什么样子自然也是自身目标和环境相互作用的结果。相互作用持续演化是自然法则，而迭代思想正体现了这种法则的精神实质。迭代法则就是成长的法则，软件开发过程需要持续作用，迭代演化。就像我们成长过程中的每一天，都是一个功能完整的活体在边成长边演变，我们将这个过程称之为发育。无论是我们的身体还是我们的思想，时刻都保持着与外界的互动，过程中每一刻的样子，都是自身条件跟周围环境相互影响的结果。

互联网时代的商业设计更应该用迭代模型。好的商业模式不是一开始就想出来的，而是在实践中干出来的，是在实践中不断演变出来的。谷歌首席人才官拉斯洛·博克（Laszlo Bock）在《重新定义团队》（*Work Rules! Insights from Inside Google That Will Transform How You Live and Lead*）中说：我们的文化塑造了我们的战略，而不是战略塑造了文化。恰恰是谷歌尊重个性、崇尚创新的经营文化逐渐演变出谷歌的战略。**我认为，从文化塑造战略更像是进化的结果，而战略塑造文化则有系统工程思想的影子。**

在互联网时代，客观上没有人能够担当高屋建瓴的企业战略总设计师的角色，各级主管也不能只扮演按照上级统一部署完成某一具体任务的执行者了。我反复强调：**互联网时代的业务设计必须是各级业务团队在实践中逐渐演变而成的。**每一级单位都有业务再设计的空间，每一级单位的业务设计，都需要领导者带领团队用一套行之有效的方法和流程群策群力地完成。**用持续迭代的思想和方法持续设计和改进自己所辖部门的业务，是互联网时代各级领导者都应该具备的技能。**

业务模式持续优化模型

不变的模式会让人倦怠，变化太大又让人焦虑。所以，人的发展始终应该走在变与不变中间，**做到稳中有变：在保持大部分不变的基础上，积极寻求新的突破**，这样的生活才有成长的感觉。我们穿衣服也是稳中求变的，总是保留自己喜欢穿的衣服，淘汰过时或者穿旧的衣服，买几件新潮的衣服。对于已经开展的有基础的成熟业务，不需要颠覆性的变革，领导者则可以带领团队用行动学习的方式进行持续演进。检视一下哪些做法已经不合时宜应该放弃，哪些做法行之有效应该保持，哪些流行的新做法能共创出新意、让人兴奋、值得尝试，重新梳理和整合那些该放弃的、保留的、注入的元素，形成下一阶段的工作计划。这会让我们的工作与学习跟生物体自然进化的规律类似，找到成长的乐趣。

工具箱 EMPOWER LEADERSHIP

业务模式持续优化模型

在一张A4纸上画一个大大的“田”字格，每个格子里分别标上保留、放弃、注入和行动这样的标签，然后对过去的工作、学习和创新想法进行梳理，整合出下一阶段的行动计划（如图1-2所示）。

图 1-2　业务模式持续优化模型

第一步：保留

哪些事情是你最近感觉特别好的工作实践，自己做得得心应手，客户反馈也非常好，让你非常兴奋，收获了足够多的成就感和成长感。填写这个格子的时候，你的大脑在对过去的事情进行“回放”，不要只做理性分析，还要觉察你内心深处的情绪和感受。把要做的事情跟内心深处的情感紧密联系，在执行的时候就很容易激发内在动力。

第二步：放弃

哪些事情令你厌倦，在做的时候你很清楚地意识到自己在应付差事，又迫于某种压力不得不做。你做这些事情收获不到任何成就感和成长感，感觉投入产出比极其不合理，投入很多但收效甚微，不仅绩效指标不好，而且客户反馈也较差，是如果你当了领导者，第一个就想叫停的事情。还有哪些是过去曾经非常奏效，而且你已经做得得心应手，但是客户反馈却越来越差，客户需求萎缩的事情，你的内心未必想放弃，但在实践中已经显现出不合时宜的趋势。

这个格子非常难填写，常常会让你陷入纠结之中。对大部分人来说，要放弃那些已经有深深的情感依赖和习惯性依赖的事情，就像戒烟一样，是很痛苦的。**但须知，沿用旧的行为模式就别指望收获完全不同的新结果。要想有不同的结果就必须采取新的行为模式，每一次变革和成长都意味着和过去决裂。学习和成长意味着改变，要改变就必须有放弃。**只有放弃了一些不合时宜的行为，我们才能腾出精力来尝试新的改变。

第三步：注入

这个格子里填写你从同行的最佳实践中学来的新打法，或者团队创新出来需要付诸实践的新点子，或者要解决某个问题的新措施。新注入的元素一定是你充满期待和令你兴奋的，是你发自内心想去实践的，是直通你的内在动力的。甚至在你的脑海里已经无数次想象，将这些措施付诸实践后收获的丰硕成果，包括成功后客户对你的赞许和团队成员的喜悦。

要注入的内容应该跟要放弃的内容比例大致趋同，切忌放弃很少而注入很多,否则你一定会力不从心。保守的人没有十足把握是不愿意尝试新模式的，但如果总是做十拿九稳的事情,成长的速度就会放缓。老子说:“故有之以为利，无之以为用。”有把握固然给你带来便利，但没把握反倒有创新和成长的空间。**有七八成把握的事情就要大胆尝试，在实践中创新探索和持续改进，才是最容易带来业绩成果和个人成长双重回报的措施。**

第四步：行动

在梳理完保留、放弃、注入的措施之后，接下来，把这些通过头脑风暴出来的点子加以评估、选择和整合，并制订切实可行的行动计划。首先，评估这些事情的价值和优先级，投入产出比高的当然优先进行；有两点能让团队收获成就感和增长经验的有益实践，即使短期不能带来直接的绩效回报，也应该放在较高的优先级上。其次，要评估这些措施如何相互结合、相互促进，形成一系列方案加以整体推进，而不是作为一个个发散点去分别行动。当然，还要结合团队的特点和业务骨干的个人兴趣来考虑如何行动，也就是说，如何通过这些工作让你的团队成员获得足够的成就感和成长感。顺便说一句，员工的成就感、成长感也是需要设计的，最好跟工作计划结合起来进行。最后，形成计划，确立里程碑和检查点，扫清行动的障碍，配套相关的资源，动员相关的力量马上行动。

以上的工具既是领导者个人行为反思和改进的工具，又可以作为整个团队行为反思和改进的工具。如果作为团队工具，就采用行动学习的方式，组织团队成员通过头脑风暴出各种措施，进而一起评估优选。团队共同开发部门的计划，在计划形成的过程中就能充分兼顾每个成员的兴趣和想法，把团队成员的兴奋点整合到团队的工作计划中去，这样做的结果是工作计划更容易落地。

02

在迭代与融合中成长

引领变革

永远不要怀疑，一小群有思想、肯付出的人能改变世界。事实上，世界正是这样被改变的！

——美国人类学家　玛格丽特·米德

EMPOWER LEADERSHIP

赋能式思考
EMPOWER LEADERSHIP ?

- 领导者如何抓住变革的先机并驱动整个团队拥抱变化?
- 如何运用“分析-思考-改变”和“目睹-感受-改变”双动力驱动变革?
- 如何推动“冰山下部”移动，坚持不懈地化变革阻力为推力?

在外界环境剧烈变化的今天，领导者最不能回避的事情就是引领变革。变革是时代的最强音，如果领导者不能带领自己的组织主动求变，去主宰变革，就一定会遭遇被变革所主宰的命运。组织要长久发展，总离不开变革。业绩要持续增长和发展，组织要适应环境，人才要不断更换……所有这些都必然引起变革。尽管变革不一定让组织长久发展，但要成长就一定要变革。

UVALID 变革领导力 6 步框架，变革就是改变人

变革就是对原有的状态进行改变，以适应内部和外部环境的变化，并以某一目标或某一愿景为取向的一系列活动。变革就是重新树立一个目标，换一种玩法，换一套规则，采用一种新的形式。这些单纯从“事”的维度看到的变革只是其表，而变革的真正阻力是人，要让人结束习惯了的、有了深厚感情的旧模式，转而去适应新模式才是变革的真正困难所在。**成功的变革必然是“事”和“人”表里相合、协调一致的过程。变革失败的最大障碍常常是人的情感障碍和行为障碍。**

- **情感障碍**。没有感到变革的必要性，看不到变革会为自己带来什么实质性的好处；担心变革会失去既得利益，违背自己的理想、价值观和准则；过去曾因失败的变革而留下心理创伤；害怕不确定性，担心自己不能适应变革而沦为变革的牺牲品。
- **行为障碍**。对变革所带来的压力的自然反抗；因为自己对当前的做法已经驾轻就熟，所以安于现状，行为惰性严重；缺乏新模式必需的技能，害怕学习新东西。

变革之父约翰·科特（John Kotter）总结出经典的变革管理的 8 个步骤：建立紧迫感；组建领导团队；确立愿景；沟通愿景，寻求认同；授权员工；短期效果；巩固获益；融入文化。这 8 个步骤可谓是一个较大或重大变革推进的框架，整合了变革中的“人”和“事”。而领导者常常遇到的变革项目不一定那么宏大而复杂，未必是整个组织层级的，而更有可能是部门层级的。变革领导力理应比变革管理更聚焦“人”的改变，也更常态一些，所以，我在科特的 8 个步骤的基础上，充分结合互联网时代敏捷、迭代、参与等特点，删繁就简，发展出 UVALID 变革领导力 6 步框架，在变革过程中，把每个步骤的重心都放在领导者对“人”的影响上。

EMPOWER LEADERSHIP 工具箱

UVALID 变革领导力 6 步框架

制造紧迫感（create urgency）：在团队中营造势在必行的变革紧迫感。

开发愿景（develop a vision）：为团队确立一个明确的愿景。

达成共识（acceptance by team）：团队成员对愿景达成最大程度的共识。

边学边做（learn to do）：带领团队成员适应新方式，学习新技能。

持续迭代（iteration）：持续迭代，不断优化。

深度融合（deep integration）：把变革成果深度融合到公司文化中。

为了便于记忆，这个6步框架的关键词的首字母正好组成一句话：U VALID。中文可以理解为：你合法了。变革确实可以理解为把个别人的想法逐步正规化、合法化的过程。下面我逐一作出论述。

U，制造紧迫感

变革的第一步就是制造紧迫感。西方有句谚语：只有尿湿裤子的孩子才喜欢变革。大部分人在心理上非常抗拒变革。那些持打工心态的普通员工，肯定不想给自己找麻烦，即便他们已经感受到来自外界的威胁和压力，也通常不会主动发起变革的倡议。一方面他们认为自己不是领导，没有这个义务；另一方面，他们觉得自己也没有能力去推动变革。在外界压力很大，旧模式颓势日显的情境下，普通员工会把开展业务的失利一股脑儿推到领导者头上，在一起抱怨的时候，人人都认为组织不变革不行了，却没有人认为自己需要改变。除非人们认识到变革的重要性，否则他们会一直保持原状。

全球管理大师、斯坦福大学教授詹姆斯·马奇（James G. March）提出，组织常常会陷入成功陷阱。所谓成功陷阱，就是组织习惯性地沿袭以前成功的行为模式，沉浸在自己习惯的模式中，对外部环境的变化和威胁毫无察觉，对外在更好的机会缺乏敏感性，从而错失了最佳的变革时机，当组织突然有一天遭遇重大威胁的时候，已经来不及了。

成功陷阱形成的根本原因是过往的成功让决策者自我膨胀，以自我为中心的人沉浸在自己的世界里，视野狭隘，对环境的变化和潜在的威胁缺乏警惕性，对更好的机会不敏感。英国著名历史学家阿诺德·约瑟夫·汤因比（Arnold Joseph Toynbee）说："没有什么事像成功那样失败了。"他在研究了大量史实后发现，今天的成功是战胜了过去的挑战而赢得的，面对今天的挑战，过去的成功经验不再有效，过去曾取得成功的举措，现在却总会导致失败。美国现代派作家约翰·加德纳（John Gardner）说：

> 大多数境况不佳的组织已经患上一种功能性视觉障碍，它们看不见自己身上的缺点。它们的症结并不在于无法解决自己的问题，而是根本看不见自己的问题。

变革最难的地方是突破人的舒适区。舒适区是指活动及行为符合人们的常规模式，能最大限度地减少压力和风险的行为空间，从而让人处于心理安全的状态。处在舒适区的人们会有一种寻常的幸福感,以及低焦虑和低压力的状态。如果外部环境永远不变，人们似乎可以一直这样舒服下去，但现实情况是，人们与生俱来的好奇心、上进心和创新性会一直推动着社会进步，在这股力量的推动下，外部环境的变化越来越快。事实上，每个人都有梦想，每个人都渴望通过奋斗来实现自己的梦想，那些要实现梦想的人用行动共同推动了社会进步，社会进步意味着环境变化，环境变化必然驱使所有人去适应变化。**社会就是浪潮，要么主动冲浪，要么被浪潮推着走，你想要的未来就在你不想要的变化里。**

世界级管理大师理查德·贝克哈德（Richard Beckhard）与戴维·格雷彻提出了变革方程式的概念，指出变革的成功公式为：

D×V×F>R，即不满情绪（Dissatisfaction）× 变革愿景（Vision）× 采取行动（First step）> 变革阻力（Resistance to change）。

我们知道，变革的阻力通常包括缺乏愿景、参与者利益未被满足、情感的排斥和习惯的排斥等多重因素。那么，战胜这个阻力，就要通过创造新愿景的吸引力、制造对现状的不满、清晰的行动计划等措施来应对这些阻力。只有推动变革的力量大于变革的阻力，变革才能成功。其实不难看出，愿景对应的是认知能量，不满情绪对应的是情绪能量，而采取行动对应的是行动能量。我认为，变革方程式的本质在说：**成功的变革，需要整合参与者脑心腹三部分能量到新模式上来，参与者要战胜其固有的脑心腹三种能量的组合模式。**

制造紧迫感的本质，就是改变团队中脑心腹三种能量的格局，让团队认识到变革的重要性并不难，关键是仅靠认知并不能促成改变，还要动员团队的情绪能量、行动能量参与到变革中来。举几个例子，当年Intel的团队在讨论是否要放弃存储技术的时候，就曾遭遇来自内部的激烈反对，他们质问："不做存储业务的Intel还叫Intel吗？"这种激烈的反对分明是团队的怀旧情结，是情绪能量；当年海尔首席执行官张瑞敏砸冰箱，就是用激烈的行动在团队中制造不满的情绪；还有些领导者则采取给团队播放客户严重不满的录像，以此来激发团队的情绪。

制造紧迫感，就是要让团队从情感上接受变革的重要性和紧迫性，意识到沿袭固有模式的危害，让团队体悟到管理层推动变革的决心和信心。

V，开发愿景

变革的第二步是开发愿景。提到"愿景"，我打个比方。芭蕾舞演员在舞台上连续转圈而不会眩晕的秘诀在于：他们的眼睛始终盯住一个不动点，身体先转，当达到角度极限时再迅速把头转过去，转身回来时再第一时间找到自己的不动点，借助参照不动点，就没有眩晕的感觉了。这个不动点就相当于愿景（Vision），有不变的愿景才不会眩晕。杰克·韦尔奇说：

> 所谓领导者就是，能够为企业创造一个诱人的愿景，能够通过沟通和宣传使每个人理解和接受这个愿景，并且能够鼓舞和激励大家为实现

这个愿景而努力奋斗的人。愿景如同天上的北斗星，使走夜路的人不会迷路；愿景就像大海中的航灯，使航船知道前进的方向。一个没有愿景的组织就像是一个没有车头的火车，不知道走向何处。

当领导者成功地在团队中营造了紧迫感，让团队成员意识到不能再延续旧模式的时候，整个团队都渴望有新的愿景和目标出现。

事实上，有远见是多数领导者，尤其是领袖级领导者的重要特质。1975 年，比尔·盖茨在创业之初就确立愿景："要使全球家家户户都有个人电脑，并运行着微软的操作系统。"早在 1994 年，华为就立下目标："世界通信行业三分天下，华为将占一份。"

畅销书《基业长青》的作者吉姆·柯林斯（Jim Collins）在研究了诸多高瞻远瞩的企业的特征后，总结出基业长青的企业有 5 大特征，第一条就是要有胆大包天的目标。他说，胆大包天的目标可以促使大家团结起来，这种目标光芒四射、动人心弦，是高度集中的东西，能够激发所有人的力量，只需要略加解释或者根本不需要解释，大家立刻就能了解。那些基业长青的企业拥有 BHAG（Big，Hairy，Audacious Goals，即宏伟、艰难和大胆的目标），它作为促进发展的有力手段，有助于驱动组织实现愿景。

引领变革的领导者有必要、有义务为团队树立一个愿景，当然这个愿景也可以用行动学习的方式集整个团队的智慧共创形成，但多数时候，是由有先见之明的领袖型领导者独立确定的。一个好的变革愿景理应能够让人脑中脑、心中脑和腹中脑都兴奋不已，所以好愿景还要有很好的表达。一个好的变革愿景通常具备 6 个要素。

工具箱 EMPOWER LEADERSHIP

变革愿景 6 要素

脑中脑

有希望：描述一个令人向往的美好未来的画面，且聚焦。

有价值：让人感受到意义和价值。

心中脑

能共鸣：能引起相关群体的共鸣。

表达好：友好表达，宜人上口。

腹中脑

可行动：有付诸行动的号召力。

灵活性：有灵活拓展性，不因环境变化而经常修改。

比如星巴克的愿景是：让星巴克咖啡店成为“第三空间”，这一使命描述了一个温馨的画面，充满想象空间，能引起多数人的共鸣。阿里巴巴的使命是“让天下没有难做的生意”，这一使命非常有价值有意义，表达宜人且号召力强。

A，达成共识

变革的第三步是让整个团队接受愿景，即达成共识。管理大师马奇同样提到企业很容易陷入失败陷阱。失败陷阱是指当组织强烈地意识到危机感时，领导者急切地寻求突围，推进组织变革。而下属单位和个人，如果想领会并在工作中贯彻新政则需要一个过程，新政从实施到见效也需要一段时间。急于求成的领导者却因短期内看不到新政的实施效果，而误认为新政是决策失误，再次改弦易辙，匆忙推出更新的策略，结果可想而知。当组织长期陷入失败陷阱时，员工会对政令的频频改变感到厌倦，去年的策略还没完全领会，今年又变了。久而久之，员工索性不作为了，因为做了也白做。

组织陷入失败陷阱的原因可能有两种：一是确实因为决策失败，不得不中途叫停。二是，也是更大的可能是，决策本身不错，但真正的问题出在团队成员对决策的不理解、不支持和没有达成共识上。

2011 年，我去美国 GE 克劳顿维尔管理学院（GE Crotonville，以下简称克劳顿维尔学院）深造，得知 GE 内部有一个变革成功公式：E=Q × A。

◆ E 是 Effectiveness of change，指变革的效果。

◆ Q 是 Quality of decision，指决策质量。

◆ A 是 Acceptance，ownership by the employees，指团队成员对决策的接受程度和认同程度。

90% 失败的变革项目都有一个质量很高的 Q，失败的主要原因是团队对目标缺乏认同感。可见，人的因素是变革成功的决定性因素，企业陷入失败循环的关键原因在于：**各级领导者在引领团队对变革愿景达成高质量的共识方面做得不够，造成团队成员不理解、不支持、不会做、莫衷一是。组织中成功转变的最大障碍是对人的因素重视不够。**

组织利益与个人利益的结合

乍一看，变革是对战略、系统、组织架构、制度流程等表面上的改变，但实际上，更为核心的是人的改变。很多时候，团队成员对变革的目标和方向不是不理解，而是不能很好地把变革目标和方向与个人的诉求、愿景和利益结合起来。组织变革的大愿景固然不可或缺，但同时，每一个参与者也不可避免地打着自己的小算盘，他们会问：变革成功对我意味着什么？人们只有探寻到变革成功对自己带来的更大利益和更大意义时，才会真正克服情感和习惯的阻力来支持变革。我们把变革为组织带来的利益称为组织利益，为个人带来的利益称为个人利益。在达成共识上，领导者首要的工作就是把组织利益与个人利益结合在一起，让每一个参与者为组织目标奋斗的同时，能够清楚地知道变革对自己意味着什么。

为了达成共识，领导者需要分析变革为员工带来的利益，一般而言，员工真正在乎的是5大利益：

- **成就感**：变革会给自己带来哪些成就感，同时可以从哪些方面成就个人？
- **成长性**：参与变革对未来发展的影响，能否在变革中获得锻炼和能力的成长？
- **灵活性**：能否给自己灵活的授权，以充分施展自己的才华？
- **社会关系**：跟谁一起共事？是否有机会发展积极长远的社会关系？
- **物质报酬**：当期和远期的物质回报怎么样？

当然，不同价值取向的员工和不同发展阶段的员工，对上述5种利益偏好的比重各不相同，但大致可以从这5个方面分析员工的利益，也可以用表2-1的形式对核心员工的个人利益进行分析。

表2-1　员工个人利益分析表

变革愿景/目标	员工利益
	成就感 成长性 灵活性 社会关系 物质报酬

员工在旧模式下重复久了，难免会进入自己的舒适区，而舒适和成长是不相容的。领导者要做的重要工作是帮助员工厘清变革成功对他们意味着什么。好消息是，变革遇到的挑战和创新的机会，恰恰为员工提供了成就自我、充分施展才能和快速成长的机会。因此，**变革成功和员工诉求可以建立的关联很**

多，领导者自己要养成建立积极关联的习惯，也要帮助员工建立积极关联。寻求意义是大脑的本能性反应，而意义本身也有很强的主观性。表面上，大家都积极地投身某项事业，但在内心中，每个人投入事业的理由都不尽相同。**领导者有义务帮助每一个参与者找到全身心投入其中的理由。**

事实上，多数理工科出身的经理人，以及受西方思想影响的经理人，都很擅长也很习惯对员工进行利益分析，领导水平的差距并不体现在兼顾员工的利益上。

情感共鸣，再通透的道理都不能代替情感体验

把员工的个人利益与推行变革的组织利益结合起来，对确保变革的成功来说非常必要，但仍不足够。因为即便满足了利益，他们也未必采取行动。就像绝大多数烟民都知道吸烟有害健康，却仍然无法戒烟；绝大多数行人都知道过马路闯红灯很危险，但总有人在红灯时横穿马路。利益只是脑中脑的诉求，却常常招架不住来自心中脑的情感阻抗和腹中脑的习惯阻抗。**因此，团队要达成高质量的共识，还要打好情感牌。**

变革大师约翰·科特总结出通往变革的两条途径，一条是“分析—思考—改变”；另一条是“目睹—感受—改变”。他认为“目睹—感受—改变”的战术常常更奏效，而且影响深远。我把认知比作弱电，是传递信号用的，只有12V 或 5V ；而情感是强电，是真正的动力，能达到 380V 或 220V。

“分析—思考—改变”是走脑的，是思维层面的，讲道理、传递信息只是改变认知的方式；而“目睹—感受—改变”是走心的，是从感官刺激到心理感受，是情感通路。**触动情感则需要用情感的方式。**情感经常跟声音、画面紧密关联在一起，声音、画面的刺激常常能引起情绪反应。要让人全身心地投入变

革之中，就需要用多种线索、多种感觉、强烈对比、反复强化等多维度的方式来促进情感的改变。

我特别喜欢一句话：爱的问题只能用爱的方式来解决。**我认为把“目睹—感受—改变”改为“体验—觉察—改变”更妥当一些，**显然，“体验”包括所有感觉系统，“目睹”貌似只强调视觉系统，而“觉察”比“感受”更高级一些，指对所体验内容的解读。

在变革过程中，员工的抵触情绪主要来自两个方面，既有对旧模式的情感依赖，又有对新模式的恐惧。管理者需要将这两种抵触情绪转化为对旧模式的厌倦和对新模式的期待。这种转变不可能一蹴而就，需要在实践中慢慢渗透。

举例来说，大多数老师都意识到“满堂灌”式授课的效果不好，却不愿意尝试把课堂变成对话互动式的，不是不明白，而是做不到，因为抵触情绪在作祟。一方面，老师已经习惯了“满堂灌”的授课方式，把学生当成木头桩子，自己照本宣科灌完了事，这是最习惯、最舒适的方式；另一方面，老师非常担心在与学生互动时，万一回答不出学生的问题会很尴尬，或者课堂局面失控会很难处理，况且没有人要求必须这么做，自己又何必瞎折腾呢。面对老师的这种抵触情绪，再通透的道理都无济于事，道理在情感面前总显得苍白无力。

解决的办法就是带他去体验，让他先观摩成功的互动式教学范例，再逐渐尝试在自己的课堂上穿插一部分互动。当老师从学生有质量的问题中受到启发、在学生积极参与中体验到互动的乐趣、在学生兴味盎然的表情中感受到活力的时候，他会逐渐喜欢上互动。慢慢地，积极情绪逐渐在老师的内在情感中占了上风。教学本来就是促人改变的工作，我讲过，不以学生改变为目的的教学都是没有意义的。“满堂灌”的方式只是在认知层面做工作，再通透的道理都不能代替情感体验，而与学生充分交流互动的方式也恰恰给了学生很好的情感体验，促进了学生对所授知识的更深层次的掌握。积极而持久的改变，正是这样在认知和情感的双重力量的作用下逐渐发展的。

坚持不懈，化阻力为助力

团队对变革达成高质量的、广泛而深入的共识是一个较长的渐进过程。任何团队中都有先知先觉者和后知后觉者。刚开始的时候，也许只有少数人达成高质量的共识，他们是新愿景的铁杆粉丝，自然成为变革的先锋队和宣传军。作为变革总指挥的领导者，最重要的任务是尽可能地把有权力、有地位、有影响力的人发展成先锋队，再让他们去影响更多的人。

我们在组织内推广行动学习的过程就是个生动的例子。刚开始，我们发展了一批愿意学习、有共识、肯实践的支持者，其中不乏业务单元的负责人，他们有影响力和决策权。我们共同学习、共同研究，达到了高度的共识，甚至到了痴迷的程度。任何变革都像画同心圆一样由内及外逐渐拓展，内部伙伴便是同心圆的最里层。为了让内部伙伴更专业，我们还对内部伙伴进行专业培训，让他们接受行动学习催化师培训，成为准专业催化师。接受专业训练就像给内部伙伴配置了一把利剑，不仅能让他们更有信心，而且能借助支持者的影响力去影响更多人。

我们在那些铁杆粉丝所在的业务单元中进行试点，然后在实战中发展改进。有效果的实践让更多人打通了“体验—觉察—改变”的改变通路，铁杆粉丝备受激励，参与者有了直观的认识，也愿意成为同盟军。只要坚定信念、持续努力，每多一个同盟者就会少一个中立者或反对者，每发展一个部门经理成为同盟者，就会带动整个部门成为同盟者，阻力和助力是此消彼长的关系。正如美国人类学家玛格丽特·米德（Margaret Mead）所言：“永远不要怀疑，一小群有思想、肯付出的人能改变世界。事实上，世界正是这样被改变的！”

不少人认为变革是“一把手工程”，需要最高领导者一声令下，下达一纸红头文件，从中央到地方贯彻执行就可以了。事实证明，如果各级执行部门负责人缺乏发自内心的认同和支持，势必会“上有政策，下有对策”地应付。历史的经验一再证明，靠强权硬推的变革往往会惨败，这种“中央辐射地方”的路线看似捷径，实际效果则是把须有深度共识的问题暂时绕过去了，强权可以带来表面的、短时间的认同和支持，而缺乏发自内心的认同和支持则始终是个隐患，说不定一个导火索就会引发报复性地反弹，导致变革彻底失败。

一把手的大力支持和推动固然是变革成功的必要条件，但同时，我更强调各级一把手的支持。如果很多基层的一把手都把行动学习当成工作方式，逐年积累，即便 CEO 一开始不是很支持，行动学习也能在一个组织里扎根，最终一定会赢得 CEO 的支持。我把这个策略称为“农村包围城市”。我一直笃信一句话，领导重视是挣来的而不是争来的，事情还没有做，先争取最高领导者的支持，他即便站出来支持，也是观望型的支持，未必是真支持。**若能在局部做得风生水起，切实解决了业务问题，参与者交口称赞，最终就能争取到最高领导者的支持。**

曾经有一位培训同人跟我交流时说：“我们公司原来的一把手非常重视行动学习，多次亲自当催化师带领团队行动学习，公司上下曾经对行动学习非常重视。可是好景不长，没过多久一把手调走了，新来的领导就不怎么重视了，慢慢地行动学习就被大家所淡忘。回想起行动学习在我们公司的遭遇，感觉跟搞运动似的，一阵风刮过，什么也没留下。”我回应说：“问题的根源在于，你们高层领导者在位的时候只注重开展行动学习，没有批量培养催化师。假如当初趁一把手重视、趁大家有热情时，就把所有部门经理培养成训练有素的催化师，让各级一把手逐步习惯把行动学习融入工作的各个环节，这样，即便一把手调离，也对行动学习在组织中的普及没有太大影响。”这位同人恍然大悟，说：“看来任何事情都需要群众基础，缺乏群众基础，即使靠领导权威硬推，也有很大的风险。”

最后的杀手锏

变革领导者发展同盟军即便再努力，到最后，恐怕还会有一小撮顽固分子坚决不支持，甚至还搞破坏。这便是考验变革管理者决断力的时候。“变革”听上去温柔，实际上还是比较残忍的，如果变革领导者对那些顽固分子，甚至破坏分子姑息纵容，必然会影响到整个变革的成功。在这种情况下，**变革领导者必须采取强硬而果断的措施强行清除异己。**杰克·韦尔奇在他的自传中写道：“有人认为，把员工中垫底的10%清除出去是残酷的野蛮行为。恰恰相反，让一个人待在他不能成长和进步的环境里才是真正的野蛮行径或者‘假慈悲’。”

2014年，我曾拜访GE克劳顿维尔管理学院前任主席诺埃尔·蒂奇[①]，他曾与沃伦·本尼斯（Warren Bennis）[②]合著过一部重磅力作《决断：成功的领导者怎样做出伟大的决断》（*Judgment: How Winning Leaders Make Great Calls*）。临别之时跟他聊到决断力，他说：“我送你一句话，也是我下一本书开头的第一句话。那就是：‘杰克·韦尔奇是全球最伟大的CEO，同时，他也是个混蛋！’”他认为杰出的领导者都应该有点混蛋气质。这段话曾经引起我很长时间的思考，我发现“×××是最杰出的领导者，同时他也是个混蛋”这样的句式，套在绝大多数杰出的领导者身上都很合适，乔布斯、格鲁夫、马云、任正非等莫不如

① 誉满全球的领导力大师，密歇根大学商学院教授、全球领导力项目负责人，对领导力变革有独到见解。曾提出“企业DNA”“良性教导循环”“可喻之义”等创新概念。其经典著作《决断：成功的领导者怎样做出伟大的决断》《领导力引擎》《领导力循环》简体中文版已由湛庐文化策划，分别由中国人民大学出版社、浙江人民出版社出版。——编者注

② 领导力之父，被誉为“领导学大师们的院长”“管理学十大发言人”之一。其经典四部曲《领导者》《成为领导者》《七个天才团队的故事》《经营梦想》简体中文版已由湛庐文化策划，浙江人民出版社出版。——编者注

此。仔细推敲，其中的道理很深，领导者要引领重大变革，没有一点硬手腕，不带一点“混蛋”劲儿还真不行。反观很多失败的领导者，失败就失败在“混蛋”劲儿的缺失上，“混蛋”在领导力领域俨然成为褒义词了。

L，边学边做

假如成功去除了变革参与者的心理障碍，团队对变革就达到了比较有质量的共识。解决了态度问题，紧接着还要克服能力问题——变革团队必然面临学习新技能的挑战。UVALID 变革领导力 6 步框架的第 4 步叫作边学边做，将重点讨论新模式替代旧模式过程中的学习问题。

幸福曲线：团队成员的心路历程

对每一个参与变革的人来说，变革意味着放弃娴熟的旧模式而适应新模式，这个学习过程无疑是痛苦的。因为不适应、不熟悉新模式，常常面临着“付出很大努力，却收获糟糕结果”的投入过程。欧洲工商管理学院教授斯图尔特·布莱克（J.Stewart Black）在《变革始于个人》（*It Starts with One*）一书中，借助图 2-1 的学习曲线生动地阐释了其中的道理。

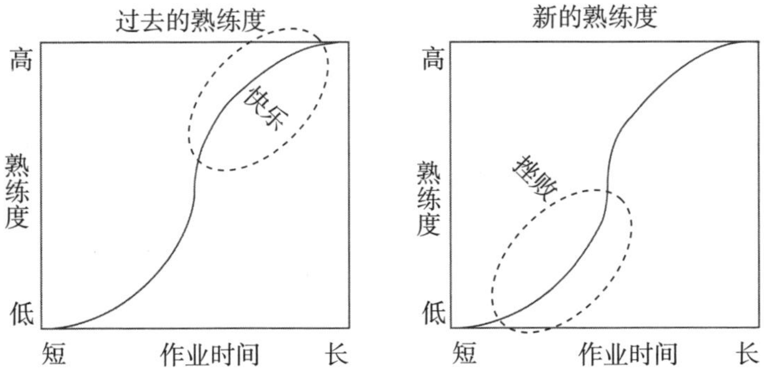

图 2-1　学习曲线图

资料来源：《变革始于个人》。

学习曲线是指一个人做某项事情的熟练程度，随着作业重复次数（时间）的增加而提高。因为旧模式是经过反复强化的，所以人们沿用过去的模式可以事半功倍，当然容易得到快乐的情感体验，可惜的是旧模式不合时宜了，重复这种“熟练的无能”状态没有任何前途。而新的模式需要从头学习，从以前的舒适区到现在的挑战区，不仅要付出巨大的努力，还常常事倍功半，自然会有挫败感。

大部分人都要经历一个简单的心路历程，称为“幸福曲线”（如图 2-2）。

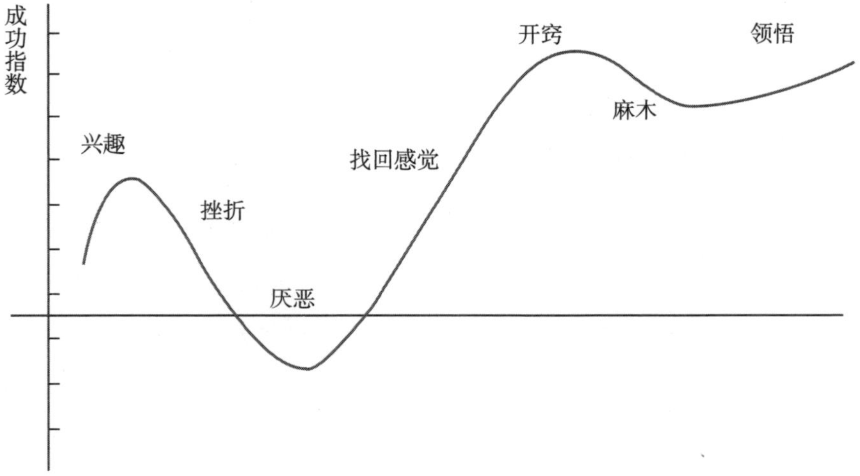

图 2-2　幸福曲线图

在变革刚刚开始的时候，团队成员也许因为有机会参与一个有意义的项目而感到非常高兴，充满了热情和期待。这就好比家长给孩子买了一架钢琴，非常漂亮。孩子刚开始一定非常兴奋，以后可以向小伙伴们炫耀自己弹钢琴的技艺了，梦想自己长大后成为一名钢琴家。这个阶段称为兴奋期。

短暂的兴奋期过后很快会遭受挫折。孩子弹了一个月，手指都弹肿了，还弹得曲不是曲、调不是调，挫败感就逐渐增强，看来钢琴没有自己一开始想象中的那么好学。同样的道理，团队成员在实际参与变革的过程中，过了短暂的兴奋期后，很快会因为难以掌握变革所需的新技能而产生挫折感，甚至为凭空增加了一系列工作量而苦恼，他们为完成这些工作所要付出的努力大大超过了他们的心理预期。当他们认为已经付出了很大努力而工作进展却往往不尽如人意的时候，自然会产生挫折感。

挫折感的不断积累就会演变成厌恶感。事实上，学习任何一项技能都会有一个厌恶期，比如学开车、学游泳、学钢琴。孩子学钢琴到厌恶期就想放弃，如果意志力不坚强，放弃了就永远不会再学钢琴了。所以，厌恶期常常需要外力干预。这时候，家长会逼着孩子学习钢琴，每天强迫他练习，无奈之下，孩子每天都心不甘、情不愿地强迫自己弹钢琴。他强忍着手指的疼痛和自己演奏的噪音，苦苦坚持着，一点一点摸索其中的规律，一点一点寻找弹琴的感觉。组织的变革也一样，变革领导者应在组织变革的厌恶期发挥鞭策督导的作用，既然方向认同、愿景认同。就应该全力克服短期的不适应。**变革领导者的关键作用之一，就是在关键时刻像孩子的家长一样强迫团队成员坚持新的模式。**

功夫不负有心人，熟能生巧。弹钢琴的孩子苦苦练习了几个月以后，终于有一天弹出一曲《牧童短笛》，虽然是磕磕巴巴的，但总算是会弹了，他付出的努力终于有了回报，他看到了学琴的希望。这种成就感会大大地激励他，以至于忘记了过去练琴的痛苦，他甚至有资格在小伙伴面前炫耀自己能够弹奏这首曲子了。这个阶段代表他开窍了，掌握了弹钢琴的一般规律。坚持下去，他不仅能弹《牧童短笛》，而且能弹更多的曲子。变革初见成效的时候就如同孩子刚学会弹《牧童短笛》的时候，变革领导者要学会庆祝过程中的每一个小的进展。

开窍之后就进入麻木阶段。慢慢地，这个孩子弹钢琴就成了潜意识的动作了，他弹钢琴就跟用鼠标键盘一样，或者跟吃饭穿衣一样自然，丝毫感觉不到别扭，所有动作都固化下来，变得麻木了。变革进入麻木阶段，就说明新的模式已经固化下来，人们已经完全适应，新模式完全替代了旧模式。

麻木之后更高的境界是领悟，钢琴演奏家能够把自己的喜怒哀乐通过十指诉诸琴键，团队成员则能够把自己的一些创新想法应用到新模式中去了。

变革领导者的 8 项关键工作

学着去做就是尝试新模式，是变革措施付诸实践的阶段，也是攻坚克难的关键阶段。这个阶段的领导者要做好 8 项关键工作。

第一，聚焦：抓住最重要的事情并形成计划。大的变革项目头绪繁多，有很多复杂艰巨的工作要做。但一定要集中力量搞歼灭战，一件一件地干，每件事要有值得庆贺的阶段性成果，这样团队士气才会高涨。切忌头绪太多，力量分散，失去焦点，每一件都投入不少精力，却没有一个值得庆贺的阶段性成果，让人看不到曙光，士气很容易低落。较大的项目可以分解为若干个相互关联的子项目，每个项目每个阶段集中精力办好一件事，要有详细的计划和执行落地措施。

第二，带头：以身作则。最高领导者以身作则不仅仅是秀给人看，更重要的是要深入实际，快速、亲身感受变革的进展、挑战和问题，进而及时采取修正措施。当然，以身作则也并不等于事必躬亲，变革领导者责任重大，头绪纷杂，但如果所有的重大决策都是听下属汇报做出的，这也是件非常危险的事情。

第三，用人：把正确的人放在正确的位置上[①]。人几乎是最重要的。让适合的人干适合的事情会取得事半功倍的效果。首先是下功夫找关键人才，关键人才的缺失会造成很多很好的想法无法实现。其次，关键岗位用人不当所造成的工作延误、停滞等压力最终都会转移到领导者头上，而中途换人也经常让项目陷入被动。

第四，授权：放权让下属去尝试。给下属充分的信任，有效授权。在过程中让下属有掌控感，下属才会有强烈的责任感，才能在变革成果中找到较强的成就感。记住，越是人才，越需要独立施展的平台和实现自己想法的创新空间。

第五，辅导：培养能力与技巧，给予反馈。优秀领导者总是能把事业的成功和下属的成长有机地结合起来。他们会在工作中培养下属，有效辅导下属，及时给予反馈，使其逐渐具备更高级的能力和技巧。

第六，支持：协调资源，扫清障碍。领导者常常拥有高端人脉和重要资源的支配权，所以要借助自己的地位和影响力为下属协调资源，清除各种障碍。

第七，奖励：及时庆祝，树立典型。化阻力为助力还有一个绝好的办法，就是树立标杆，嘉奖模范。著名思想家阿尔伯特·史怀哲（Albert Schweitzer）甚至说："榜样不是影响其他事物的主要因素，而是唯一因素。"越是基层，其榜样示范作用越大，人们都会想：大领导能做到，我未必能做到或需要做到，但同是基层的他能做到，我当然也能做到。杰克·韦尔奇认为领导者必须学会庆祝，而且要形成庆祝小进展的文化。他说："你的任务是让你的小组成员跟

① 关于人力资源如何有力地驱动组织战略，如何把关键人才放在关键职位上，为核心客户创造价值，推荐阅读《重新定义人才》。人力资源之父戴维·尤里奇、全球顶级领导力教练权威马歇尔·戈德史密斯联袂推荐。其简体中文版已由湛庐文化策划，浙江人民出版社出版。——编者注

欢乐相伴，当然，他们必须努力创造效益。”

第八，监督：重视外力的作用。必要的监督和督导还是不能少。变革进展到爬坡期，在考验毅力和韧性的时候，外力的作用还是很明显的。团队相互承诺和监督对完成需要毅力和韧性的高难度任务有很大的好处。

EMPOWER LEADERSHIP 工具箱

变革领导者的 8 项关键工作

第一，聚焦：抓住最重要的事情并形成计划。

第二，带头：以身作则。

第三，用人：把正确的人放在正确的位置上。

第四，授权：放权让下属去尝试。

第五，辅导：培养能力与技巧，给予反馈。

第六，支持：协调资源，扫清障碍。

第七，奖励：及时庆祝，树立典型。

第八，监督：重视外力的作用。

I，持续迭代

变革总是伴随着尝试，尝试自然有成功也有失败。但有一点可以肯定，无论变革设计者最初设计的模式是什么，变革最终形成的固定模式肯定不是最初设计的理想模式，而是在实践中反复适应、提炼、改进而演化出来的现实模式。

在实践中团队发展出某项新业务的有效模式，普遍称之为最佳实践。我们总是能够尝试把该实践中有效的成分或模式萃取提炼出来，复制到其他成员身上。更多的变革成功是先有底层创新实践，取得不错的效果并形成良好的口碑后，再赢得高层的认可和支持，进而大力推动这种模式的全局推广。

从系统的角度看变革，变革的实质就是打破系统的旧秩序，建立新秩序。系统必然有一个失去平衡并逐渐演化建立出新平衡的过程，而这个新秩序和新平衡一定没有人能够事先规定好和定义好，人们可以大胆设想和设计，但任何设想都要能经受实践的检验，新秩序一定是在实践中逐渐演化而来的。

推动变革的三项关键工作

对未知的、有风险的事情抱有怀疑、畏惧的态度本是人之常情。暂时对变革不支持的人也绝非都是敌对势力，大部分只是暂时不理解和有畏难情绪而已。**变革推进的过程也正是一个在实践中检验变革设计、在迭代中优化变革设计、用事实证明变革价值、用口碑赢得更多支持的过程。**成功的变革是由一系列小事件贯穿起来的，反过来，每一个关键事件对变革的成功都有重要影响，因而更应该挖掘每个关键事件对变革的促进价值，利用事件推动变革朝积极正向发展。具体而言，以下几个方面的工作非常关键。

第一，短期成果，及时庆祝。2011 年，特蕾莎·阿马比尔（Teresa M. Amabile）等人在《哈佛商业评论》上撰文《小成就，大动力》，认为管理者要帮助支持员工，帮助他们取得阶段性成果，进而改善他们在工作中的心理状态，为其取得更大、更长期的业绩创造好的条件。同时，管理者要善于激励这些进展，树立标杆人物和标杆事件。而实际上，“及时奖励”会激活更古老、更原始的奖励系统，刺激相应的多巴胺产生欲望。杰克·韦尔奇在描述早期的庆祝经历时写道：

> 每当我们接到一份超过 500 美元的订单，我们就买啤酒到家里庆祝。我们把订单超过 500 美元的客户名字写到墙上，称之为“500 俱乐部”。

无论什么时候，我们每增加 10 名新客户到俱乐部——我们就有理由庆祝一番了……每一次的提升、每一次的分红以及每一次加薪都是庆祝的原因。

正如柳宗元所说："赏务速而后有劝，罚务速而后有戒。"取得成果并及时奖励，有利于员工内在的"认知—实践—感受"循环持续强化。相反，如果领导者不能推动工作进展，也不能为努力实现进展的员工提供支持，那么员工在心理上就会受到打击，组织的业绩也会受到影响，而业绩下滑又会进一步挫伤员工的工作积极性，形成恶性循环。

第二，口碑才是硬道理。如果变革的方向是正确的、深得人心的，那么一定会有口碑效应。关键时刻口碑甚至决定变革的成败。被誉为"《纽约客》怪才"的畅销书作家马尔科姆·格拉德威尔（Malcolm GlaDwell）在《引爆点》（*The Tipping Point*）中提出，很多事情的流行都带有偶然性，口碑常常会以令人难以捉摸的神奇方式创造流行。变革推动者要善于抓住关键事件、制造大众感兴趣的话题，有意识地引导口碑传播。当然，口碑绝不是噱头，建立在真实的客户体验基础上的口碑才有广泛传播的潜力。

第三，化阻力为助力。变革领导者要持续努力将中立者转化为支持者，将反对者转化成中立者，这是一个持续的此消彼长的过程。每成功地把一个中立者或反对者转化为支持者，支持者阵营加一分的同时，反对者或中立者的阵营就会减一分，助力增长一分，同时阻力也减少一分，建立最广泛的统一联盟是永恒的主题。《周易》中的革卦是专门讲变革的，有"大人虎变，君子豹变，小人革面"的说法，大人物要像猛虎一样推行变革，君子像斑豹一样助力变革，小人才会纷纷改变旧的习惯。争取那些有权力、有资源、有影响力的关键人物的支持当然就更关键了，因为赢得关键人物的支持往往意味着同时赢得关键人物影响范围内的团队的支持。

模式在迭代中成熟，团队在迭代中成长

变革领导者很容易产生的一个错误倾向是，过分关注表面上的成绩、口碑和他人支持，而忽视变革过程中更内在因素的发展。内在和外在是相辅相成的，外在光鲜的成绩是内在的能力和努力所致，内在的能力又是取得更大成绩的保障。庄子说："凡重外者内拙。"如果变革管理者只重视业绩等外在因素，而忽视对变革有更深入、更持久、更广泛影响的内在因素，变革将会很难持续。变革领导者不得不重视的三个内在因素是：可复制模式、员工在变革中的成长和团队默契。

因素 1，可复制模式。任何成熟的模式都是在最初的设计与后来的实践相互作用下逐渐演化而成的。反过来，在实践的基础上，归纳总结出成熟的模式对后续变革取得更深入、更广泛的成功意义重大。一个经过验证的可复制模式才是变革的 DNA，多次迭代最重要的目标和成果就是探索出这个可复制的模式，模式成熟是迭代最重要的内在成果。

因素 2，员工在变革中的成长。关键人员的成长是变革中的另一个重要内在指标，因为员工的充分成长才是事业持续做大的基础。团队能力的成长是业绩大幅增长的内在支撑。当然，很多时候，追求成长也是员工愿意接受挑战、投入变革的重要原因，变革领导者只有把员工在变革中的成长这一内在指标真正重视起来，才能做到基业长青。

因素 3，团队默契。团队是要在挑战中磨合的，关键人才要通过"在赛马中相马"来发现和培养。每个团队都是一个小的社会系统，这个系统中的规则、良知和秩序。每个角色的位置以及每个人的平衡，都是各个成员在较长时间内相互影响、相互作用下逐渐演化而成的。默契的团队一定处于一个较好的平衡状态。默契的团队是组织的财富，是高绩效的保障。同时，默契的团队也是领

导者苦心经营的结果，领导者既要知人善任、充分授权，又要及时支持和干预，巧妙化解冲突，及时解决问题的习惯才能逐渐培养出来。

老子说："慎终如始，则无败事。"对一个内外兼顾的领导者来说，世界上不存在彻底的失败，即使表面上从业绩的角度来看失败了，也可以从中"吃一堑，长一智"地收获内在的经验教训。

D，深度融合

UVALID 变革领导力 6 步框架的最后一个环节我称之为深度融合，因为变革完成的标志是新模式完全替代了旧模式，人们已经感觉不到任何新模式的新鲜与不适了。

将变革成果固化在制度流程里

体系化是组织基业长青的关键保障，也是变革深化的基础。在业务走向正规的组织中，各项业务都是靠既有的制度自动运行的，即便最高领导者长时间不在，组织照样有条不紊地运转。变革使组织处于非常时期，很多以前没有遇到过的情境需要领导者作出临时决策，处理非常时期的非常决策，常常会消耗变革领导者的很多精力。

变革的持续迭代和实践过程是探索和实验新模式的过程。新模式来自行之有效的最佳实践。模式被反复验证后，就可以从个别实践上升到组织标准，通过制度或流程的修订将其固定起来。**变革领导者要善于运用组织的流程再造，将经过验证的最佳实践锁定，用制度化的文件规定各项作业的流程，是新模式占主导地位的标志。**

形成巨大的文化力量

变革推动者在变革过程中会明显感受到旧文化对变革的阻抗。文化就像磁场一样，虽然看不见摸不着，却是客观存在并一直在起作用的。最深层次的变革是文化层面的变革，变革领导者如果不能主导文化改变，变革必然受到旧文化的干扰。

文化是在变革中逐渐形成的。有些领导者认为，欲发动变革，需要先改变过时的文化。他们想从文化入手，先把自己认为变革理想的文化描述出来，然后在组织中宣贯新文化，以期通过文化的改变来带动变革。我认为，**文化是变革成功的必然产物，而不是变革的先导工具或鼓动变革的口号，文化是结果而不是前提。文化的改变伴随着变革的整个过程，新模式替代旧模式的同时，新文化也跟旧文化角力，文化的形成是比变革周期还要长的一个过程。**

文化是始终如一地坚持做出来的,而不是说出来的。“文化”一词源自《周易·贲卦·彖传》其中有一句:“观乎天文，以察时变，观乎人文，以化成天下，天下成其礼俗，乃圣人用贲之道也。”“文”同“纹”，原意为虎豹身上的斑纹，意思是说：看天上云彩的纹路，以觉察天气的变化；看天下伟人的风采，以化育黎民百姓。这句话道出了文化的本源，那就是在精神领袖的影响下，整个群体会逐渐形成较为统一的思想、理念、行为、风俗、习惯等多方面约定俗成的模式，统称为文化。

领导者始终如一地坚持一种模式，这种模式渐渐就会成为文化。正如《周易·恒卦》中所说:“日月得天而能久照，四时变化而能久成，圣人久于其道而天下化成。”“化”需要一个过程，习惯成自然，坚持久了才会成为文化。很多领导做不到坚持，见异思迁，朝令夕改，结果领导者的“出尔反尔”成为组织的文化。**文化形成的关键在于，坚持按照核心价值观、组织的理念原则做事情**

和处理问题。世间本没有路，走的人多了便成了路；世间本没有文化，秉持同一原则久了便成为文化。

不仅最高领导者自己要长期秉持企业的核心价值观，核心价值观也要通过各级管理者一级一级向下传承。正如杰克·韦尔奇说：

> 我总是不断地提醒我们的经理，不管是哪个级别上的人，都必须分享我对人的激情。今天，我在他们面前是大人物；他们回到公司后，在员工们看来，他们就是事实上的“大人物”。他们必须把同样的活力、献身精神和责任心传递给员工们，传递给那些远离杰克·韦尔奇的人们。

文化的力量是巨大的。在企业界，IBM 能让大象跳舞，华为能让年轻人热血沸腾，海底捞则把成功归结为“造人”的成功，这些足以证明在商业成功的背后，离不开优秀组织文化的支撑。正是文化迸发出的巨大力量，使得组织成员坚定信念、同心同德、同步同调，以此推动团队不断发展壮大。系统论中说：“一种成功的模式被大规模复制，系统从无序走向有序。”同样的道理，**要想让组织快速发展壮大而不失本色，必须让企业文化在组织中的每个人身上得到成功复制，文化可以说是组织的基因，什么样的组织就有什么样的文化，什么样的文化成就什么样的组织。**

03

做群策群力的问题终结者

解决问题

未来的领导者是提出问题、加以讨论，然后解决它们。他们依赖的是互信而非控制，因此，领导者要做的是真诚坦率地沟通，领导者要成为下属的教练而非牵绊者。

——全球杰出CEO　杰克·韦尔奇

EMPOWER LEADERSHIP

赋能式思考
EMPOWER LEADERSHIP

- 为什么说解决问题的公式比答案更重要?
- 如何挖掘团队智慧，群策群力解决业务中的实际问题?
- 如何在解决问题的同时，培养团队的工作能力?

当一个人有目标却不知道如何才能达成时，问题就产生了。只要有目标，就难免在实现目标的过程中遇到问题。解决问题可以理解为：探索从起始状态到目标状态的方法和路径。如果问题的起始状态是确定的，而问题的目标状态也是确定的，我们称之为**良构问题**（well-defined），比如四则运算就是良构问题。反之，问题的起始状态或目标状态模糊，不能确切定义，这样的问题称为**病构问题**（ill-defined），比如晚会穿什么衣服、怎么写一篇好作文等就是病构问题。**很显然，领导者在经营管理过程中，遇到的大多数问题都是病构问题，而领导者的职责之一就是问题终结者。**

在工业化生产时代，社会环境变化不大，企业经营总是重复同样的模式，只有经验丰富的人才能熬成领导者。这个时代的领导者习惯用自己的经验和判断来解决问题，他们就像坐诊医生一样，听取下属汇报的种种问题，然后迅速给出指示，下属照单抓药，照指示办理，一切都显得简单利索。然而，在VUCA时代的今天，靠领导者一个人的智慧去解决问题显然已经不合时宜。今天的领导者，不仅要掌握解决问题的方法套路，还要懂得带领团队，群策群力地解决问题。**带领团队快速解决问题才是未来领导者工作的新常态。**

带领团队解决问题

在变化速度越来越快，模式迭代越来越频繁的当下，任何一家公司都不可能靠一套模式取得长期、持续的竞争优势。在复杂多变和激烈竞争的环境下，企业唯一不变的核心竞争力是创新能力和解决问题能力。解决问题常常意味着人类多种思维的综合运用，过去解决问题更多地是依靠资深人员的经验，而今经验似乎一直在贬值，创新和灵感在解决问题中的地位持续上升。

群策群力，时势决定的必然性

早在20世纪90年代，杰克·韦尔奇就曾说：

> 一个经理人要有一颗更开放的心，过去人们总是认为经理人理应比下属知道得多一些，这种老观念已经不合时宜了。未来的领导者是提出问题、加以讨论，然后解决它们。他们依赖的是互信而非控制，因此领导者要做的是真诚坦率地沟通，领导者要成为下属的教练而非牵绊者。世界前进得如此之快，以至于控制变成了一种限制。

在互联网时代的今天，领导者靠自己的经验与智慧乾纲独断地解决问题的方式显然更加不合时宜。如今，在经营管理中面临的问题，需要更多渠道的信息，更多维度的思考，用更创新的形式去解决。解决问题是每一个领导者每天都在做的事情，但很少有领导者意识到其背后有一个基本的模式框架，更重要的是，要利用这个框架整合团队的知识、经验、直觉和灵感，综合运用多种思维。

以往，没有任何一个时代，人类的价值观比今天更多元化。在大多数企业中，踏实、稳重的70后占据着领导地位，而最具活力的90后则真正代表着未来的趋势。最近我与一些90后人士有过一些接触，深深地被他们的活力、激情和“不着调”所震撼。甚至有人说:“在互联网时代，稳重、低调就是自残，循规蹈矩就是不合群。”

这个基本的社会背景就决定了解决实际问题的方式，绝对不能是某一类人的方式，纯粹按70后的方式解决问题，90后会觉得老套、没有兴奋点；纯粹按90后的方式解决问题，70后会觉得太不着边际。问题的解决过程，一定存在着各种观点和价值观的整合，把不同甚至相反的想法和目标整合在一套解决方案中才是真正的本事。著名作家斯科特·菲茨杰拉德(Scott Fitzgerald)把“头脑中同时存有两个相互矛盾的想法而继续保持思考的能力”定义为一流智商。多伦多大学罗特曼管理学院院长罗杰·马丁(Roger L.Martin)[①]教授与50多位杰出领导者的访谈发现：运用思辨的头脑，从独立观点中权衡出新方式的决策者，与一次只考量单一模式的决策者相比，有明显的优势。

换句话说，今天，解决问题的能力很大程度上体现在思维的整合能力上。**带领团队解决问题，才是互联网时代的领导者最应该具备的基本能力。**

营造宽松的解决问题的氛围

置身于问题中的领导者常常会被问题绑架，现实的压力会让人视野变窄，陷入一种急于求成的功利模式。孔子说:“不欲速，欲速则不达。”在解决问题中最能体会这句话的深切含义。一个人的脑力是有限的，当压力占据了大部分

---

① 2013年入选全球最具影响力50大商业思想家(Thinkers 50)榜单。想了解何为商业战略、如何制定战略，推荐阅读其著作《宝洁制胜战略》简体中文版，此书已由湛庐文化策划，浙江人民出版社出版。——编者注

的大脑“内存”时，就没有足够的“内存”用来解决问题。认知心理学早已发现，在高度压力状态下，专家的表现会大失水准。

无论是阿基米德在浴池中顿悟浮力定律，牛顿在苹果树下悟到万有引力，还是德国有机化学家凯库勒（FriedrichA Kekule）梦见蛇衔着自己的尾巴而顿悟到苯环的结构，都可以从中看出，高质量的顿悟都是在大脑放松状态下闪现出来的。顿悟要发生的一个必要条件，是大脑既有足够的加工素材，又有足够的空间。当要加工的素材都杂乱地挤到大脑里的时候，很显然，大脑就不会有足够的“内存”来产生顿悟。而在绞尽脑汁没有进展的时候，当意识转移到别的事情上的时候，人的潜意识却还在酝酿，这时候因为意识转移到了轻松的事情上，大脑也就有足够的空间去顿悟。这就是解决问题中的酝酿效应。当对一个问题百思不得其解时，把它搁置几小时、几天或者几个星期后再来解决这个问题，往往会很快发现解决问题的途径。酝酿效应发生的条件是：

- 其一，紧张程度降低。
- 其二，意识放松，摆脱思维定式，进入潜意识加工。
- 其三，突发事件触发。

领导者需要意识到，越是复杂的问题越需要整合多种智慧，越需要酝酿时间，采取慢中求快的策略，开发和整合多人的顿悟，才能够找到高质量的答案。IDEO 公司[①]发现，头脑风暴超过两个小时则风暴效果下降。有时候先把问题和团队的观点激发一下，先把问题和素材植入到每个人的大脑中，然后让团队轻松一下，进入酝酿状态，等一段时间后再回过头来探索答案，这倒是一个很好的节奏。有很多领导喜欢结果导向，开马拉松式的会议，集体在会议室

① 世界顶级创意公司。如果想了解设计思维如何改变组织和激发创新，推荐阅读其现任总裁兼CEO 蒂姆·布朗的经典著作《IDEO，设计改变一切》简体中文版。本书已由湛庐文化策划，浙江人民出版社出版。——编者注

里憋着，长时间地烟雾缭绕也熏不出好点子来，而且时间越长效果越差。

在解决问题中培养人才

在解决问题上，最后必须强调的一点是：领导者要善于在解决问题的过程中发现和培养人才。挑战性工作和解决复杂难题常常是顶尖人才重要的工作动机。70后辞职常常因为待遇不好，而90后辞职的理由却有不少是因为工作没有意思，缺乏挑战性。企业管理中常常把做事和做人割裂开来，把挑战性工作和培养人才对立起来。有人说："等我忙过这阵子就去好好学习充电。"还有人说："等我学习深造后再大干一场。"**而真正有效的学习是在挑战性工作中学习，在解决问题中学习。**带着问题去看书、上课，上完课带着策略去解决问题，问题解决了，带着感悟和新的问题再去上课，这才是真正意义上的学习。

把做事和培养人才割裂开来的行为，如果用中医的病症来类比就是典型的心肾不交。事都是人干的，有多大的能力干多大的事情，业绩在很大程度上是由员工的能力决定的。领导者最容易把全副精力投入到当下的业绩中去，全力以赴解决当下的问题，但如果忽视了员工的成长，未来的目标也会越来越难以实现，因为人才是实现业绩持续增长、解决业务问题的最关键因素。

我最切身的感受是，领导者一定要意识到挑战性工作的完成、棘手问题的解决必然有双重结果。外显的结果当然是工作绩效，工作绩效是团队成就感的来源，大多数员工并不畏惧挑战，在实践中，最容易让他们丧失斗志的是做了一堆工作，却没有明显的成就感。还有一个内在的、容易被忽视却更为重要的结果，就是每一个参与者在这段经历中的成长和收获。我所知道的很多管理大师，如彼得·德鲁克、杰克·韦尔奇、戴维·尤里奇等，他们都有一个习惯性的发问："你从中学到了什么？"有太多时候我们历经艰难、全力以赴地完成了一项重大工作，却忽视了一个很小的环节——总结复盘，忽视了过程中对下属的培养。如果下属得不到有效培养和充分发展的情况持续积累，团队应对更大挑战的能力就会越来越弱，对领导者的依赖也会越来越强，问题终究会爆发。越是快速增长的业务，领导者越要重视在工作中培养员工。团队的能力成长是业绩成长的预测指标，对部分员工来讲，能力成长也是他们留下来的重要理由。

GE 公司曾经对 300 位高阶经理人进行过一项调查，结果显示，有 90% 的人认为，对他们在工作中的成长贡献最大的是“曾在 ×× 处跟随 ×× 人一起工作”。换言之，这些经理人认为，从直接主管身上接受到的指导与训练才是他们成功的最重要因素。作为领导者的你可曾想过：员工选择把年富力最强的一段青春奉献在你的麾下，你是否意识到除了业绩之外，你更应该为他的未来职业发展负责？诺埃尔·蒂奇说：成功的领导者会教导他人成为领导者。

越注重培养员工能力的团队，未来的业绩就会越多地依靠团队能力来支撑，而非靠抓住机会。没有人持续拥有“每把都能抓到好牌”的幸运，但真正的高手总能把好牌打赢，让烂牌不输或少输。**企业经营也一样，靠机会的增长不可持续，靠能力的增长才是根本，能力要在过程中逐渐培养，领导者只有意识到把能力建设工作渗透到每一项具体的工作任务中去，始终兼顾工作绩效和员工成长，团队才能够心肾相交，健康发展。**

解决问题 6 步法：公式比答案更重要

遇到问题，绝大部分人的惯性心理是急于寻找答案。然而，在复杂多变的当下，面对一个连自己都不一定能描述清楚的问题，要想一下子找到合适的解决方案，何其难也。爱因斯坦说：“解决问题所用的公式比结果还重要。”我们应该思考的是，用什么样的策略方法、流程框架更逼近我们要寻找的答案。美国著名心理学家托马斯·戈登（Thomas Gordon）曾提出解决问题六步法。

工具箱 EMPOWER LEADERSHIP

解决问题 6 步法

第一步，识别和界定问题。

第二步，分析问题的根源。

第三步，探索可能的解决方案。

第四步，确定解决方案，形成计划。

第五步，实施解决方案。

第六步，评估效果并标准化。

这是一个很好的寻找解决方案的流程框架。面对病构问题，走完这六步流程，尽管不一定能找到最优解，总能找到比较好的解决方案。

第一步，识别和界定问题

病构问题的一个显著特征是问题本身没有被明确定义。很多时候，人们只有对问题的朦胧感受，甚至不同人的感受也不尽相同，就像很多病人不能确切描述自己的病情一样。有时人们只能简单描述问题的表象，却意识不到问题背后的问题，被表象所迷惑，而找不到真正要解决的问题。不仅如此，人们甚至对自己想要的解决方案也是模糊的。比如买衣服这样的病构问题，在走进商场时顾客并不能确切描述自己想要一件什么样的衣服。

首先，重新定义问题。有时候仅仅对问题的重新定义，就能使问题迎刃而解。比如，有客户抱怨某酒店的电梯速度不够快，于是酒店领导决定斥资更换高速电梯。谁想到又有客户抱怨电梯反应迟钝，眼看着电梯到了 11 层，10

层的乘客赶紧按下下行按钮，电梯却径直下去了，其实造成这种情况的实际原因是高速电梯不能急停。如果当初把这个问题定义为“如何改进乘坐电梯的客户体验”，也许解决方案就很简单，根本不用换什么高速电梯，只需要在电梯里装一面镜子就好了，客户在乘坐电梯时顺便照照镜子就不会感觉慢了，问题迎刃而解。

另一个著名的例子是和尚下山的问题。一个和尚从早上太阳升起时开始爬山，上山下山只有一条很窄的道，他走走停停、时快时慢，在太阳落山之前终于到达山顶上的一座寺庙。他在寺庙里住了一晚，第二天太阳升起的时候又沿原路下山，依然是溜溜达达、时快时慢，他下山的速度比上山快，下午3点就到家了。请问，和尚在上山和下山的两天中，是否会在同一时刻经过同一地点？

如果重新描述一下这个问题，就可以等价为：两个和尚沿着同一条路同时出发，一个从山顶下山，一个自山底上山，请问两个和尚能否相遇？答案是显而易见的——一定会相遇。再等价回来，说明第一天上山、第二天下山的和尚确实会在两天内的同一时刻经过同一地点。

同一个问题换一个角度看就不一样了。同一客观事实的不同描述，给人的感受完全不同。屡败屡战和屡战屡败描述的是同一现象，但背后的精神内涵却大相径庭。

再如本书第1章讲的业务设计。广义地讲，也可以把业务设计看作一个特殊的病构问题来解决。一旦把业务设计定义为病构问题来解决，那么，本章介绍的病构问题的解决方法，就完全可以套用在业务模式设计中。对同样的事情，每重新定义一次，可借鉴的理论依据就丰富一些，实践中的创新空间就大一些，实践后的感悟就多一些，收获也会更多。我喜欢用不同理论体系来审视同一事物，从中获益良多。

在现实中，同样的业务、同一个事件或类似的挑战，不同的经历者却有不同的感受和理解，他们对问题的看法和描述也不同。所以，问题解决的第一步是让这些不同角色、不同利益的代表从不同角度描述他们遇到的问题，然后综合他们的意见，对问题有一个各方都比较认同的界定。从对问题的感知到对问题的精准界定，可以用行动学习的方法进行一轮发散和收敛。

其次，描述成功的标准。病构问题典型的特征是可能的选择不止一个，解决方案也不止一个。什么是好的解决方案？最好事先要有一个轮廓性的描述或框架性的描述。就像找对象一样，虽然不能立刻确定对象长什么样，但确实可以先有一个轮廓性的描述：高富帅、白富美就是一个轮廓性的描述。

识别和界定问题的另一项工作，就是要以终为始地对渴望达成的结果有一个尽可能详细的描述。这有助于启发参与者的思维，朝着结果的方向去努力。病构问题从对问题的陈述到结果的描述，自由度和发挥空间都很大。尽管我们有时候想要的结果就是一种感觉，甚至最初只有一个目标和意图，但仍然要尽量通过不断地提问来描述得更清楚一些。下面的问题可以帮助你做到这一点：

- 问题完美解决的三个标志是什么？
- 客户最期待什么样的结果？
- 更高层领导者期待什么样的结果？
- 问题要解决到什么程度？列举可以量化的指标。
- 问题解决后，客户的体验应该是什么样的（纯感性描述）？

尽管不能描述出最终结果的具体模样，但要尽可能地勾勒出成果框架和评价标准。反复问自己这些意思接近、表述形式却不太相同的问题，有助于我们尽早确立一个成果框架。

最后，界定问题范围。解决问题还要定义问题的边界。比如，是在全集团范围内解决问题还是在某个子公司范围内解决问题，就是两个完全不同的问题边界。问题的前提条件、约束条件等都需要事先界定，比如在什么范围、花多少钱、用多长时间、关注哪些干系人的利益、跟当前业务的紧密程度等都要尽量事先描述。明确的问题范围能让团队研讨时方向更明确，针对性更强。

第二步，分析问题的根源

当问题界定清楚后，对造成问题的原因分析又会见仁见智。领导者带领团队探索造成问题的原因则又需要一轮头脑风暴。头脑风暴中，对问题根源的探索可能是根据现象分析的，也可能是怀疑猜测的，还可能是凭感觉断言的。问题常常是一果多因，所有头脑风暴的原因可能对也可能不对，都需要进一步验证和排除。

风暴了一堆可能的原因之后，团队面临的新问题就是要对这些原因进行更深入的分析，找出最有可能的原因，论证排除可能性不大的原因，并对原因进行分类。鱼骨图是最常见的原因分类工具。根据矛盾论的观点，矛盾背后总有主要矛盾和次要矛盾，主要矛盾对问题的解决起决定性作用。也可以根据某种逻辑或结构，将主要矛盾分解为几个子问题来解决。当然，还有可能诊断出问题背后需要将以上重点原因全都消除的情况，那么，消除每个原因的过程就可以转换为一个子问题的解决过程。

在组织中，解决问题多遵循“割韭菜”原理，即总是优先解决最突出的问题，化解主要矛盾。主要矛盾解决了，问题就暂时得以解决。过一段时间，原来那些次要矛盾就转化成为主要矛盾，然后再组织团队群策群力将它解决。

解决问题是一个可以无限循环的长期过程，事物总是在矛盾中发展，事业在矛盾中壮大，团队也是在矛盾中成长。

寻找原因的过程很专业也很艰巨，不仅需要集思广益，竭尽全力探索可能的原因，更重要的是，还要深度探寻，触及问题的本质。原因越接近根本，解决问题越彻底。丰田的“5个为什么”就是一个在实践中非常有效的探寻深层次原因的工具。人类在探寻原因的时候，本能地倾向于寻找那些易得的、简单的线索。同时，人们一旦对某个问题找到一个自认为还说得过去的解释后，大脑的好奇心就满足了，认知的缺口就弥合了，再深入探索的兴趣就没了。“5个为什么”恰恰是为了攻克人类自身心理上的这个局限而设计的。当人们用规则硬性规定必须问5个问题时，会发现越是后面的问题越可能让人陷入深层次的思考。尽管5个问题未必总能让人找到深层次的原因，但可以确定的是，它总能让人陷入深层次的思考。举例来说：

问：你为什么要做运动？

答：因为运动能让我更健康。

问：为什么运动能让你更健康？

答：因为运动能消耗更多的卡路里，燃烧更多的脂肪。

问：你为什么要消耗更多的卡路里，燃烧更多的脂肪？

答：因为那样能减肥，保持身材苗条。

问：你为什么要减肥？

答：因为我吃多了。

问：你为什么吃多了？

答：我见到好吃的总是控制不了自己。

用“5个为什么”终于探索出问题的真正原因是“控制不住自己的饮食”。问题也因此可以被重新定义为“如何控制好自己的饮食”。所以，**分析问题的**

根源是解决问题的基础，也是解决问题过程中最重要的一环。

第三步，探索可能的解决方案

问题分析完成后，团队接下来的任务是探索可能的解决方案。如果一个问题有几个子问题的话，每个子问题都要探索可能的解决方案，子问题完全可以看作是一个全新的问题，用解决问题的流程走一遍。

病构问题的解决策略遵循“不求最好，只求更好”的原则寻找次优解的方法。理论上讲，只要我们有足够的资源和时间，总能找到问题的最优解。但现实是，找到完美的最优解要付出的代价实在太大，人们只能寻找一个“差不多”能接受的次优解。**次优解是在既定资源和时间限制下的性价比最好的解。**不是最优，却是到目前为止能接受的，比领导者自己拍脑袋想的要好的解决方案。

寻找次优解的办法是不完全归纳法。这就要切实依靠团队智慧，“三个臭皮匠，胜过一个诸葛亮”，动员大家集思广益总比个别人拍脑袋作出的决策靠谱一些。还可以经过多轮迭代，持续优化次优解，让次优解更优化。

用不完全归纳法所寻找的解决方案的质量，跟团队成员的数量及能力水平密切相关。最终得到的解决方案是，参与者倾尽群体智慧得到的群体自认为的最优解决方案，尽管这个方案还不够系统、不够全面，甚至有很多缺陷，但已经是在现有条件下最佳的群体智慧整合的结果。

实际上，用不完全归纳法先形成一个替代最优解决方案的次优解决方案，再把这个次优解决方案拿出来，与不同的团队在反复碰撞中迭代和修正。当然，在碰撞过程中也可以采取行动学习，多次迭代和修正后的结论也非常有说服力。

《基业长青》的作者吉姆·柯林斯（Jim Collins）就是通过长期持续观察一些《财富》杂志500强企业中的佼佼者，采用“漫长、烦琐、彻底而吃力的程序”来探究高瞻远瞩的公司究竟具有什么样的特质和动力。最后柯林斯把这些研究结果集结成册，他本人也因此一举成名，跻身全球最具影响力50大商业思想家排行榜（Thinkers50）[①]之列。实际上，他研究的方法就是不完全归纳法。

第四步，确定解决方案，形成计划

尽管有可能性的解决方案可以很多，但不是所有想法都有机会付诸实践。从诸多有可能性的方案中找出能够付诸实践的方案，需要一个逐一评价的过程。评价就要有标准、有依据。图3-1是一个简单实用的筛选模型，从结果的预期回报和实施的难易程度两个维度交叉衡量解决方案。比较容易实施、预期投资回报又高的方案当然要优先采纳。预期回报一般但实施却很容易，顺便就能实现的方案被称为“低垂的果实”，也可以付诸实践。预期回报高但实施难度很大的方案就要仔细衡量了，落在这个象限的解决方案常常处于当前能力范围之外，最可能是未来的投资机会。当然，预期回报一般而实施难度较大的选项完全可以置之不理。

虽然解决问题的头脑风暴过程很长、成果很多，但在实践中，我经常让团队选择不超过三条具体措施来付诸实践。如果项目团队比较大，组织上分为若干个小组，可以让不同的小组去落实不同的措施，倒是可以多选一些措施。

---

① 被誉为“管理思想界的奥斯卡”，全球最佳管理思想的风向标。由资深商业记者斯图尔特·克雷纳（Stuart Crainer）、戴斯·狄洛夫（Des Dearlove）创办于2001年。十余年来，Thinkers50汇集全球最杰出的管理大师思想，直击企业发展痛点，洞悉不确定时代的商业本质。推荐阅读由Thinkers50出品的“商业的本质四部曲”:《管理的本质》《创新的本质》《战略的本质》《领导力的本质》。此外，克雷纳还出版了另一部畅销著作《管理百年》，一本书梳理百年管理变迁，洞悉未来管理趋势。以上著作的简体中文版已均由湛庐文化策划，中国人民大学出版社出版。——编者注

“要事第一”是很重要的法则，如果一次头脑风暴后决定很多条需要落实的措施，那结果往往是一条也落实不了。选择越多，困惑越多，精力越容易分散。具体解决方案筛选模型参见图 3-1。

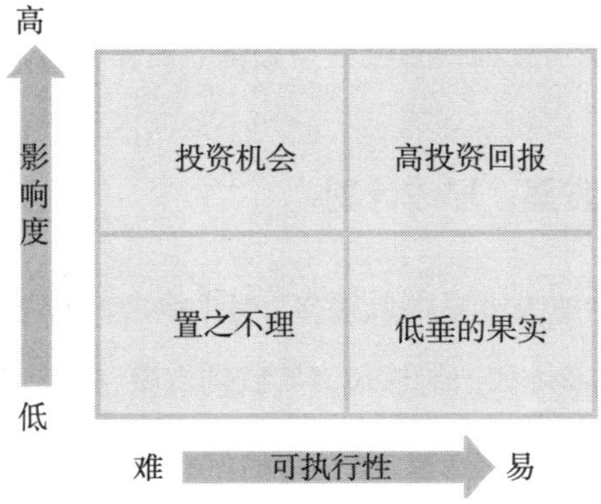

图 3-1　解决方案筛选模型

要付诸实践的措施一旦选定，就要制订详细的计划，配套必要的资源和预算，每个任务落实具体的责任人，确定关键里程碑，准备实施。

第五步，实施解决方案

到了实施解决方案阶段，我们就已经成功地把一个“解决疑难问题”的问题转化成执行力的问题。在这个环节，可以衔接著名管理大师史蒂芬·柯维（Stephen R.Covey）博士非常推崇的 4DX（执行 4 要素）要素。柯维认为，影响执行的因素很多，但这 4 个要素代表了其中 20% 的活动，而这 20% 的活动又创造了 80% 的成果。于是，基于柯维的 4DX 要素，我延展出了解决方案执行 4 要素，下面简单介绍一下。

要素 1，集中精力关注最重要的工作。人类天生就只能在同一时间里将精力很好地集中在一件事情上。一个行之有效的时间管理策略是，每天罗列自己当天要做的各种事项，把第四项及以后的各项全部删去，全力以赴完成前三项工作就可以了。因此，必须明确定义团队中最重要的两三个目标，并小心仔细地对它们进行调整，使其与组织的战略目标保持一致。

要素 2，竖立一块有督促作用的记分牌。微信运动因为能记录每个人每天运动的步数，客观上成为一个激励、督促人们运动的工具，而且还能看到自己的运动量在朋友圈中的排名。工作也是如此，有明确阶段性目标和衡量标准的工作，对人们有巨大的驱动力。随处可见的、团队之间可比较的记分牌在一定程度上把工作游戏化了。

要素 3，将抽象的目标转换成具体的行动。写在纸上的战略和付诸行动的战略有很大的不同，付诸实践的战略是团队每天都要做的事情。领导者一定要把战略划分为每个员工实实在在要去做的工作，让每个成员清楚地知道自己应该做什么，而且清楚他们所做的事情与战略的关系。把员工的具体工作与战略目标结合起来后，就可以大胆授权，给员工灵活创新的空间，员工自己会为结果负责。

要素 4，让员工们互相负责。团队为一个共同目标而努力，每一个成员的工作进展都事关整个目标的实现，所以营造团队成员相互负责的氛围很有必要。典型的做法就是召开工作例会或晨会，十多年前我做销售总监的时候坚持每周一召开销售例会，收效极好。这种例会一般做 4 件事：

- **通报进展。**通报各项工作的进展情况,集体庆祝团队取得的阶段性成绩。
- **表扬先进。**对上周表现好的团队和个人提出表扬。
- **部署工作。**根据上周执行情况，做出必要的调整，以免偏离目标轨道。
- **协调资源。**给需要支持的团队和个人必要的资源，清除前进道路上的障碍。

工具箱 EMPOWER LEADERSHIP

解决方案执行 4 要素

要素1，集中精力关注最重要的工作。

要素2，竖立一块有督促作用的记分牌。

要素3，将抽象的目标转换成具体的行动。

要素4，让员工们互相负责。

第六步，评估效果并标准化

解决问题的最后一个环节是评估问题解决的效果，是否有效地解决了问题，达到“识别与界定问题”环节所界定的结果要求。

一方面，要评估解决问题措施的有效性，明确：是否取得了最初预期的目标？如果取得了，经验是什么？从中学习到了什么？如果没取得，原因在哪里？教训有哪些？从中学习到了什么？如果问题没解决或又出现了新的问题，当然还可以重新梳理一遍这个解决问题的流程。另一方面，要评估解决问题框架的有效性。任何组织都可以在解决问题的基本方法和步骤的基础上，逐渐发展出自己独特的解决问题的方法论。

最后，解决问题的方法和成果都可以标准化地固化下来，成为组织的方法技能或流程制度。

解决问题的 4 大策略

领导者似乎天天都在解决问题，却很少有人意识到解决问题背后也很有学问。不仅解决问题的过程有方法论，而且解决问题的策略也有章可循。下面介绍对解决问题比较有效的 4 大策略。

策略 1，信息加工式解决问题：方案藏在弱势算子里

实际上，前文介绍的“解决问题 6 步法”，其中的很多策略都有信息加工式的意味。这种策略重在探索某事物从起始状态到目标状态的合适路径的过程。所以，首先要对起始状态有一个清晰的认识；其次，要对目标状态进行尽可能详细并感性的描述，还要对问题的各种限制条件和规则进行描述，这对病构问题的解决至关重要。重点是，信息加工式策略在寻找理想路径的过程中，采用的是尽可能穷举的方法。在问题解决过程中可能达到的所有中间状态的集合称为问题空间。理论上，如果问题有解，必然可以在问题空间中搜索到各种合适的解。而从一个状态转化到另一个状态的动作就称为算子。如果将之用图表示出来的话，状态是节点，算子为节点之间的连线，而问题的解就是这些已知算子的一个序列。这种方法最适合用计算机解决问题，运用程序可以遍历各种可能，能够筛选出所有合适的解。比如著名的汉诺塔问题，借助计算机算法就能够穷尽所有符合条件的情境，最终找到解决问题的最优路径。

受现实条件限制，人们常常没办法穷举所有的可能性，只能用头脑风暴的方式尽可能多地找出可能性，然后再逐一评估、比较，筛选出比较理性的路径，为什么在头脑风暴的过程中要珍视差异？因为只有珍视和尊重差异，才可能找到尽可能多的算子。真理往往掌握在少数人手中，答案常常隐藏在那些容易被人忽视的算子或路径上。理解这一点很关键，当我遇到一个智力题的时候，已经养成了一种寻找易被人忽视的算子（姑且称之为弱势算子）的习惯。越是明摆着考验人脑力的题，答案越有可能在那些容易被常人忽视的弱势算子里。最容易被人想到的算子也最容易在大脑中强化，从而形成思维定式。思维定式成为寻找弱势算子和非常规路径的障碍。举例来说：

公安局长在茶馆里与一位老头儿下棋。正下得难分难解之时，跑来

了一个孩子，进门就急匆匆地对公安局长说："快，赶紧的，你爸爸和我爸爸吵起来了。"老头问："这孩子是你的什么人？"公安局长答道："他是我儿子。"请问：那两个吵架的人与公安局长是什么关系？

公安局长说孩子是他的儿子，而很显然公安局长不是孩子的爸爸，孩子的爸爸正在和人吵架。怎么回事呢？常人的思维定式很容易对自己寻找另一个算子造成干扰——有资格说"他是我儿子"这句话的除了爸爸，还有妈妈。公安局长难道不可以是女的吗？出题人恰恰就是利用"公安局长"这样的称谓干扰大家，根据常识，公安局长更可能是男性，于是强化"爸爸"算子，从而抑制人们去寻找弱势算子"妈妈"的念头。在解决问题的过程中，如果以前曾以某种方法解决某类问题并多次成功，那么以后再遇到同类问题，也会重复同样的方法。

策略 2，创新性解决问题：顿悟靠的是知觉重组

创新性解决问题的策略是格式塔心理学（gestalt psychology）[①] 的典型主张。

现实中的事物是以概念"图式"的形式存储在大脑中的。比如，我说到"猫"这个概念，你的大脑中马上会闪现出一个猫的图像。假如我再问，猫有哪些特征？你可能会联想到很多猫的特征，比如像老虎、会抓老鼠、有胡须、怕冷、食肉、温柔（能当宠物）等。也有人可能会联想到猫屎咖啡。很显然，抓老鼠、有胡须之类的特征是容易被人们想到的典型特征，猫屎咖啡则是很少有人能想到的非典型特征。那么格式塔心理学认为，"顿悟"实际上就是发现

① 又叫完形心理学，是西方现代心理学的主要学派之一。该学派主张研究直接经验（即意识）和行为，强调经验和行为的整体性，认为整体不等于并且大于部分之和，主张以整体的动力结构观来研究心理现象。——编者注

了事物的非典型性特征并加以利用，或者找到事物与事物之间的非典型性关联，这是一种直觉的重组。

德国心理学家卡尔·邓克（Karl Duncker）做过一个经典的蜡烛测试（The Candle Problem）。给被试一根蜡烛、一盒火柴和几枚图钉，要求运用桌上的任何物品，将蜡烛垂直固定在墙上并点燃。答案其实很简单：划着火柴，将蜡烛底部烫热熔化，再往火柴盒上一粘，这样，当烛油冷却凝固以后，蜡烛就与火柴盒粘连在一起了。最后，用图钉把火柴盒钉在木板上。解决问题的关键是把火柴盒当成烛台。

显然，盛火柴的盒子是火柴盒的典型性特征，烛台是火柴盒的非典型性特征，只要人们意识到火柴盒的另一个用途，问题就迎刃而解了。后来还有人做过进一步的实验，把被试分成两组，每组给三支蜡烛、三盒火柴和若干图钉，唯一不同的是给第一组的火柴是装在火柴盒里的，给第二组的火柴则是和火柴盒分开的。反复实验发现，第二组成功解决问题的比例比第一组高出一倍多。为什么细微的区别能造成如此大的差异呢？合理的解释是：当火柴盒装上火柴后，被试容易受到功用固定性的影响，从而难以想到火柴盒的其他用途。但当火柴盒里不装火柴时，人们就比较容易想到它还有其他用途。

策略 3，类比式解决问题：从不同中发现相同

人类总是习惯用已知的知识去探索未知的领域，类比是用已知探索未知最常用的方法，是解决问题中最常用也最管用的思维方式。通俗说，类比就是把两种不同事物的相似之处进行比较。只要两个事物有相似的特征，就有类比的空间，比如脸蛋红得像苹果，就是“脸蛋”和“苹果”的相似特征的类比。类比甚至是一种本能思维，因为从不同中发现相同之处总能让我们的大脑兴奋，

人们天生不缺类比的动力，于是世界是一个隐喻和类比的世界。

类比可以分为表面特征的类比和内在结构特征的类比。“脸蛋红得像苹果”只是表面特征的类比，这个类比带给人的兴奋感就不大。高水平的类比是深层次的、透过表面特征而深入内在结构特征的类比，能给人带来更强的兴奋感，也往往能解决实质性问题。

> 我的爱人每天步行 5 000 步以上，体重并没有明显下降。晚饭时，无意中谈及减肥问题，我跟儿子有一段对话，使我深受启发。
>
> 我：快点吃，吃完饭去散步，现在要适当减肥。
>
> 儿子：散步顶多助消化，不能让人减肥。
>
> 我：你为什么这么说？
>
> 儿子：我先问你一个理财的问题。假如你每个月要有一笔固定支出，比如生活费、还贷款之类，你会优先选择用定期存款呢，还是用每个月的工资呢？
>
> 我：当然用每个月的工资了，定期存款是用来应对不时之需的。
>
> 儿子：这就对了，人体能量的运用方式也类似。身体就是当天摄入的能量优先应用于当天的消耗，当天消耗不了的能量以皮下脂肪的方式存储起来。散步这种很寻常的运动，连身体当天摄入的能量都不一定用得了，顶多让人不增肥，不能让人减肥。只有较长时间或较剧烈的运动能让身体透支，才会消耗储备能量，才有减肥的效果。
>
> 我：通透！你怎么知道的？你从哪儿学来的？
>
> 儿子：我自己琢磨的。在减肥这个问题上，我认为迈开腿远没有管住嘴有效果。天底下很多事情背后都有同样的道理。

用理财来类比减肥，浅显易懂，把复杂的道理阐释得极其清楚。实际上，这两件看似差异很大的事情，背后却有一个共同的数学模型：存量—流量问题。凡是有进有出的开放系统，若想保持均衡，其深层结构都应是耗散结构。类比思维能帮助人们解决很多问题，仿生学就是人们类比自然界各种生物的生存原理来进行发明创造，比如飞机的发明是受鸟的启发，雷达的发明是受蝙蝠的启发，潜水艇的发明则是受鱼的启发，很多专业性极强的问题都可以尝试将其与生活中常见的现象进行类比。

认知心理学谈到类比迁移时，总绕不开邓肯尔类比研究实验。邓肯尔提出了一个“肿瘤问题”让被试解决：病人的胃部患有恶性肿瘤，已经不能手术，只能用高强度的射线杀死肿瘤。但是，杀死肿瘤细胞所要的射线强度，足以杀死射线经过的健康的器官组织。用什么样的方法才能做到既利用射线治愈病人的肿瘤，又不损害肿瘤周围的健康组织呢？

研究发现，如果事先给被试阅读一个《将军的故事》的话，其解决上述问题的概率就会提高。将军的故事是说：有一位将军希望攻破一座城堡，有多条路通往城堡中心。但所有道路都埋有地雷，小队人马可以安全通行，大部队通过就会引爆地雷。将军该怎么办呢？后来将军采用化整为零的办法，把部队分为若干小分队，每个分队乔装打扮单独进城，然后在城中心集结，最后成功破城。

被试很容易受此启发找到“肿瘤问题”的解决方案。用射线治疗肿瘤也可以用化整为零的方式，让多条不伤害健康组织强度的射线从不同的角度发射，最后都汇聚在肿瘤所在的位置，使聚合在肿瘤位置的射线强度足以杀死肿瘤细胞。

大道相通。尽管我们知道太多的道理是相通的，却总是缺乏手段剥开多样性，找到其共通的道理。从浅层次的感性认知到深层次的理性认知就需要“去粗取精、去伪存真、由此及彼、由表及里”的 16 字方针。若想用同一个方法解决两个表面上相差很远的问题，先决条件是：问题解决者能够准确地把握两种表象背后共同的深层结构。这样，知其一，很容易类比地解决其二。

中国古人就非常善于抽象类比。《周易》是以象寓意的典型。《黄帝内经》

更是崇尚取象比类：鹿茸有活血功效是因为鹿本身就善于奔跑、阳气十足，而鹿茸恰恰是雄鹿身上最顶端的阳气聚集最多的地方；菊花之所以能润肺，是因为它开在秋天，秉秋冬二气，所以性寒凉，有滋阴润肺的功效。就这样，古人效法天地，因天之序，因地制宜，用取象比类方式推测各种材料的功能，再在实践中验证，中医就是这样发展起来的。甚至中医还有“治国如治病”“用药如用兵”的说法，将保持人体平衡的方法类比运用到保持国家稳定太平上来，也是很好的解决问题之道。

策略 4，探索式解决问题：深层结构的建构与应用

元素周期表的发现过程，为我深入理解解决问题的普遍原则提供了很大帮助。

> 早在 18 世纪初人们就发现了构成物质的各种性质不同的元素，但并没有找出其中的联系和规律。1829 年，德国化学家约翰·德贝莱纳（Johann Dobereiner）首先对元素原子量和化学性质之间的关系进行研究。他从当时已知的 54 种元素中找出了如“锂、钠、钾”“钙、钡、锶”等性质相似的元素组。1865 年，英国化学家约翰·纽兰兹（John Newlands）把当时已知的 61 种元素按原子量的递增顺序排列，发现每隔 7 种元素就会出现性质相似的元素，如同音乐中的音阶一样，因此称为元素八音律，并据此画出了标示元素关系的“八音律”表。回过头来看，纽兰兹显然已经向真理迈进了一大步，只可惜当时测定原子量的方法还不够先进，发现的元素数量还不够多，所以更深层次的探索没条件开展。直到 1869 年，德米特里·门捷列夫将当时已知的所有元素的主要性质和原子量，写在一张张小卡片上，进行反复排列比较，才最后发现了元素周期规律，并依此制定了元素周期表。门捷列夫的元素周期律宣称：把元素按原子量的大小排列起来，在物质上会出现明显的周期性；原子量

的大小决定元素的性质；可根据元素周期律修正已知元素的原子量。

门捷列夫的元素周期表实际上是一个元素排列的架构，这个架构是通过努力发现碎片之间的关联，并试图整合所有已知的碎片规律而归纳、设想出来的。这个框架一旦形成，反过来就可以运用这个框架去探求那些未知的元素，比如门捷列夫当时就成功地预测了“金、镓”元素的存在和位置等。

从元素周期律的探索过程中可以总结出发现深层结构的普遍规律。

- ◆ 首先，无规律的碎片化知识和经验的积累。
- ◆ 其次，寻找这些碎片的内在关联性。
- ◆ 再次，当足够多的碎片和关联被找到后，试图归纳和架构一个能够整合所有已知发现的框架，毫无疑问，这个框架才是揭示事物更本质规律的深层结构。
- ◆ 最后，依据框架按图索骥，框架反过来能够指导人们去发现那些没有被发现的元素，解决新的问题。

这个规律是被科学家们所普遍采纳和推崇的。在胚胎发育领域作出杰出贡献的诺贝尔医学奖获得者纽斯林·福尔哈德（Nüsslein Volhard）说过：“解决问题的关键在于收集到足够数量的碎片，并努力找到这些碎片之间的关联性，而不只是关注某些碎片。”著名物理学家杨振宁说：“一刻不停地搜寻事物之间的关联，无论是有意识还是无意识，才是科学研究的关键。不能只局限于某一个问题。如果已经积累了大量的微小联系，就想方设法对它们进行重组，一旦找到那个至关重要的碎片，就可以把与其相关的多个碎片组合在一起了。这种填补空白的乐趣妙不可言。”

人们的大脑会因为从碎片中发现关联而快乐，会因为从诸多关联中重组模式而快乐，会因为发现不同表象背后相同的模式而快乐，更会因为同一模式解决不同问题而快乐。可以想象，中医发展的过程大概也是这样的。最初的先民用最朴素的方式发现了一些草药对治疗某种病症有效，后来在积累了大量经验碎片之后发展出一些粗浅内在的联系，发展出吃什么补什么，发现食物的温热寒凉的特性，发展出取象比类的原则。再后来因天之序、因地制宜地架构出一套心肝脾肺肾五大系统所代表的“五行生克制化”机制，发展出让人体这样一个开放的耗散结构体维持平衡的深层结构。在实践中，中医又逐渐发展起藏象说，通过病人的各种外在表现，来推测其各个脏器的功能。中医看病，尽管病人的病症是五花八门的，但在中医眼里无非是“五行生克制化”的失衡造成的，老中医总能把“望、闻、问、切”所得到的表面线索跟“五行生克制化”的内在深层结构关联起来，用一套不变的深层结构对这些现象做出解释，并同样用“五行生克制化”的原理进行处置——虚则补其母，实则泻其子。中医用药也是根据各种中草药的生长时间、地点取其偏性，把不同中草药配伍成方。病人服药后，其内在系统重新走向均衡，从而达到治病的目的。

EMPOWER LEADERSHIP 工具箱

解决问题 4 大策略

策略1，信息加工式解决问题。

策略2，创新性地解决问题组。

策略3，类比式解决问题。

策略7，探索式解决问题。

各种各样的问题会伴随企业经营的全过程，从某种意义上讲，企业经营的过程就是解决问题的过程。领导者不能期待没有问题的经营和管理，却可以掌握一套相对不变的解决问题的方法和套路，像割韭菜一样一茬一茬地解决问题，从信息和表象中找到前后相同的规律，找出解决问题的办法。做问题的终结者是一种立身态度，更需要实实在在的能力。

EMPOWER LEADERSHIP

第二部分

赋能领导者最重要的三大工作

04

创造全新的“我们模式”化解冲突

一流的智商取决于头脑中同时存在两个相互矛盾的想法而继续思考的能力。比如，人们应当在看到事情已经没有希望的时候，仍然决心扭转局势。

——20世纪美国作家　菲茨杰拉德

EMPOWER LEADERSHIP

E 赋能式思考 MPOWER LEADERSHIP

- 为什么说理解人性是化解冲突的基础?
- 领导者如何有效促使冲突双方达成真正的双赢思维?
- 在化解冲突上，领导者为什么要坚持5个原则?

化解冲突是赋能领导者的重要工作。因为事物是在矛盾中发展的，团队也是在冲突中成长的。旧冲突平息了，新冲突又会冒出来。没有挑战和冲突，则既不能凸显领导者的工作成就，也无以展现领导者的人格魅力。乔布斯说，每一段经历都是有意义的，每一段冲突也都有其独特的意义。

冲突的背后都涉及人的利益和情感。深入理解人性是有效化解冲突的基础，要把冲突双方的思维由对峙引向共创，需要一套行之有效的方法，千变万化的冲突背后需要一套不变的原则。正是本章的主要内容。

理解人性，化解冲突的基础

冲突归根结底是人的冲突。尽管人与人之间存在年龄、性别、背景、文化等方面的显著区别，但事实上，我们的相同之处远远大于这些不同之处，因为我们都是人，多样性背后存在着统一性。要化解冲突，须先理解人性。我整合了多人的论述，归纳出在人际冲突中起关键作用的、普遍存在的、容易被人忽视的三个人性倾向和一个重要结论。

合理化倾向：没有人会认为自己是坏人

戴尔·卡耐基（Dale Carnegie）在《人性的弱点》（*How to Win Friends and Influence People*）的开篇，就介绍了1931年纽约杀人狂魔、“双枪手”科洛雷的案例。警察眼中的科洛雷是“纽约有史以来最危险的罪犯之一，他杀人时连眼睛都不眨一下”。而科洛雷自己却在公开信中称：“在我衣服下跳动的是一颗疲惫的心，但这颗心是仁慈的，它不会伤害任何人。”卡耐基还列举了几个相似案例，得出的共同结论是：做错事之后只知道责怪别人，却不会责备自己。这就是人的天性！

每个人都有自己的世界观和价值观，每个人都认为自己是正确的。过错都是环境和他人造成的，功劳都是自己努力的结果。心理学把这个人性的特点称为基本归因偏差。

在“好莱坞编剧教父”罗伯特·麦基（Robert McKee）的名著《故事》（*Story*）中，有一段文字深刻地阐释了人性的这一特点。

> 一个采访者曾经对美国著名反派演员李·马文（Lee Marvin）说，你演坏蛋已经有30年了，总是扮演坏人一定非常可怕吧。马文笑着说：“我？我没有演坏人。我演的是那些挣扎度日的人。他们是在竭尽所能来将就生活给予他们的东西。其他人可能会认为他们是坏人，但他们不是，我从来没有演过坏人。”这就是为什么马文能够精彩地出演反派的原因。他是一个对人性有深刻理解的匠人，因为没有人认为自己是坏人。

世界是人们感知的世界，当代美国著名建构主义者冯·格拉塞斯菲尔德说：“我不否认客观世界的存在，但是谁又能把这个客观世界客观地描述出来呢？”

任何人对客观世界的描述都会带上主观的色彩。人们的大脑有本能的合理化倾向。爱因斯坦说:“这个世界最不可理解之处就在于它是可以理解的。”实际上,追求对任何事物的合理化理解是大脑的本能。人们对发生在身边的事情总要有一个让自己满意的解释,而这个解释过程不可避免地因每个人的遗传基因不同、生长环境不同、经历经验不同、价值观不同而各不相同。尽管世界是不同人感知的主观世界,但重要的是,每个人都会根据自己理解的主观世界,去做决策或采取行动。

大脑的合理化能力非常强大。即便是无恶不作的暴徒,经过长时间反复的合理化思维后,也能把自己合理化为“很仁慈,不会伤害任何人”;无所事事、不努力工作的懒汉能把自己合理化为无辜的社会制度受害者;虐待亲生子女的父母能把自己的行为合理化为教育子女长进。基于合理化的需要,人们自然会根据自己的意图去解释自己的行为,再离谱的行为都能找到好的发心;根据别人的行为猜测他们的意图,过程中难免扭曲、删减和归纳,所以我们对别人意图的猜测有 90% 都是错误的。

只要大脑的合理化本能在,就没有人会认为他们自己是坏人。国际顶级 NLP 大师罗伯特·迪尔茨(Robert Dilts)的经典著作《语言的魔力》(*Sleight of Mouth*)中引用了刑法律师托尼·塞拉的论述:当你为犯罪嫌疑人辩护时……你就变成了他,像他一样思考,用他的眼睛去看,用他的耳朵去听。你要完全了解他,才能了解他行为的本质。但你有正当举措,你可以把他的感受、他的用意、他的智力作为行为相关的部分,翻译成法律术语、法律的语言或者富有说服力的比喻。你以一个人的行为做原料加以修饰,你创造了一件艺术品。这就是律师的创造力。

人们不仅认为自己是对的,甚至爱屋及乌地认为与自己最亲近的人也是对的。《大学》有言“人莫知其子之恶，莫知其苗之硕”，讲的就是这个道理。大多数情况下，强调自己是对的暗含着逼迫对方承认错误的意味。

自我辩护倾向：防御是本能，反思才是修养

理解了世界是感知的和大脑的合理化倾向，就不难理解人们的自我防御行为。美国社会心理学家利昂·费斯汀格（Leon Festinger）认为：人们为了自己内心的平静与和谐，本能地追求外部环境与内心、态度和行为的一致性。当外部环境与自己内心的设想不一致，或者行为与态度不一致时，导致人们心理上的不和谐，而这份不和谐又产生了巨大的动力，推动人们去重新建构自己的认知，消除这些不和谐。消除认知不和谐的方式分为两个方向：

- 一是积极地采取行动，去改变现状。
- 二是不改变现状，转而改变内心的解释。

抱怨和辩解是典型的通过改变解释来消除认知不和谐的方法，而且是消除认知不和谐的捷径。只要怨天尤人地抱怨一番，什么具体的努力都不用去做，自己就找到一个自我安慰的理由，认知就和谐了，心理上的不适就消除了。在争辩中，我们坚守的只是自己的立场，是自己心中的那个世界，不是事实。更可怕的是，我们经常全身心地投入到为自己立场辩护的战斗中，而忘了当初的目标。

然而，世界上没有免费的午餐。**抱怨和辩解固然能给人带来短期的心理安慰，如果因此而不去做出任何改变，就错失了最好的从错误中学习的机会。**美国著名作家、心理治疗大师斯科特·派克（Scott Peck）说：“每当在逃避自己行为的责任时，我们总是试图把责任推给其他人、其他组织或事物，不过，这意味着我们白白地把权利拱手相让，无论是‘命运’、‘社会’、政府还是

老板。”

世间事总能分为可控制部分和不可控制部分。史蒂芬·柯维把做自己力所能及的事定义为“影响圈”，把自己关心却不能控制的事物定义为“关注圈”，他说，消极被动的人全神贯注于“关注圈”，紧盯他人弱点、环境问题和超出个人能力范围的事情不放，结果就越来越怨天尤人、自艾自怜，并不断为自己的消极行为找借口。错误的焦点产生了消极能量，再加上对力所能及之事的忽略，就造成影响圈的缩小。用抱怨和辩解快速消除认知不和谐，这种方式所带来的后遗症是把改变命运的机会拱手让给了环境。环境会越来越不利，抱怨也会越来越多，这种劣性循环的持续强化，将发展成可怕的牺牲者心态。海灵格说：“扮演无助的人永远得不到帮助。”

中国古人崇尚的修身方式是反求诸己。子曰：“君子求诸己，小人求诸人。”力求找自身的原因，这就要促进我们反思和改进。反思的目的是在下次遇到类似情境时，能做出正确的决策和高效的反应。稻盛和夫把“每天反省”作为他的六项精进之一，认为反省就是耕耘、整理心灵的庭园。反思带来积极改变，改变带来能力的提升和适应力的拓展。中国古人很喜欢用“器物”来比喻人，“大器晚成”“不成器”都是把人比作器物的例子。挪威戏剧家亨利克·易卜生（Henrik Ibsen）说：“你最大的责任是把自己这块材料铸造成器。”如果器物容量太小，装进一点水就会溢出来，倒出一点水就干了。把它比作人就是气量小，气量小的人容易抱怨，而抱怨又会导致气量越来越小。

当觉察和反思成为一种生活方式的时候，新的境界就开始了。斯坦福大学教授卡罗尔·德韦克（Carol Dweck）说：“当你进入一种思维模式，你就进入了一个全新的世界。”一个人的思维方式会影响其一生的能量运用方式，能量运用方式不同，行为结果也自然不同，所以思维方式决定一个人的命运。

错误应对倾向：任何外科医生式的促人改变都是徒劳

人人都想保持自己的立场，希望能按自己的想法做事而不受外界干涉，同时却总想不遗余力地影响别人，试图让别人按自己的想法做事。问题是，人们常常采用错误的方式影响别人：用指责、命令、评判、愤怒的方式促人改变是野蛮的，也注定是徒劳的。美国社会心理学家利昂·费斯汀格（Leon Festinger）有一个法则：生活中的 10% 由发生在你身上的事情组成，而另外 90% 则是由你对所发生的事情如何反应所决定。在影响他人这件事上，人们绝大多数时候采取的方式与目标背道而驰。

沟通中人们最常用的模式是试图用自己的价值观指导别人的行为，批评别人的方式不行，或者干脆告诉别人该怎么做，把自己的价值观凌驾于他人之上。这条看上去很直接的路，在实践中却根本走不通。因为人人都有自己的价值观，人们会按照自己的价值观采取行动，若没有强大的外界压力，没有人愿意任人摆布。这就让人想起了老子的教导："大道甚夷，而民好径。" 其实 "道" 是很平坦的，而人们偏偏想走捷径，结果事倍功半。

有人说对人伤害最大的话不是针锋相对，不是恶语相向，甚至不是冷嘲热讽，而是听上去蛮温柔的两句话。

第一句，你那样做不对，照我说的做。人们总是下意识地试图用批评和命令的方式促使他人改变。但遗憾的是，批评只能招致人们的防御，引来他们竭力的自我辩护。批评甚至是危险的，它会伤害一个人的自尊心，引发自尊 "火药库" 爆炸。卡耐基说："因批评而引起的羞愤常常使雇员、亲人和朋友的情绪大为低落，并且对应该矫正的现实状况没有一点好处。"

第二句，我这都是为了你好。这句话纯粹是伪装了的胁迫，其根本意图是胁迫对方按照自己的想法去做。人人都讨厌当傀儡，却总想操控别人。家长教育小孩，领导批评下属，最爱打着“这都是为了你好”的幌子。

人们在谈话中情不自禁地提高嗓门、加重个别字眼、运用肢体语言，总想投入更大的能量来提高自己说话的影响力。激烈的情绪、猛烈的批评、强烈的指责背后都有期待和诉求，用评价、指责、愤怒等方式促使他人改变是人性的又一个特点。但遗憾的是，这种方式总是达不到预期的效果，任何外科医生式的促人改变都是反人性的，是徒劳的，甚至是危险的。因为人性的另外一条更重要的特点是：任何积极而持久的改变都是自内而外的。

任何积极而持久的改变都是自内而外的

影响他人的正确途径是先了解他的目标和价值观，然后与他一起探讨如何达成目标，如何支持他的价值观。只有他有效地把你的意见和建议整合到自己的目标和价值观的框架之下，这些意见和建议才真正转化成他自己的，被吸收和采纳。建构主义大师杰根（K. J. Gergen）说：“我讲的每一句话都没有意义，除非你自己认为它有意义。”

我认为，没有人能够直接被别人的理由说服，外表看似甲说服了乙，而实际上在乙的内心世界里，被说服的过程分两个步骤：第一步，乙从甲提供的信息中有选择性地汲取了部分有价值的素材；第二步，乙用自己认为的理由说服自己。在有效促进一个人的转变上，这两者缺一不可。

尼采说过，知道“为什么”的人几乎能够克服一切“怎么样”的困难。史蒂芬·柯维则在他的《高效能人士的七个习惯》中提出，任何事物都需要两次创造：第一次是头脑的构思，是解决“为什么”的问题；第二次才是付诸实践，解决“怎么样”的问题。

今天的企业谈转型也好，变革也好，最根本的工作是转变人心。任何积极而持久的转变必须从内心开始，然后再逐渐辐射出来，最后达到知行合一的真知境界。

EMPOWER LEADERSHIP 工具箱

人性的基本原则，化解冲突的有效工具

- 没有人认为自己是坏人：世界是人心中的世界。
- 合理化是人的本能：根据自己的意图解释自己的行为，根据别人的行为推测其意图。
- 每个人都有为自己立场辩护的倾向，甚至忘了真正的目标。
- 用评判指责的方式促人改变，不仅是徒劳的，甚至是危险的。
- 我们的应对方式90%的时候都是错的，采取的行为跟目标背道而驰。
- 任何积极而持久的改变都是自内而外的。

5大步骤，促成真正的双赢思维

我认为，在化解冲突上没有比史蒂芬·柯维“寻找第三种解决办法”理解得更深刻、更简单易行的了。早在十几年前读他的《高效能人士的七个习惯》时，我对双赢思维很不理解，直到近几年读他的《高效能人士的第八个习惯》（*The 8th Habits*）和《第三选择》（*The 3rd Alternative*）时才真正理解了双赢思维的内涵，以及为促成双赢寻找第三种解决办法。我以为，探索第三途径过程中的每一步都在用具体规则和流程限制人性的弱点，寻求超越的过程。本部分内容将结合柯维的理论和我的实践，来阐述用第三种办法化解冲突的流程。

第一步，梳理各自诉求

冲突有多种情况，其中一种纯粹是自寻烦恼型的冲突，双方陷入为各自立场辩护的游戏中，争论纯属无关痛痒的抬杠，但过于认真的抬杠就会伤感情。还有一种情况，双方陷入眼前利益的冲突中无法自拔。倘若从更长远的角度或更大的意义空间来看，这两种冲突似乎都不是什么大事，都属于感性的烦恼造成的冲突，无关人生成败。韩信甘受胯下之辱以化解冲突，是因为他很清楚自己的人生目标，因此不愿意为感性的烦恼耗散精力。苏轼说：“夫君子之所取者远，则必有所待；所就者大，则必有所忍。”没有远大志向之人，容易陷入无谓的冲突中。

冲突双方一定要认真审视自己真正的诉求。争辩、指责不仅是徒劳的，而且是危险的。人们一旦把全部能量用于争辩，竭力证明自己是正确的时候，既不会接受他人的反馈，也不会进行自我反思，更不会尝试去了解他人，甚至忘记了自己的目标。实际上，陷入争辩中的人是被争辩本身催眠了，被自己的限制性信念和情绪绑架了，他们甚至完全迷失了自我，误以为击败对手才是他的全部目的。带有激烈情绪的争辩，不会解决任何问题，只能给彼此带来更大的伤害。**从能量运用的角度来看，这一步的目标，是将冲突双方的能量从本能的无序防御状态，引导到与自己目标关联的有序建设状态，朝向“君子求诸己”迈进**。还是用一个小案例来实际演练一下。

假设你是某机构总经理。销售部门签了一个300万元的合同。服务经理来找你说这是一个老客户，他们在签单时免费送了客户一年服务费，所以，销售部应该从300万元的合同中划拨出30万元业绩作为服务收入。乍一听你觉得这个要求还算合理，就把销售经理叫来商议此事。岂料销售经理一听就拍桌子了：“他还好意思要服务费？本来这个单子能签500万元，就因为售后服务不好才签了300万元，我少签的200万元还想找他要呢！”服务经理听了这话更是生气，说：“客户只是以服务不到位为由压价，连这个都看不出来。我敢跟你三方对质，问问他们哪一次服务不好了。”销售经理还是不依不饶。服务经理扔下一句狠话：“如果不划拨，我们马上停止对该客户的一切服务！”冲突来了，你作为总经理断一下这个官司。

化解冲突的第一个目标是：把人们从过度合理化自己的行为和为自己立场辩护的状态中拉出来，引导双方进入自我觉察状态，觉察是改变的开始。冲突双方首先要觉察自己的状态，要意识到“我们的应对方式中，有90%都与我们的目标背道而驰。”停止合理化、停止辩护、停止野蛮粗暴地用命令和评判来促人改变的方式，先冷静下来反思一下，我们的目标究竟是什么，我们采取的行为方式是不是跟我们的目标背道而驰。顺便说一下，冲突双方只要能拿起笔来分别填写如表4-1、表4-2这样的表格，也许大脑的逻辑思维就被唤醒了，激烈情绪就能得到有效抑制。

表4-1　销售经理填写的表格

目的	确保当期收入实现，服务好客户，争取未来更多合作
应对方式	认知　想不劳而获？没那么便宜 感受　还找领导告状？愤怒 行为　坚决抵制
方式与目标匹配情况	不匹配，如果服务部门没有收益，后期的服务可能更糟糕，甚至当期收入的实现都是问题

表 4-2 服务经理填写的表格

目的	要求承认部门前期投入价值，更好地服务客户，争取持续受益	
应对方式	认知	续签单本来就有前期服务的功劳；客户以服务为由压价，必须为服务团队讨回公道
	感受	反被骂服务不好，感到很委屈
	行为	讨回公道，若不划拨就停止服务
方式与目标匹配情况	停止服务的做法只能让客户更不满意，造成两败俱伤的恶果	

第二步，发出邀请

有时候，冲突的一方很强势，根本不把另一方放在眼里，试图压倒性地胁迫对方完全接受自己的方式。这种情况下，弱势一方发出和谈请求是无济于事的，即便对方接受和谈，也是气势汹汹、苛刻尖酸。只有冲突双方互相尊重、能够平等交流的时候，才能冷静地坐下来谈。只有冲突双方都表现出和解意愿的时候，流程才可以继续往下进行。

有实力才会有势力。当你成为对手不可忽视的力量时，对方才会平等地把你当作对手。只有双方都有足够强烈的结束冲突、寻求更好的解决方案的意愿时，化解冲突的流程才能往下推进一步。可以分别问冲突双方：“你是否愿意寻求一种比你们双方提议的方法更好的解决方案？”

大部分人对“冲突”一词的反应都是消极的。事实上，冲突本身并不一定是坏事，它也有积极的一面：第一，冲突是推动事物发展的动力，事物总是在冲突中发展；第二，冲突更能激发双方当事人的内在动力；第三，有冲突就有创新的机会；第四，人们会在冲突中学到更多。逃避冲突和拖延化解的态度使得冲突往坏的方向发展。只有对冲突有正确认识、掌握化解冲突的方法、在一次次化解冲突中尝到甜头的人，在处理冲突上才会更主动，更容易发出邀请。发出邀请不是妥协，也不是示弱，而是更积极的表现，是掌握主动的表现。

第三步，尝试理解对方

前文讲到，合理化本能使我们常常根据自己的意图解释自己的行为，根据别人的行为推测其意图。我们对他人意图的猜测有 90% 都是错误的。因此，化解冲突最重要、最攻坚的一步是让冲突双方放下彼此的猜测，真正了解对方。

柯维说："你首先要能够复述对方的意见，并且得到对方的认可，认为你真正理解了他的意思，否则你没有发言权。"对于那些陷入无休止的辩论中的人来讲，要让他们倾听对方的意见，并且能够复述到对方满意为止是一个不小的挑战，但这确实是化解冲突流程走向下一环节的入场券。柯维的这个做法非常巧妙，至少能收到三方面的功效：

- 其一，它能够促使双方停止自我辩护，停止单方面的主观臆断，把能量引导到了解对方上去。
- 其二，了解到对方的真实意图，有助于双方掌握更全面、更真实的信息，可以部分地消除各自的主观臆断。
- 其三，了解对方能够帮助自己从自我防御的状态中抽离出来，更容易站在第三方角度看问题。

马歇尔·卢森堡（Marshall B.Rosenberg）博士在他的《非暴力沟通》（*Nonviolent Communication*）中提到："暴力的根源在于人们忽视彼此的感受与需要。"我认为，在大多数冲突中，利益冲突只是其中很小的一部分，因为相互的不理解、不尊重而造成的情绪冲突才是症结之所在。事实上，每个人都渴望被理解、被接纳和被尊重。只要冲突双方尝试去理解对方、尊重对方，冲突就会缓解。

回到前面的案例中，冲突双方可以交换表格。通过复述彼此的观点，销售经理也许会意识到：第一，抱怨服务不好也许真是客户的压价策略，事实上，如果没有前期的服务，这次的合同根本签不了；第二，服务经理更需要销售部门的肯定，并尊重其前期服务的价值；第三，如果服务部门撂挑子，当期的收入都很难实现，如果服务部门恪尽职守，也许后期还能促成更多的合作。服务经理也许会意识到：第一，找领导告状的方式让销售经理感到不爽，也许直接跟销售经理表达感受和需求会更好；第二，撂挑子是双输的方案，对谁都没有好处，对这样的战略客户，让他超级满意才有机会获得更多合作。

总之，不了解对方意见的人没有资格进入下一个环节。本环节的目的是把冲突双方从各自的立场中抽离出来，用机制保障冲突双方做到孔子所说的“勿臆、勿必、勿固、勿我”，做到真正意义上的换位思考。

第四步，共同探寻第三途径

一个人的全部能量，如果都用于防御就不会探索，用于找理由就不会找方法，用于证明自己是对的就不会欣赏别人的亮点。当冲突双方放下自我防御、真正了解对方的全部信息和目标的时候，他们的能量才能从捍卫自己的边界、单方面合理化自己立场的状态中释放出来，转而探索对双方有利的、可行的第三途径。前三步的努力都是为了第四步：心无旁骛地、创造性地探索切实兼顾双方利益的第三途径。

这是最难理解也是最难做到的环节。有人会问：“我跟他明明是竞争对手，如果把订单丢给他我就没了，你让我怎样跟他双赢？一共就一块面包，他吃了我就没了，你让我怎么跟他双赢？”我认为，要找到双赢的第三途径的关键是改变思考的维度。你赢我输、你死我活的思维方式，是人们在长期的生存发展过程中，因受物质世界的限制而演化出来的。低维是高维的投影，局限在低维选择余地就少，越高维选择余地越多，如果冲突双方思考问题的维度有差异，便如同开在多车道的路上一样，你走那条车道，我走这条车道，“不亦说乎”。

> “你赢得比赛，我学到经验。”
>
> “如果你能帮我获取 ×× 资源的话，我可以放弃 ×× 利益。”
>
> “这一次我帮你，下一次你帮我。”
>
> “如果我保证每周三天以上都按时回家，你能否保证一周都不发脾气。”

一旦双方把计较的维度岔开，冲突就容易化解了。多维度地思考问题本身是需要创造力的。只有双方对彼此的目标、诉求、信息了解得足够多，而且都能从彼此防御的“外壳”中走出来，从“你死我活”的竞争状态转换成“共同面对”的状态，就像两个人合力解决一道有关资源限制的数学题一样，创造性思维才能真正被激发出来。

> 两个小孩为一个苹果争执不下。甲说：“如果你给我一颗能增长知识的智慧果，我就愿意把这个苹果让给你。”乙动脑筋想了半天，说：“我告诉你一个快速计算两位数乘法的口诀行吗？”于是，乙教会甲三步快速心算两位数相乘的方法，甲把苹果让给了乙。乙说：“其实你今天的提议本身就是一颗很大的智慧果，让我学会另一种处理争执的方式。所以，苹果我还是要分给你一半。”

世界上最愚蠢的事情就是重复相同的思维模式和行为模式，却期待着不同的结果。只有思维方式的突破才能带来化解冲突方式的彻底突破。罗杰·马丁教授在《整合思维》（*The Opposable Mind*）的开篇就引用了斯科特·菲茨杰拉德的名言：“一流的智商，取决于头脑中同时存有两个相互矛盾的想法而继续思考的能力。比如，人们应当在看到事情已经没有希望的时候，仍然决心扭转局势。”如果一个人在遇到冲突时总是想：怎样做才能两者兼顾呢？那么他化解冲突的思维首先就是双赢思维。**双赢思维，本质上是突破限制性思维的创造性思维。限制性思维限制了选择、造成了竞争，创造性思维创造出第三路径，创造性思维是一种习惯，更是一种能力。**

第五步，分工协作

创造性的解决方案把彼此竞争的问题转化成相互承诺、协同合作地解决共同面对的问题。冲突双方从竞争对手演变为合作伙伴，彼此为对方做出行动承诺，制订切实可行的计划，分工协作，把真正保证双赢的创造性的解决方案变成现实。这时候，冲突双方各自做出的改变才称得上是自内而外的改变。

一个创造性地化解冲突、创造真正双赢的过程，会在冲突双方的内心中形成解决争端的新体验。而这份体验会促成冲突双方对冲突的全新认识，并驱动人们尝试用新的方式面对冲突。这套化解冲突流程的最大价值，在于它能帮助人们克服人性的弱点，从自我防御的低能量状态中走出来，摒弃批评、指责、命令等野蛮粗暴的应对方式，转而走向深入了解对方的感受和想法，在彼此尊重的基础上充分发挥各自的创造力，找到兼顾各方利益的最佳方案。这套流程本身就可以成为人们积极面对冲突、主动化解冲突的动力。

工具箱 EMPOWER LEADERSHIP

促成双赢思维的 5 大步骤

第一步，梳理各自诉求。
第二步，发出邀请。
第三步，尝试理解对方。
第四步，共同探寻第三途径。
第五步，分工协作。

创造性思维，发展出全新的“我们模式”

达尔文说：“那些能在漫长的进化过程中生存下来的物种，既不是最强壮的，也不是最聪明的，而是最能够适应环境变化的。”在化解冲突的过程中，善用创造性思维，采取积极主动策略的一方才是更能适应环境、更具生存能力的。

每个人都被既有模式绑架

每个人的处事模式，都是由长期的生活经历与所处的社会环境相互作用而逐渐演变出来的。我们的处事模式都带着童年的影子，带着家族的印迹，掺杂着曾经的多个社会系统的风格。

凤凰男马健龙以某偏远地区高考状元的身份上了名校，同学牛喜凤则是养尊处优的大城市的白富美。两人在大学期间相恋并走进婚姻殿堂。然而，结婚对他们来说却意味着不幸的开始，马健龙不能忍受牛喜凤好吃懒做、花钱大手大脚的样子；牛喜凤不能忍受马健龙只知道埋头挣钱，不懂得生活浪漫，抠门小气的样子。

更有甚者，牛喜凤只要回一趟娘家，回来必然和马健龙大闹一场；马健龙回一趟老家，回来必然和牛喜凤大闹一场。婚姻岌岌可危，双方家族都感受到门不当、户不对的危害。这是非常典型的失败婚姻模式，最大的失败之处在于：双方都带着各自原生家庭的模式走到一起，都试图彻底改造对方，而自己不愿意做任何改变。各自原生家庭的旧模式越强大，婚姻失败的风险越大。

人是成长的，成长意味着变化，变化意味着持续否定旧模式，发展新模式。如果双方都不愿意放弃自己的旧模式，那么各自都是自己旧模式的奴隶，婚姻陷入两个家族不同模式的博弈中。只有双方都愿意部分地放下旧模式，尝试适应对方，才可能发展出属于两个人自己的婚姻模式，才能够绽放出属于自己的生命光彩。

我见过一位非常大男子主义的丈夫，他的妻儿在他面前大气都不敢出。看得出，他似乎很享受那种皇帝般的感觉。我曾经讥讽他活得像前清遗老，他却不以为然。我很不客气地说：“你在老婆、孩子面前的强势正好暴露了你的腐朽与无能。”他显然受到很大的刺激，追着我问为什么。我说：“我可以肯定，你在处理家庭关系中的做派完全继承了你父亲的模式。时代虽然进步了，但你的模式还是保守落伍的。你的生命只属于你自己，你身上的家族痕迹越重，活出自己的空间就越小，当一个人用自己鲜活的生命去捍卫不合时宜的模式时，你不觉得是一种很大的牺牲吗？”尽管他还是很不以为然地跟我争辩什么无规矩不成方圆，但看得出，我的话触动了他的某根神经。

有一种无能，我称之为熟练的无能——熟练地运用某种不合时宜的旧模式，虽然年龄并不大，身上却丝毫感受不到生命的活力和时代的气息。存在于我们身上的旧模式既保护了我们，又妨碍了我们的发展。人们常常被自己的情绪绑架，被自己的出身绑架，被自己的限制性信念绑架，被自己的习惯绑架。而实际上，你的情绪永远只是你的情绪，你的历史永远只是你的历史，你的习惯永远只是你的习惯……只是部分，不是全部。每一个明天都是崭新的一天，你都有机会活出全新的自己，都有机会让生命绽放出不曾有过的精彩。

成长意味着模式的持续演变，只有敢于放下过去的旧模式，才可能发展出属于自己的新模式。一个人如果被旧模式绑架，成为旧模式的奴隶，生命能量就很难精彩绽放。老子说：“柔弱者，生之徒。坚强者，死之徒……物壮则老，是谓不道，不道早已。”柔韧是活着的标志，僵化是死亡的标志。太过坚硬就会老，与道相违背，违背了道就会死亡。

成长意味着发展出新模式

两个真正有生命活力的人相处，必然会发展出一种双方都感觉舒服的独特的模式。这种模式既非“我的模式”也非“你的模式”而是“我们的模式”。有活力的领导者带领一个有活力的团队，也会逐渐发展出这个团队独有的合作模式。没有活力的领导者试图用一套僵化的模式治理团队，其结局无非有两种可能：

- 其一，模式是固定了，团队活力没了，真正优秀的员工走了。
- 其二，模式被推翻了，领导者的权威性也没了。

每一次重大变革都意味着跟过去决裂。团队中的每个人都愿意改变自己身上的旧模式，愿意吸收别人身上的优点，整个团队才能发展出全新的模式。模式的演变过程很痛苦，但这痛苦是成长必须付出的代价。

马健龙和牛喜凤要走出婚姻困境，两个人必须在彼此尊重的基础上，花时间去真正了解对方，同时又有足够的改变意愿：各自放弃部分旧模式，彼此适应和学习对方的模式，还要激发创造力，不断探索和尝试让双方都感觉舒服的全新模式。不仅是婚姻，任何两方相处都会涉及模式演变的问题，这个演变过程与生物体的进化过程极其相似。

每个人都可以做一个作业：把自己身上的典型行为模式或情绪模式拿来深度分析一下，探索这种模式是从哪里来的，受哪个系统的影响更多，带着谁的影子，是不是需要与时俱进地优化。我以为，“修身”意味着持续的模式演化。如果一个人能够持续地优化其为人处世的模式，说明其生命的活力十足，只要活力还在，年龄大点也无碍；如果活力没了，再年轻也难当重任。

久于其道而天下化成

断官司是当官者最重要的职责之一，领导者需要在很多场合中担任裁判的角色。重要的是，要坚持用一套不变的价值观和方法论来处理各种纷杂的冲突。快速、多变、复杂和超级不确定的互联网时代让很多领导者乱了阵脚，最大的尴尬在于：明知沿用旧的模式没有前途，却还没有发展出新的模式。老子说：“夫物芸芸，各复归其根。”越是在复杂多变的环境下，越应该坚守不变的价值观和方法论。

《周易·恒卦》有言：“日月得天而能久照，四时变化而能久成，圣人久于其道而天下化成。”领导者只有始终坚持用同一套价值观“断官司”，才能突显出自己的价值观。戏剧总是借助激烈的冲突来刻画人物形象，主人公在激烈冲突、艰难抉择中异乎寻常地坚持了自己的价值观，才有了不一样的结果，突显出他的人格魅力和价值观。领导者要时刻意识到：企业文化是透过桩桩件件、大大小小的事情刻画出来的，而不是挂在墙上念出来的，或者嘴上说出来的。

与价值观相适应的方法论也是组织智慧的核心。克劳顿维尔学院的教授谈到方法论时曾经说：“在 GE，我们尽管不知道明天会遇到什么挑战，但无论遇到什么挑战，我们都有应对的方法！”麦肯锡的顾问也不都是行业资深人士，却照样能够给全球各行各业的企业做咨询，凭借的就是他们多年积累下来的方法技能；GE 和 IBM 这样的长青企业也积累了大量的方法技能，行动学习就是其典型的方法技能。有丰富方法技能沉淀的组织才是经得起历史考验的组织。在实践中持续总结和发展出属于自己的各种方法技能，才是组织的元认知技能，相当于人体的造血干细胞。

我认为，今天我们最应该向西方学习的是抽象模型和总结方法论的技能。

东方的智慧很高深，不仅看问题一针见血、一语中的，而且文字优美、字字珠玑，但古人的智慧实在太突兀，需要极高的悟性、花很大功夫才能领悟。而真正领悟的人又秉承古人“述而不作”“知者不言”的传统，不愿意在传承上下功夫。剩下那些“半瓶子醋”（我认为自己也是其中之一）整天聒噪却没有深得精髓。近几年，我的最大癖好是为西方实用、好用的方法论找一个东方智慧的标签，反过来，给东方睿智精辟的道理找个能够落地的方法论。我总能从探索“东方之道”与“西方之术”的结合点中，找到极大的乐趣和成就感。我的文字常常引经据典，并非有意秀自己的国学底蕴，实因意境所至，“老祖宗”的经典金句就在大脑里飘然闪出，实在找不到比这些金句更透彻、更优美的表达方式了。我也很佩服西方人的方法论，比如孔子要求“勿臆、勿必、勿固、勿我”，柯维就能用一套化解冲突的流程和工具使其变得可操作；儒家主张反求诸己，我们就可以发展出一套行之有效的觉察反思流程来落地。我已经形成一种信念：**好的价值主张一定要有与之对应的方法论，才能做到切实可行。**

更关键的是，如果领导者能够坚持用这套化解冲突的流程去处理各种内部冲突，久而久之，团队必然形成一种用双赢思维和创造性思维寻找第三途径的化解冲突的文化。在这种文化氛围下，大家不再认为冲突是坏事情，面对冲突也不再逃避或拖延，相反会认为冲突是一份特殊的礼物。

赋能领导者要坚持的 5 大原则

理论上讲，每个人都可以决定自己的能量运用方式。但实际上，要做到尽可能用自己的独立意志去支配自己的能量却是很难的事情。中国古人认为，修身的最高境界是外圆内方。“圆”是指处事练达圆润，待人和蔼可亲；“方”却要求坚持原则，棱角分明。高手化解冲突，能达到外圆内方的境界。越是处理纷纭复杂的事务，越要坚守不变的原则。我总结了赋能领导者要坚持的 5 大原则，供领导者在化解冲突时参考。

原则 1，有志向追求自己想追求的

志向可以细分为身份和愿景。所谓身份，是我要成为谁；所谓愿景，是我最成功的时候是什么样的。斯坦福大学麦克·雷教授的著作《此生为何而来》，名字正是取自斯坦福大学最受欢迎的创意人生课。麦克·雷认为每个人生命中都有一个至高诉求，叫作最高目标。最高目标是个人的核心本质、协助我们的力量，通常可以用一个字词来表示，比如爱、沟通、智慧、连结、能量、安宁、创意等。每个人的最高目标都不同，唯有找到自己的最高目标，为它而活，生命才能充实、圆满，也更有创意。当你跟自己的最高目标联结时，万物将只为你存在，你拥有无穷的力量、莫大的价值，知道自己为何而生、为何而活；遇到困境时，永远不会绝望。西方人形容人有两个生日，一个是来到这个世界的那一天，另一个就是找到超我目标的那一天。志向就像内在的能量磁铁，以其强大的引力把内在能量整合到一个方向。

原则 2，有勇气改变可以改变的

勇气也可以细分为激情和动力，志存高远的人就激情高、动力足。清晰的愿景、坚定的志向总是激励他们大胆实践，积极创新。NLP 有一个信念：凡事都有三个以上的选择。任何时候都可以有自己的选择，都能找到那些可以改变的事情去采取行动。采取行动是能量运用中最具活力的部分，也是最容易见成效的部分。实践出真知，行动了才能收获属于自己的成果，行动了才能收获属于自己的体验、理解和认知，也只有行动了才能实现自己的愿景。相反，愿景再宏伟，志向再远大，不去行动，什么也不会发生。

行动所取得的成功还有很强的激励作用，阶段性成果不仅可以坚定人们实现愿景的信心，更重要是，还能激励人们往更高远的方向去认知。如今的领导者特别喜欢员工讲执行力，须知，执行力最深的根扎在愿景和自我形象上，很多执行不到位的原因是缺乏愿景或角色定位错乱。

原则 3，有智慧权衡利弊、保持平和

宏伟的愿景需要一步一步逼近，不能因为怀揣宏伟的愿景就心态失衡、健康受损。导弹的目标可以很远很远，飞行速度也很快，但导弹能时刻保持着内在结构的平衡，各个部件都在其应该的位置上。人也一样，无论愿景多宏伟，目标多远大，实现目标过程中的心态要平和，要保持所有器官都在它自己的位置上。这就需要用智慧来权衡利弊，保持身心平和。

事实上，我们时刻都在评估判断，都在做权变适应。愿景和志向、经验和信念都会成为一个人权变过程的变量。权变总是要消耗一部分能量的。

原则 4，有原则坚持该坚持的

每个人都有一套自己的信念系统，有所为有所不为，有所在乎有所不在乎。这套系统是由过往经验、目标愿景和价值观长时间相互作用发展而来的。人总是能从过去的经验中，总结出一些对实现自己愿景、满足自己价值观要求的原则和方法。人非常伟大之处还在于，能够用这套自己发展出来的原则来约束自己。“把权力关进制度的笼子”的本质就是用规则和原则来限制人性的劣根性。

坚持原则是要投入能量的，这部分能量有时体现为防御，有时体现为克制，有时体现为坚持……其核心目的就是让自己像自己，让自己保持某种状态，

让自己用自己的方式适应环境。这部分能量最重要的特点是限制自己，以中国的“阴阳说”来形容，这部分能量属阴，主收敛而不是发散，主肃降而不是生发。

原则 5，有胸怀容忍不能改变的

不能改变的，就想办法去适应，人类适应环境的能力超乎我们的想象。这部分能量还可以理解为惯性的能量。不能改变的就去想办法适应，习惯了的就持续地重复，这部分能量像个听话的孩子、温顺的马匹，总是重复着驾轻就熟的模式，总是很服从地重复着既定的模式。尽管习惯的不一定是合理的，但是习惯的通常因为长期重复，所以能量的无谓消耗较少。

后两种能量都主收敛，是束缚性能量。束缚性能量同样重要，如果束缚性能量失效，人要么崩溃，要么疯狂。

工具箱 EMPOWER LEADERSHIP

赋能领导者的 5 大原则

原则1，有志向追求自己想追求的。
原则2，有勇气改变可以改变的。
原则3，有智慧权衡利弊、保持平和。
原则4，有原则坚持该坚持的。
原则5，有胸怀容忍不能改变的。

化解冲突是领导者的必修课。而赋能领导者化解冲突的方式与传统的领导者处理冲突的方式有所不同，更强调在充分理解和尊重人性的基础上，力求找到冲突双方都能接受的第三选择。只有冲突双方跳出自我防御的窠臼，才能腾出精力创造性地探索兼顾双方利益的“我们模式”。双赢不是妥协，更不是强迫，双赢思维需要更高的智慧和差异化的多维目标。领导者和团队若能够在化解冲突中持续修行，冲突自然也可以理解为赋能的一种方式。

05

帮助下属成功

教练下属

不带评判的观察，是人类智慧的最高境界。

——印度智者　克里希那穆提

EMPOWER LEADERSHIP

赋能式思考
EMPOWER LEADERSHIP

- 为什么说教练的本质是干预被教练者的能量运用状态?
- 如何用强有力的问题促进下属深度反思?
- 如何有效调动下属积极的情绪能量，使改变付诸实践?

领导者对下属成长的影响极大，而这一点却只有杰出的领导者才能意识到，能做到的领导者更是凤毛麟角。GE 公司曾经对 300 多位高阶经理人进行过一项调查，其中有 90% 的人认为，对于他们在工作中的成长，贡献最大的是“曾在 ×× 处跟随 ×× 人一起工作”。换言之，这些经理人认为从直接主管那里接受到的指导与训练，才是他们成功的最重要的因素。我经常在领导力课堂上说：“你的下属多年后可能要离职，当他们回顾这段职业生涯的时候，如果有‘因虚度光阴而悔恨，因碌碌无为而羞耻’的感觉，作为领导者，你一定负有不可推卸的责任。**真正有责任的领导者不仅为业绩负责，更要为员工的成长负责。**担任下属的职业教练，确保下属在工作中处于正能量的工作状态，是领导者义不容辞的责任。本章力求用最简洁的方式，让你掌握一套行之有效的教练下属的方法流程。

教练的本质：改变下属的能量运用状态

从本质上讲，人与人的差别体现在内在能量的分配和运用习惯上。乔布斯之所以是乔布斯，出租车司机之所以是出租车司机，你之所以成为你今天的样子，其实都是内在能量运用方式持续积累的结果。虽然人们每天在外界摄入的卡路里差不多，但每个人的能量支配和运用的区别却很大，日积月累，人生的差异就很大。这就像每个人都有一款同样的 iPad，但里面安装的和某个时刻使用的 APP 是不一样的。人们每天吃饭、睡觉就像是给 iPad 充满电，每天 iPad 都会把满格的电耗尽，但几乎没有两个 iPad 的耗电方式完全一样。同样，世界上没有两个人的能量运用方式完全一样。正是这些能量运用方式的差异积累起来，造成了人生的差异。人与人思维方式的差异、情趣爱好的差异、生活习惯的差异都可以归结为能量运用方式的差异。决定人的能量分配方式和运用习惯的系统正是人的心智模式，可以把它理解为人的“软件系统”。

唯一重要的是下属的状态

美国著名心理学博士、精神治疗师大卫·霍金斯（David Hawkins）博士提出能量层级的概念。他根据能量的振动频率，将能量分为几个层级。比如 20 叫作羞愧，在羞愧状态下，能量的振动频率很低，接近死寂。再高一点的内疚、冷漠、悲伤和恐惧等都是很低水平的能量运用。以我的理解，能量层级低于 100 的人把全部能量用于保全自己，用把自己收缩得很紧的方式安全地活着。能量层级在 100 到 200 之间的人，把全部能量用于捍卫自己的边界，用于证明自己，其能量状态是扩展的，但其边界感非常强烈。能量层级在 200 以上的人才有了大爱和进取精神，一方面开始模糊自己的边界，另一方面想做些惠及社会的事业。能量层级到 400 以上的人则彻底模糊了自己的边界，有家国情怀，以天下为己任，活出圣人、伟人的状态。能量层级低于 200 的人，从外界摄取的能量都被保全自己、维护自我形象和满足自我欲望消耗殆尽，能量的运用受到限制，能量的自由度和流动性都不好。随着能量层级逐级上升，能量运用的流动性更好、自由度更高、生命的价值和意义感更大。

我经常给下属讲：唯一重要的是你的状态。只要你的状态是积极向上的、想有一番作为的，那就放手去干。如果一个人把大部分能量都用于实现目标，我有理由相信他会做出不错的成绩；如果一个人把大部分能量消耗在抱怨环境、指责他人上，工作表现很难理想。如果员工能够保持正能量的工作状态，领导者就可以大胆授权；如果员工陷入负能量的旋涡，领导者就要进行适当干预了。

干预下属的能量状态

我经常说："世界是你感知的世界，你能感知的世界对你而言就是真实的。"每个人都对客观世界有自己的主观看法，每个人都依据自己的看法做决策。至少可以从三个方面考察一个人的能量运用状态。

首先，能量运用的方向，是积极还是消极？是正能量还是负能量？这涉及人的世界观、自我效能和归因习惯。积极的人总会看到阳光的一面，把好事情归因为必然，把坏事情归因为偶然。消极的人则相反，认为好事情是一时走运，坏事情是必然的。注意力在困难上，困难就越来越大，目标就越来越小；相反，注意力在目标上，困难就显得渺小，目标就会显得宏伟。胸无大志的人很容易被感性的烦恼所左右，心怀天下的人才能更加坚韧。正能量的人不仅自己是积极的，而且也乐于鼓励别人，因为积极实践所以成功，因为成功，所以更加积极，形成正循环。负能量的人总是一副受害者的形象，用抱怨社会来为自己没尽心找借口，因为有借口所以更加不作为，因为不作为所以更被动，因为更被动所以挫折感更强，只能更多地抱怨，形成负循环。正循环和负循环都造成了能量的持续强化，强化久了就成为习惯。

其次，能量运用的活力，是保守还是激进？是面向过去还是面向未来？俞敏洪在一次校园演讲中说："青春和年龄无关，和活力有关。"确实，有的人死了，他还活着，因为他的思想永葆青春，还有很大的影响力；有的人活着，他已经死了，因为他的生存方式就是日复一日地简单重复，就像驴子拉磨一样。我们应当从能量运用方式的角度，来看一个人能量运用方式是保守还是激进。从这个意义上讲，我们每个人都可以衡量一下自己在多大程度上还保持着青春，可以有个百分比。青春活力又与人们对变化的态度有关。是喜欢变化的好奇、拥抱变化的新意、享受变化的快乐，还是一直沉浸在过去、期待维持当下的安稳、排斥不确定因素的危机？孔子的"年逾七旬随心所欲而不逾矩"，从修身的角度看似乎是一种不错的境界，但从生命活力的角度看未必可取。所以，活力和一个人运用内在能量的方式和习惯有关。如果一个人总是用同样的模式运用自己的内在能量，每天都重复着同样的事情，得过且过，当然缺乏活力；如果一个人总是喜欢尝试以不同的方式运用自己的能量，对外界保持不变的好奇心，喜欢体验不一样的感觉，欣赏变化带来的快感和成就感，他的生命才有活力。

最后，能量运用的目的，为自己多，还是为别人多？有人说，人不为己天诛地灭，当然要为自己了。天下熙熙，皆为利来；天下攘攘，皆为利往。在没有完全解决自身温饱问题，甚至没有实现财富自由的时候，多数人都会优先选择运用自己的能量解决生存问题，当然，力所能及的时候也会做点善事。假如你现在拥有足够多的资源，实现了财务自由，你打算如何度过自己的后半生？人在青年时期多为自己的生存努力，到了中年小有成就的时候就出现了普遍的意义危机，开始思考人生的意义是什么，此生为何而来，做什么样的事业才能对社会有更大的贡献。《易经》对事业的定义是："举而措诸天下之民，谓之事业。"事业就是把某种便利或价值普及到全社会的工作。

每个人运用内在能量的方式决定了人生的不同，人与人的差异是由能量运用习惯造成的。每个人都有自己独有的能量运用方式，修身的目的即持续优化自己的能量分配方式和运用习惯，使之价值更大、效率更高，当然，这里说的价值和效率都是主观意义上的。

能量状态不好的人总是从消极、问题、失败、环境、不可能的角度来解释生活经验，当这样的信念主导一个人的能量运用时，会导致其生活和行动没有希望、没有能力和没有价值。教练的工作就是适当干预被教练者的这种心智模式，把他们的思维引向积极、有希望、可控制、有资源的正能量状态，从而达到干预被教练者能量运用方式的目的。

觉察：感受被教练者的能量状态

中医用“望闻问切”等一系列动作获取线索来诊断病人的病情。教练首要的任务是觉察被教练者的能量状态。这项任务其实很有挑战性，最大的难点在于教练总是抑制不住给被教练者建议的冲动，很容易表现出评判、指责甚至是命令的姿态，使被教练者因为缺乏安全感和信任感而进入防御状态。有效的教练必须在相互信任、轻松愉快的氛围下进行。如果被教练者自始至终把大部分能量用于自我防御，就没有足够的能量去探索如何做出改变。尽管教练的最终目的是促使被教练者做出积极的改变，但用指责、建议甚至命令的方式毫无疑问是达不到目的的。庄子在《大宗师》中讲道：“其嗜欲深者，其天机浅。”如果教练带着很强的改造对方的欲望，被教练者就很容易产生独立意志受到胁迫的感受。

不带评判地感受

印度智者克里希那穆提（J.Krishnamurti）说："不带评判的观察，是人类智慧的最高境界。"对教练来说，最重要、最不容易做到的工作，是放下自己试图改造被教练者的欲望，如《黄帝内经》所讲的用"精神内守，恬淡虚无"的无我状态，去感受被教练者的能量状态。催眠大师米尔顿·埃里克森（Milton Erickson）帮助来访者进入催眠状态的秘诀是：全神关注来访者。他说："我开始密切追踪来访者的每一个可能重要的动作、象征性符号或行为表现的时候，我的视觉就变成了隧道式，眼里只有来访者和椅子，当发现了来访者的关键问题而我又不想错过任何线索时，我就进入催眠状态。"忘我地、全身心地关注来访者的时候，催眠师自己先进入催眠状态。因此，教练越是放下自我，越是全神贯注于被教练者，就越容易感受到对方的能量状态；相反，越是放不下自我，越是想给出建议，感受力就越差。

把脉是中医的基本功，也是中医世家让子弟从小就要练就的童子功。一位老中医分享他小时候学把脉的经历说：五六岁的时候，爷爷就整天在院子里放一大盆水，让他的小手若即若离地放在水面上感受水的流动。小孩子心很躁，手放在水面上，眼睛却东张西望，心里惦念着别的，根本做不到专心致志地觉察水的流动。连续好几个月，他每天都要做这个必修课，重复着同样的枯燥动作，并没有感受到水的流动。有一次，他无聊地把手放在水面上很久后困倦地打了个盹。就在打盹的那一刹那，他竟然感受到盆中水的流动，大概是因为在困倦至极的状态下，顾不上东张西望和惦念别的了，反倒全神投入地感受到了水流。当他把自己感受到水流的状况告诉爷爷时，爷爷竟然激动得老泪纵横。

我的中医朋友说，他把脉的时候眼睛是半闭着的，只有全身心地投入对病人的感受之中，才能在脉搏细微的线索中分辨出病人的脏器状态。同样的道理，教练最基础的功夫就是放下评判和干涉的欲望，全身心地感受被教练者的状态。

觉察能量结构

行家里手与业余选手最大的区别之一是：行家里手会带着自己的知识框架有目的地搜集信息，他们知道要搜集哪些信息以及如何搜集。如中医看病，“望闻问切”是以藏象学为基础的，中医认为“肝开窍于目，其华在爪，其充在筋，肝与胆相表里”等，通过对眼睛、指甲、握力的感受，来判断肝的健康状况，其余类此。有经验的中医就是带着自己的知识框架去感受病人的身体状况。教练用全部注意力感受被教练者的言行，也要带着知识框架有意识地搜集各种线索，从而把握被教练者的能量运用方式和状态。知识框架就像一个空白的表格，教练要按照表格的结构来搜集线索。

工具箱 EMPOWER LEADERSHIP

被教练者框架的三个部分

思想：被教练者明确表达出来的言语信息是最直接的表达，当然也是有限的信息。美国传播学家艾伯特·梅拉比（Albert Mehrabian）认为，言语信息只占人际沟通信息的7%左右。

情绪：20世纪原创媒介理论家马歇尔·麦克卢汉（Marshall McLuhan）认为，“怎么说”比“说什么”更重要。沟通中有38%的信息是靠语音语调表达的，而语音语调直接关系着表达者的情绪。态度是附着了情绪的认知，人们总是不自觉地调动情绪能量来渲染自己的认知，强调其重要性。而且被教练者的表达中常常夹杂着多种情绪，每一种情绪背后都有认知，负面情绪背后都有未满足的诉求，强度越大的情绪背后，诉求往往也越强烈。教练要认真觉察被教练的情绪类别和强度，语音语调、情绪用词都是重要的情绪线索。

动作：行为线索以及动作的含义。语音语调、面部表情、身体姿势都带有很强的信号。有时候这些不同渠道所传递的信息是一致的，有时候这些不同渠道所传递的信息则是矛盾的，教练要努力在这些信息中捕捉被教练者的内心状态。

每个人都有与生俱来的身体感受力，只不过大部分时候，在意识的强烈控制和干扰下，感受力被抑制了。感受的技能并不需要高强度的刻意练习，只要刻意放下评判和干预，多分配一些能量给身体的感受系统，我们自然就会感受到很多平时被忽视的信号了。久而久之，甚至不用有意识地刻意提醒，感受力自然会发展起来。

分析：能量层级的识别与重新定义

教练充分发挥大脑的感觉机能，来搜集被教练者的能量状态的线索，这是一个纯粹的感觉过程。有了感觉信息之后，大脑的本能动作就是对感觉的信息做出解释，这就是知觉过程。大脑的知觉过程是将各路感官搜集到的信息进行联合加工，与大脑中已有的知觉图式（可以理解为以往感知的大数据）进行匹配，最后得出结论的过程。

被教练者能量状态的区分

每一个人都有独特的能量运用模式，这个模式是在个体与社会、自然长期的交互过程中逐渐演化来的，而模式一旦形成就相当顽固，带有情感依赖和行为依赖。法国作家罗曼·罗兰（Romain Rolland）在《约翰·克里斯朵夫》（*Jean-Christophe*）中说：

> 一大半的人在20岁或30岁的年纪就死了：一过这个年龄，他们只变成了自己的影子，以后的生命不过是用来模仿自己，把以前真正有人

味的时代所说的、所做的、所想的、所喜欢的，一天天地重复，而且重复的方式越来越机械，越来越脱腔走板。

人们常常陷入某种僵化的能量运用模式中：逻辑思维把某种偏见合理化，又在反复强化的过程中附着了很多情绪能量，态度是附着了情绪的认知。带着刻板僵硬的模式生活，无异于精神生命的死亡。能量运用模式的积累塑造了人的一生。人们每天摄入的能量差不多，而能量运用的方式常常是互斥的。正如庄子所说："物无非彼，物无非是，自彼则不见，自此则知之……彼亦一是非，此亦一是非，果且有彼是乎哉？果且无彼是乎哉？"

◆ 能量用于找借口，就不会找方法。

◆ 能量用于自我辩护，就不会关怀他人。

◆ 能量用于抱怨，就不会反思。

◆ 能量用于悲伤，就看不到希望。

◆ 能量用于缅怀过去，就看不到未来。

◆ 能量用于猜忌，就不能用来信任。

老子说："弱者道之用，反者道之动。""道"常常以守柔为用，自然有其本来的秩序，天地万物皆循道而行。人类建立的秩序只是人类眼中的秩序，甚至常常是对自然秩序的破坏，所以要循道守柔。老子认为"柔弱者，生之徒，刚强者，死之徒，强梁者不得其死。"因此，他主张无为而治："我无为而民自化，我好静而民自正，我无事而民自富，我无欲而民自朴。"强力干涉是反自然的教学方式。更精辟的是："道"常常向相反的方向运动。老子说："大曰逝，逝曰远，远曰反。"天道好还，物极必反，困住了就往相反的方向探索，必有所得。而比较式暗示恰恰是"反者道之动"的具体操作方法。

教练的工作是在交流中对被教练者的能量运用模式进行抽样，然后区分其能量运用的方向、强度。概而言之，正能量状态的思维和行为框架是积极正面的、建设性的、面向未来的以及能掌控的模式。而负能量状态的思维和行为框架是消极负面的、聚焦失败的、面向过去的以及不可控的模式。很多时候，向领导者求助的员工是处于较低的能量运用水平上的，他们的能量陷入消极的、悲观的、抱怨的、不能控制的运用模式中。领导者做教练的主要任务是干预他们的能量运用方式，朝积极的、乐观的、建设性的、创新性的、可以控制的方向引导。

打破旧循环，建立新循环

一位无助的母亲向心理咨询师求助："我非常痛苦，快被儿子折磨疯了。我儿子整天打游戏，各门功课都不及格，在学校里打架，甚至偷偷地抽烟。我还不能批评，刚说了他几句，他竟然一摔门离家出走了……简直是逆天呀，我该怎么办呢？"

咨询师说："您讲了这么多孩子的不足，能不能再分享几个他的优点？"

母亲想了半天，说："他讨厌透了，我实在找不到他有什么优点。"

咨询师说："你连孩子的一个优点都找不到，我可没法帮助你。麻烦你回去观察他一周，至少发现他身上的三个优点再来找我。"

过了一周，这位母亲又来了，说她终于凑齐儿子的三个优点了：他吃饭不挑食，爱运动，字写得不错……说话时，母亲脸上的忧郁消退了。

咨询师："太好了，请你回去向儿子表达你对这三个优点的欣赏，并在下一周内再找出他的另外三个优点。"

就这样，过了几周，这位母亲很开心地说："最近儿子的变化很大，优点越来越多。"

咨询师说："那是因为你把注意力转移到他的优点上，用欣赏替代了批评，儿子自然就从防御转向绽放。你的能量运用方式改变了，也带动儿子的能量运用方式改变了。"

把注意力放在孩子的缺点上，家长眼里的孩子就一无是处。而家长的责备又必然引来孩子的自我防御，当孩子把能量用于自我防御的时候，就没有能量再去发挥特长了，于是，在家长眼里孩子的缺点就会更突出，进而更猛烈地批评孩子，孩子自然会更激烈地反抗和防御，事态进入恶性循环。家长的低能量，如抱怨、指责等，导致了孩子的低能量，可见一个人的能量状态受周围社会环境的影响很大。打破循环需从家长开始，家长努力寻找孩子的优点，并表达欣赏和赞许，孩子就不再把全部精力用于自我防御，就会腾出精力发展爱好和发挥特长，爱好和特长发挥出来了，家长会看到孩子身上更多值得赞赏的优点，而家长的赞赏会激励孩子更加投入地发展爱好和发挥特长，绽放出更多的才华。事态逐渐进入良性循环。

教练与下属的关系也正如家长与孩子。老子说："反者道之动。"教练的基本策略就是把被教练者的能量状态往对的方向引导，使其意识到自己不曾意识到的因素，觉察到被自己忽视的信息，换一种方式思考当前的问题，主动找出属于自己的解决方案，选择用不一样的方式采取行动。

干预：换一种思维方式

中医认为身体上的不适多因经脉不通造成的，所谓痛则不通，通则不痛。治疗的目的是把身体中堵塞的经脉打通。同样道理，当人们思想不通时就会产生精神障碍，那么，学习的目的就是疏通思想，思想通达了，行为也就通达了。教练最大的任务，就是让被教练者进入富有成效的思考状态，被教练者的点滴收获都是他自己思考的结果。在实践中，提问、隐喻、暗示都是干预被教练者的思维方式、促其富有成效地思考的有效手段。

有框架地提问

我常说，尽管教练不能钻进被教练者的脑袋里影响其思考的内容，但至少可以通过提问来引导被教练者思考的方向和方式，这是外力能对他人大脑所做的极限。提问是教练干预被教练者思考的利器，目的是把被教练者从僵化的思维模式中拉出来。我做过“如何有效提问”的主题阅读，发现介绍这一主题的书籍实在太多了，但能让人豁然开朗的好书却几乎没有。如何有效提问确实可以开专题来讲，这里限于篇幅仅仅突出一点，那就是教练自己的内心要有一个提问的框架，也不是想到哪里就问到哪里。

我比较喜欢用的提问框架是罗伯特·迪尔茨的逻辑层次。思维逻辑层次是NLP 重要的理论基础，最初是由格雷戈里·贝特森（Gregory Bateson）发展出来，称为 Neuro-Logical Levels。最初，贝特森恰恰是从学习和改变的基本层次入手研究这个问题的，他定义了 4 个学习层次：

- **学习层次 I**，人们面对特定刺激时行为反应方式的改变，假设方法不变，优化行为。
- **学习层次 II**，行动方案和策略的重新选择，选择另一种方法。
- **学习层次 III**，行动方案和策略组的改变，选择另一套体系。
- **学习层次 IV**，关系到更大系统的改变，进入更大的体系审视。

后来罗伯特·迪尔茨在贝特森的基础上发展出今天的逻辑层次模型（如图 5-1）。逻辑层次是指人类所体验的各种要素之间的等级层次关系。无论是实物还是概念，大脑都用自己的等级层次进行分层和分类，高层次的功能都是综合、组织和指导其下面层次的各种相互关系。高层次上发生的改变将必然向下“辐射”，从而在低层次上产生相应的改变。在低层次上发生的改变，也许不一定能够影响到高层次。

逻辑层次模型

环境因素：人类的活动总是在特定的环境下进行的，环境给人们提供了支持，同时也限制了人们的行动。它回答行为和关系发生在“何时”（when）、“何地”（where）的问题。

行为因素：是指具体的身体动作，通过活动，我们与周围的人和环境互动，为了成功而采取的具体行动步骤。它回答“做什么和如何做”（how）的问题。

能力因素：涉及通往成功之路的心灵地图、计划和策略。它回答“需要什么（what）能力才能成功”的问题。

信念和价值观：是指关于自己、他人和周围世界的基本判断和评估，为支持或阻碍特定的能力和行动提供了强化过程。它回答“为什么重要”（why）的问题。

身份因素：关系到人们对自己的角色和使命的定位。它回答“我是谁”（who）的问题。

“精神”因素：关系到人们如何看待自己所属的更大系统以及在该系统中的角色和地位。它回答“为了谁”（for whom）以及“为了什么”（for what）的终极问题。

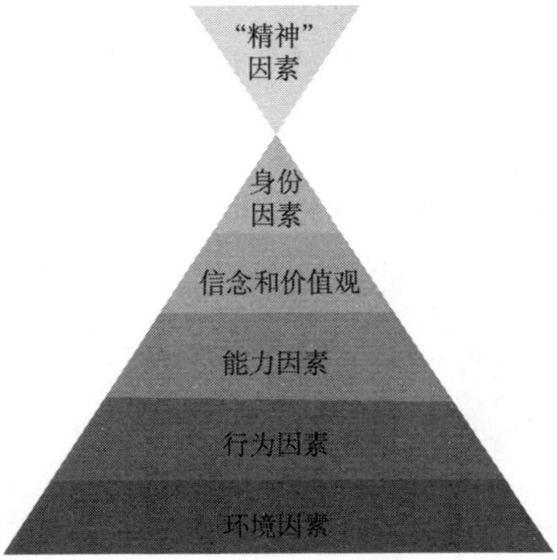

图 5-1 逻辑层次模型

爱因斯坦说：不能在制造问题的层面来解决问题。逻辑层次恰好给人们一个符合大脑认知规律的层面划分，最大的好处是它能够帮人们从更高的层面看问题，在实践中非常有用。如今，逻辑层次已经是我在工作、生活中不可或缺的框架和工具，我常常困惑没有逻辑层次的那些年是怎么过的，就像现代人困惑于没有互联网的年代是怎么过的一样。那么，如何应用逻辑层次呢？

◆ 第一步，通过对方（被教练者、学员、受众等）的表现判断其问题所处的层次。比如有人说："我很不喜欢啰里啰唆的表达。"这是一个价值观层面的反应。有人说："我这人总是丢三落四。"这是一个身份或者自我形象层面的表达。
◆ 第二步，当我们了解对方所处的层次之后，可以运用"上堆下切"的策略帮助对方从不同层次思考和觉察自己的问题。

"上堆"是一个归纳总结的收敛过程，比如，有人说："我很愤怒，恨不得砸了那家商场。""要砸商场"是一个行为层面的表达，那么我们就可以上堆，问一个能力层面的问题："你一个人能砸得了吗？"如果对方觉得能力不够，也许就放弃了这个念头。如果对方说："我一个人不行，把我那些好哥们都叫上一起去砸。不信收拾不了你。"这时候，可以再问他一个更高层级的问题："你这么做是要得到什么更重要的东西呢？"这是一个价值观层面的问题，如果对方意识到泄愤并不能解决问题，也许就会放弃这个想法。假如对方说："我就是要出口恶气，争个面子。"还可以从身份层面继续追问："假如成功砸了这家店，出了这口恶气，你又是谁呢？"引导对方思考泄愤之后的自我形象。如果对方一贯的自我想象是正派、善良的，可能就此打住，意识到砸店的想法太冲动，不是他这种人应该干的事。这就是一个不断上堆的过程。

"下切"是一个相反的从抽象到具体的过程。按照 NLP 创始人理查德 · 班德勒（Richard Bandler）的说法，大脑在处理信息时常常采用了扭曲、删减、概括的方式而形成限制性的信念。比如“我真笨”是一个身份层面的表达，当然也是一个高度概括，甚至扭曲的结论。可以“下切”问到能力层面：“你觉得你的‘笨’具体体现在哪些方面？”对方可能回答：“我老是算不过来账。”算不过来账显然只是智力的一个方面，完全用不着因此给自己扣一个“笨”的大帽子。等对方觉察到其结论含有扭曲、删减、概括的成分后，我们还可以引导他发现自己被扭曲或删减的亮点。比如：也许你在算账方面不太擅长，但是善解人意却是你的强项，那才叫聪明呢。

就这样，把逻辑层次当成一个提问框架，需要对方思维收敛的时候“上堆”，需要对方思维发散的时候“下切”。用“上堆下切”的策略，可以使人更多层次、更全面地审视自己的问题，从而激活更多脑区工作。逻辑层次好像把大脑虚拟成一个同心圆，驱使人们像地毯式搜索一样地思考。

一位领导听了我的课后不久就反馈说：“我用上堆下切的策略成功挽留了一位想辞职的女员工。逻辑层次简直太神奇、太好用了。”她的故事背景是：公司迁址了，一位表现很不错的女员工向她提出辞职的想法。他跟这位员工有这样一段对话：

员工：领导，公司离家实在太远了，我想辞职。（行为）

领导：辞职？你想另谋高就还是回家休息？（行为）

员工：我想在家休整一段时间，工作的事以后再说嘛。（行为）

领导：你不上班可以吗？家里经济条件好呀。（能力）

员工：我先生是某集团高管，收入不低，我不工作也是完全可以的。（能力）

领导：这么说，你是要做全职太太？（身份）

员工：我没想好，先在家歇着，等以后想工作再说。（行为）

领导：十多年寒窗苦读，难道就为了当家庭主妇？（身份）

员工：我没想那么多，就想休息休息，反正不愁生活，何必上班那

么辛苦呢。（行为）

领导：我在想，家庭条件好固然让人羡慕，可是如果经济不独立家庭地位就不会高。（价值观）

员工：也不是啦，可能只是暂时的，过段时间再找工作。（行为）

领导：过一段时间工作的心气没了，工作也生疏了。（能力）

员工：看来我把事情想简单了，让我再想想吧。（行为）

领导：人的惰性都想安逸，可是上进心又在鞭策我们。关键是你想成为谁。（身份）

员工：您说得对，我不是贪图享受的那种人，我应该有我自己的事业。（身份）

领导：祝贺你，重新找回了自己。环境的改变不应该是放弃梦想的理由。（身份）

员工：我想困难是暂时的，一定能找到解决问题的方法。（行为）

领导：真心喜欢你这股顽强精神。（价值观）

隐喻的力量

有个学生向我请教："老师，我特别爱买书，看见书就走不动了，常常一买一大堆，买完之后又看不过来。尽管家里还有很多没看过的书，但见了好书我禁不住还想买，你说我该怎么办？"

我略作沉默，回答说："你问这个问题的时候，我脑子里忽然闪出古代皇帝的影子，皇帝们都有三宫六院七十二嫔妃，但他们常常一个都不宠幸。皇帝拥有那么多嫔妃仅仅是满足了他的占有欲而已。不知道我脑子里闪过的这个画面，对你有没有启发。"学员陷入了沉思。

我没有直接回答他的问题，而是给了一个和他的问题多少有点关联性的画面（也可以是故事），然后转而问他，我的画面或故事"对你有什么启发？"这是一个似答而非答的回答，这个回答也能起到让提问者陷入更深层次思考的作用。而这种回答问题的方式，古今中外并不鲜见。

禅宗里的参话头非常盛行。大师总喜欢用一些似懂非懂的话来点拨弟子们开悟，他们这种似答非答的对话，常常让那些苦苦思索的弟子们豁然开朗。先看一个参话头的故事：

弟子心中一直有个困扰："佛究竟是什么呀？"他百思不得其解，决定去问上师。

"师父，你能告诉我，佛究竟是什么吗？"

如果师父直接告诉他佛是什么的话，就显得师父太没水平了。师父深谙"讲师没有直接给答案的权利"的道理，知道点滴的开悟都要弟子自己证得。于是，一门心思地在理他手上的乱麻。弟子等了好久，见师父无动于衷，禁不住又问："佛究竟是什么呀？"师父瞥了一眼弟子，自言自语道："这团乱麻重5斤。"这简直是一个牛头不对马嘴的回答，弟子一头雾水。

午后，好学的弟子又去问师父。师父正拿着扫把在打扫厕所，弟子又问："师父，佛究竟是什么呀？"师父瞟了一眼弟子，看着自己的扫把头，漫不经心地说："佛就是这块干屎橛。"弟子更加纳闷了，心想："神圣的佛怎么可以是干屎橛呢？"好学的弟子穷追不舍，继续说："师父，我还是没搞明白佛究竟是什么。"这时候，一阵大风吹来，房顶上"啪"地掉下来一片瓦，师父随口说："佛就是这块瓦片。"

弟子陷入了更深层次的思考：师父理麻的时候，说佛是乱麻；师父扫厕所的时候，说佛是干屎橛；墙上掉下来一块瓦片，佛又是瓦片。莫非，佛就是当下？弟子终于开悟了。佛就是当下，既不要执着于过去，也不要空想未来，此时此刻，此情此景，是最真实的存在。弟子因此证得了《金刚经》中那句话："过去心不可得，未来心不可得。"

禅宗里有很多大德高僧悟道因缘的故事。禅宗的参话头和《易经》里的以象喻意类似，都是用含蓄的答案促人另辟蹊径地思考。当一个人被问题困扰的时候，其大脑就被逻辑思维脑完全控制了。逻辑脑喜欢思考问题，喜欢论述式的语言，而参话头恰恰是用情境或描述的方式回答问题，这就激活了提问者大脑里的另外几个内在小孩，往往促成提问者的顿悟。

从撬动被教练者思维方式转变的角度看隐喻，不难发现，隐喻能够有效地将被教练者的思维从逻辑思维模式转变为想象模式，因为隐喻总是场景化的，迫使被教练者放下当下的思维纠结，转而想象一个场景，驱动另一部分大脑区域的工作。待隐喻故事讲完，又迫使被教练者将自己的问题与隐喻的场景做类比关联，促进其更全面、更深入地思考。

含蓄之美

大名鼎鼎的催眠大师米尔顿·埃里克森的语言很有特色。人们发现他总是说一些模棱两可的话，听起来像废话。而恰恰是这些看似什么也没说的废话，却能起到很好的治疗作用，因为这种语言正是一种暗示语言，能够有效驱动被教练的想象力工作，激活其更多的脑区工作。埃里克森的聪明在于，他能够用介乎自言自语和对话之间看似模棱两可，实际上却有很多具有暗示作用的语言，引导被教练者的思维。

在地下车库，眼看着一位刚学会开车的同事费了很大的劲终于把车倒进了车库。下车后她看着我有点尴尬地说：“我的车技总是没有进步。”我回应说：“表面上看你的车技是一般，可实际上你已经有很大的进步了。”当她说车技总是没有进步的时候，满脑子都是那些不敢并线、不会倒库移库的情节，我用一句话将她的思维指向“已经有很大的进步”，使她开始搜索车技进步的情节。她兴奋说：“可不是吗，我刚从驾校出来的时候都不敢上路，现在我上路已经很轻松了，也敢并线了，就是停车稍微生疏点。”

我使用的“表面上……实际上……”正是一种暗示句式。教练能从被教练者的反应中洞察他的能量状态。当我们找到一个人被卡住的低能量状态后，就可以试图引导他把注意力往另一面转移。只要用恰当的对立关联语把两种相反的状态关联起来，引导对方关注以前自己没有意识到的另一端就可以了。美国著名电影演员詹姆斯·惠特莫尔（James Whitmore）说：“你只能控制你意识到的事情，你没有意识到的事情控制着你。”**提高一个人的觉察，使其注意力转移到自己以前不曾意识到的地方，不一样的思维就会发生，积极的改变就值得期待。**

EMPOWER LEADERSHIP 工具箱

转变低能量状态的教练式话术

- ◆表面上……实际上……
- ◆你的意识……而你的潜意识……
- ◆感觉上……而直觉上……
- ◆你嘴上说……其实心里……
- ◆从一个角度看……从另一个角度看……
- ◆一种可能是……另一种可能是……
- ◆按道理说……可实际上……

“你嘴上说没听懂，其实你已经懂了很多”。——引导对方转而盘整自己学懂的内容；“你的意识担忧明天的演讲会不会搞砸，而你的潜意识早已胸有成竹”。——把注意力转向已有的准备，消除紧张，提升信心。

“按道理说不应该一上来就给你这么大的挑战，可实际上你早已具备了应对这个事件的能力”。——把注意力从关注困难引到关注能力和资源；“从一个角度看你是缺乏经验，从另一个角度看你也没有包袱呀。”——把注意力从缺乏经验转移到没有包袱的轻装上阵。

教练的一个重要原则就是不给建议，原因是直接给人建议很容易引起对方的心理防御。而实践中常常是当局者迷、旁观者清，让旁观者忍住不给出建议也是蛮难的事情。但是一旦旁观者给出建议，对方又会产生逆反心理，有独立意志受胁迫的感觉。能否做到既给对方以合理建议，又使其不感到逆反的办法呢？先看以下几个样例：

E MPOWER LEADERSHIP 工具箱

不给建议的教练式话术

- 我很好奇，这件事情背后有没有另一种可能。
- 我在琢磨，如果你暂时离开这个城市一阵子会不会好些。
- 我不知道你能不能彻底打开心结跟他谈一次。
- 我在问自己，你能不能放下过去，让一切重新开始。
- 我不确定你能不能做到停止这件事对你的继续伤害。
- 不知道你还能不能回忆起跟他在一起的愉快时光。
- 我相信你很容易能够做到让自己完全放松。

仔细分析不难发现，这些例句有一个共同的特征。就是教练把自己的建议巧妙地镶嵌在一个句式中，如“我很好奇……”“我不知道你能不能……”“我在琢磨如果你……”“我相信你很容易能……”等。教练把自己的建议打包到一个句式中，既会消除被教练者意识的受胁迫感，不至于引起心理防御，又能牵引对方的思维进入另一种情景，思维进入另外一种情景当然也就意味着大脑的不同区域被激活，思维方式发生转变。比如“不知道你还能不能回忆起跟他在一起的愉快时光”这句话，就试图把当事人的思维牵引到“愉快时光”的回忆上来。又如，教练想让当事人放松，如果采用指示的方式说“请你放松”，当事人反倒可能更加不知所措。教练如果把自己的意图包装一下，采用暗示的方式说：“我相信你很容易能够做到让自己完全放松。”表达方式更委婉，当事人就更容易接受和配合。所以，这种打包句式的前半句（包装用语）有两个作用：

- **第一，软化语气**。完全消除指示的味道，与其说是建议，不如说更像自言自语，让意识不设防。
- **第二，激发好奇心**。“我不确定你能不能够”“我很好奇”“我在问自己，你能不能”之类将信将疑的语言，很容易激发当事人的好奇心，激励对方去探索新的可能。

后半句也有两个作用：

- **第一，有指明方向**。“愉快时光”“重新开始”之类的语言，指引了对方思考的方向。
- **第二，让潜意识开始工作**。既然指明了方向，潜意识开始接受暗示，在记忆中搜寻“愉快时光”的画面，或者在头脑中构造“重新开始”的场景。激活对方潜意识朝另一个方向、按另一种方式去搜集另一类素材，才是这种方式真正微妙之处。

斯坦福大学教授卡罗尔·德韦克（Carol Dweck）说：“当你进入一种思维模式时，你就进入了一个全新的世界。”一个人的思维方式会影响其一生的能量运用方式，能量运用方式不同，行为结果自然也不同。所以，思维方式决定一个人的命运。在一个人的头脑里，如果批判思维占了上风，有效的学习就很难进行。

渲染：调动情感动力

教练的任务是帮助被教练者走出固有的心智模式，建立新的心智模式。被教练者固有的心智模式之所以难打破，不仅仅是因为认知偏颇，或者说限制性信念在作祟，而是因为其认知在过往的经历中附着了强烈的情感和行为习惯。

态度是附着了情感的认知，与认知紧密关联的情感依赖和行为依赖才是促人改变的巨大障碍。

干预环节的目的是通过激发富有成效的思考促成被教练者的认知改变，但认知改变不是促人改变的全部，也不是教练工作的终点。同样的道理，新的认知附着上新的情感才能成为新的态度，教练还需要引导被教练者为刚刚建立起来的新的认知附着情绪能量，以提高其采取行动的意愿。

创造未来的体验

想象是上帝赋予人脑的独特机能，正是这个机能拉开了人和动物的距离。人是唯一能够根据自我目标，有目的演化的生命，每个人都能够通过想象去设计和创造自己的未来。**一个清晰的个人愿景，能够最大限度地调动人的内在动力，一个共同的愿景能够把人们汇聚在一起，有愿景的团队会激发出动力和凝聚力。**

有一个公式叫作：愿景 × 逼真的想象 = 未发生的未来。

愿景绝对不能是挂在墙上的口号，一定要想方设法让其具体化、生动化。视觉想象是创建愿景的重要方法，视觉想象的过程可以促进意识和潜意识的对话，有效调动潜意识的作用，整合出我们想要的动感画面。人们需要用冥想的方式去创建未来的画面，需要调用听觉、感觉系统来帮助人们走进一个自己想要的人生画面，去体验那种美妙的感觉，并且尽可能地延长在这种感觉状态下的体验，让画面更具体、更生动、更具真实感。

这个生动的画面一旦形成，就会深刻地印在人的脑海里，成为一面旗帜。愿景能促使人们积极地探索各种可能，对人的未来进行指引。**只要有清晰的愿**

景，人们的潜意识就会自动整合内在动力去实现，就会主动寻找外在的各种资源，主动发展实现愿景所需要的能力。

附着情感能量

情绪是人们在进化过程中逐渐形成的对外界刺激的快速应激反应。情绪遵循着很简单的逻辑，那就是趋利避害。得到了就积极，失去了就消极；被欣赏就积极，不被欣赏就消极；被接纳就积极，不被接纳就消极；有希望就积极，没希望就消极；能控制就积极，不能控制就消极。

当人们成功地在大脑中将愿景画面和积极情绪建立关联的时候，态度就更加坚决，行动的动力就更足。人们可以通过视觉想象，在大脑中创建一个实现愿景的生动画面，而且这个生动的画面本身就能够激发人们希望、期盼等积极的情绪。

我把为新的认知刻意附着情绪能量称为渲染。画国画的时候，先勾勒出画面的轮廓，然后再着色，使画面色彩斑斓，更加鲜活。没有轮廓则无形，没有颜色则不美，轮廓与颜色互相配合，相得益彰。改变认知的过程好比画画中的勾勒轮廓，而附着情绪的过程好比画画中的涂色。

必须强调，情绪是一种资源，是一种能量，驾驭情绪能量是很重要的能力。演员很容易进入角色，并根据角色附着自己的情绪，俗话称之为“入戏”。实现梦想的过程也类似表演，成功人士常常先下功夫刻画自己未来的形象，然后就像演员一样努力表演未来的自己，有意识地调动认知能量和情绪能量，把人生这台大戏演好。我很欣赏米尔顿·埃里克森的一句名言：“你想成为什么人，就先假装成他的样子，装得久了就像了，也就是了。”

行动：促成知行合一

新几内亚有一句谚语说："知识在使用之前只是一个传闻。"我之所以倡导领导者做员工的教练，部分原因是教练是一个长期持续、循环往复的工作。人的改变需要一个过程，教练应该在这个过程中随时出现。只有领导者把教练技术当成信手拈来的技能，才能胜任教练下属的工作。

付诸行动才能真正改变

苏格拉底说："不加以检验的人生不值得活。"多元智能理论之父霍华德·加德纳（Howard Gardner）①教授的学生问他："您的理论我还没有完全理解，怎么敢去用呢？"加德纳回答说："你连用都不敢用，怎么可能做到真正地理解呢？"**从"知道"到"做到"之间的鸿沟实在是太大了，只有"知道"并付诸实践验证的知识才称得上是"真知"，否则都可以认为是传闻或者是谈资。**

宋儒程颐说："颐自十七八读论语，当时已晓文义。读之愈久，但觉意味深长。"从"晓文义"和真读懂还有不短的距离。王阳明所说的"知是行之始"还相对更容易做到，如果能够在"知"的基础上启动情绪脑，运用情绪能量也许更容易驱动人迈出第一步，但是坚持到底地用实践去检验真理，做到"行是知之成"则需要付出更多的能量去坚持。

帮助被教练建立正循环

任何人适应新的模式、掌握新的技能都需要一个艰难学习、持续强化的过程。请大家回顾一下你的特长或者爱好的形成过程。无论你喜欢打羽毛球还

① 世界著名教育心理学家，多元智能理论之父。其经典著作《重塑真善美》《多元智能新视野》简体中文版已由湛庐文化策划，中国人民大学出版社出版。《智能的结构》《领导智慧》简体中文版，已由湛庐文化策划，浙江人民出版社出版。——编者注

是喜欢打麻将，其形成的过程都经过了一个“认知—实践—感受—提高认知—更好地实践—更好地感受……”的无限循环强化过程。每过一段都有 Δ 的认知、Δ 的行为和 Δ 的体验，形成螺旋式的迭代，就像树的年轮。这个过程中只要有一个环节掉链子，就不会形成实质性的行为改变，不会发展成特长爱好。

打桥牌的人都说新手手气好，其实这是一个错觉，手气好不好是个概率事件，新手、老手都一样。那些刚开始打桥牌手气就不好的选手，其行为没有得到积极的情感体验，其认知就会得出一个结论：“我不是这块料。”于是就不再玩了。而那些手气好的选手，行为得到积极的情感体验，其认知也会得出结论：“我打桥牌还可以。”于是一个“行为—体验—认知”的闭环完成了，这个闭环会激励他继续玩下去，经过持久的正循环强化就成瘾了。

再如五星教学法，一开始我也是从书上看的，然后决定试一下，试完之后确实有效果。初次用五星教学法授课，对我来讲就是应用新知的过程，应用的结果给我带来一种积极的情感体验。这个体验就会激励我继续用下去，再用的时候总体效果还是不错，但还有个别地方不顺畅，课后经过反思，我准备对其做出细微的改善然后再试，等我再试时取得了更好的效果……一个持续迭代的正循环就这样形成了。

“认知—实践—感受”这一循环在柯维的语境里将其称为“SEE—DO—GET”循环，这个循环形成的过程，也是学习者持续投入能量的过程。因为每一个有效的改变背后，都需要学习者投入大量的能量长期持续地强化，点滴的收获都是学习者自己投入能量的结果。而学习者的总能量有限，决定了人们能够做到的实际改变有限。这个循环从哪里开始并不重要，重要的是循环迭代起来。《中庸》里有一句话：“自诚明，谓之性；自明诚，谓之教。”虔诚地信仰他，因为信仰到最后会逐渐明白，是本性使然；通过学习逐渐明白了，然后逐渐发展为信仰，是教化的结果。“诚则明矣，明则诚矣。”同样出自《中庸》，“诚”和“明”之间就是一种相互促进的关系，懂了就更相信，信了也会更加懂得。领导者要善于帮助关键员工建立并巩固良性的“SEE—DO—GET”循环。

不难发现，教练过程实际上是一个帮助被教练者觉察、分析、拆解旧的能量运用模式，建立并强化新的能量运用模式的“V”字能量翻转过程，是一个帮助员工自新的过程。

06

构建指数型组织学习新范式

团队学习

只要对过去经历的事情加以反思，学习就发生了。

——欧洲最伟大的管理思想大师　查尔斯·汉迪

EMPOWER LEADERSHIP

E赋能式思考
EMPOWER LEADERSHIP

- 如何快速复制组织内的最佳实践?
- 领导者如何带领团队进行业务复盘?
- 如何促进高质量的战略共识和落地?

互联网时代市场环境变化迅猛。基本上人们每过几天就会感受到全新商业形态的出现，总会感受到不同领域的“乔布斯”们在试图采用全新的方式来改变世界。这些新方式很快走进了我们的生活，引领社会潮流，影响消费者的消费习惯，影响员工的行为方式。在这个加速变革的时代里，处在竞争前沿的企业只有不断地学习创新，持续发起变革，才能跟上时代的步伐。在这个背景下，组织在知识管理领域遭遇的一个尴尬是：组织的知识还来不及萃取和提炼，可能就已经过时了。过去我们在开发精品课程时，试图把组织的最佳实践加工成课程，在组织内推广。精品课程不仅要投入大量精力，还需要较长的周期，而在企业里经常遇到的情境是，战略很需要、业务很着急、能力急需提升的“等米下锅”状态，如果按照精品课程的标准把课程打磨出来，黄花菜都凉了。

奇点大学创始执行理事萨利姆·伊斯梅尔（Salim Ismail）在畅销书《指数

型组织》(*Exponential Organizations*)[①] 中提出："在信息技术颠覆一切的背景下，组织应该运用高速发展的技术和新型组织的方法，让其产出与使用传统方式的同行相比有不少于 10 倍的指数级增长。" 这本书中有一句话对我启发极大："当你的思维是线性的，行为是线性的，而且衡量世界的方法也是线性的时候，你就会不由自主地走向线性组织的结局。"

组织指数型发展的模式与生物体细胞分裂的模式类似，符合万物生长和进化的规律。我认为，指数型组织的核心指导思想有两条：快速迭代和规模复制。为什么这么说？指数的一般形式是：$y=a^x$，产出 y 是 x 个 a 相乘的结果。要让产出 y 足够大，显然可以从两个途径入手：一是规模复制，让基数 a 足够大；二是快速迭代，让相乘的次数足够多。

有人说企业 CEO 应该是首席教育官，中间那个 E 是"教育"的英文 education 的缩写。这种说法如果说在前几年还有点牵强，那么在互联网时代的今天，则显得非常妥帖。**用新型的方式带领团队学习，是新时代领导者最重要的工作。**领导者要有一套适应互联网时代特征的方法和工具，带领整个组织快速学习。比如，从局部的最佳实践中，快速萃取关键的成功要素和可复制的模式，并推动在全组织内的能力规模复制。再比如，通过对关键事件的复盘，持续迭代改进业务。指数型组织要有指数型组织的学习方式，本章介绍几个指数型组织的团队学习和发展的新模式。

---

① "奇点大学书系"之一，奇点大学创始执行理事、奇点大学全球大使萨利姆·伊斯梅尔重磅新书！该书一经出版，就成为美国亚马逊网站有史以来评分最高的商业图书，并被 Frost & Sullivan 公司评为 2014 年最佳商业图书。这一系列的另两部畅销著作《创业无畏》和《富足》，由全球商业太空探索领军人物、X 大奖基金会主席兼首席执行官、奇点大学执行主席彼得·戴曼迪斯所著，这套书系的简体中文版均由湛庐文化策划，浙江人民大学出版社出版。——编者注

经验萃取：快速复制组织内的最佳实践

很显然，工业化时代那种先做需求调研，再做设计，然后完成产品开发，最后去推销的模式已经过时了。互联网时代流行的是边干边设计。为适应互联网时代的节奏，**敏捷开发、反复迭代已经成为产品和商业模式创新的新范式。**

在全局内复制最佳实践的逆向创新

著名企业战略家维杰伊·戈文达拉扬(Vijay Govindarajan)在研究了GE医疗在中国市场开发的实用型心电图机和超声波仪器，反过来在发达国家市场推广热销的案例后，提出了逆向创新的概念。逆向创新正是把局部最佳实践推广到全局的主张。系统论中有一句话我很欣赏："把一种成功的模式进行复制，系统走向有序。"**我认为，逆向创新在互联网时代更有生命力，互联网时代的企业应该在治理方式上为基层单位充分授权，鼓励基层创新，并持续从基层创新中选拔最佳实践，在全局范围内复制，这种模式应该成为组织治理的新范式、新常态。**

团队在实践中发展出某项新业务的有效模式，普遍被称为最佳实践。我们总能够尝试把该实践中有效的成分或模式萃取提炼出来，复制到其他成员身上（如图6-1所示）。

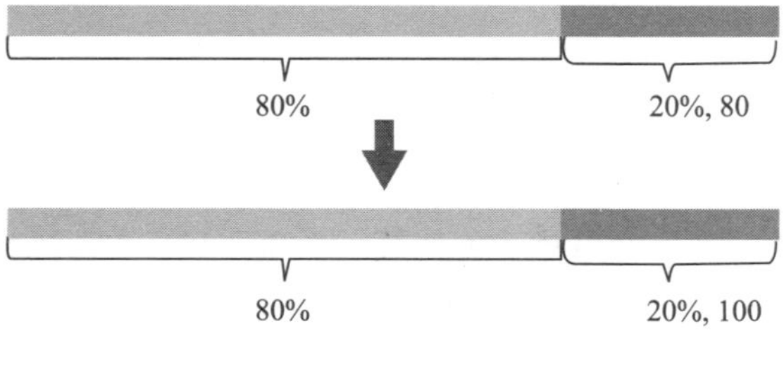

图6-1　某组织内最佳实践的复制

假如某优秀团队经过反复探索，完成某项作业的绩效表现达到 80 分的水平，而其他团队完成同样作业的绩效表现只有 50 分的水平，绩效表现有 30 分的差距。那么，就可以用行动学习的方式对优秀团队的最佳经验进行萃取，就像屠呦呦教授当年提取青蒿素一样，试图提取其最佳实践中可以复制的关键成功要素，把行动学习的结果整理成课程，面向其他团队做培训。假如其他团队成员经过学习能掌握其中的一半，绩效表现水平就能够从 50 分提高到 65 分，那么整个团队的绩效表现就会有显著提高。

结构化记录最佳实践故事

让业务精英自己总结可复制的经验是件很困难的事情。他们不是学习专家，在实践中运用的很多知识和技能都是隐形的，只感觉有效，却难以萃取其中真正有效的成分，甚至是知其然却不知其所以然。所以，只能让业务精英讲他们原汁原味的场景故事，再用行动学习的方式共同寻找这些故事中的营养成分。用友大学早在 2009 年开发精品课程《捍卫尊严》时就采取过这种策略。当时把全国资历最深的 40 多位业务精英召集到北京，针对顾问在实施项目中的每一个典型工作场景，总结最佳业务实践。在动员会上，我要求每人写出他们在项目实施过程中经历的那些曲折感人的场面，比如跟客户发生激烈冲突的场面、实施现场最为尴尬的场面，你让客户非常感动的场面，客户让你非常感动的场面，曾经让你很纠结的场面……总之，一定是让你难以忘怀的关键时刻。实践出真知，优秀员工身上的很多技能都可以快速萃取，关键是要有恰当的方法。

在实践中，我们经常把业务精英组织在一起，邀请每个人分享自己的最佳实践。为了能够有效萃取故事背后的“营养元素”，我们用一套结构化的方法来对每位分享者的故事进行二次加工，简明扼要地把故事的要点记录下来，我称之为 SCORE 法则：

工具箱 EMPOWER LEADERSHIP

记录故事要点的 SCORE 法则

◆S是背景（Situation）。

◆C是冲突（Confliction）。

◆O是可能的选项（Option）。

◆R是结果（Result）。

◆E是评价（Evaluation）。

- **S 是背景。**每个故事都有一个基本的背景，任何管理理念、方法或工具都有其适应的范围，背景就是要描述这些范围，描述背景也是为故事中隐含的道理埋下伏笔。受众一般是用右脑接收背景信息的，讲师在介绍背景的时候，受众会在自己的大脑里建构类似的情境，所以，背景描述力求全面而简洁。全面是指相关信息都要交代到位，简洁就是要用尽可能简短的描述，以方便受众建构情境。
- **C 是冲突。**好的情境一定要把受众带到某种冲突之中，没有冲突的平铺直叙不会对受众旧有的信念系统形成冲击，冲突的目的就是让受众产生认知不和谐。通常在冲突的描述上可以很细致也可以很感性，细致就是要启动受众右脑接受，感性就是逼真地刻画当事人当时的态度。好的冲突描述能够让受众产生移情，把案例中角色的烦恼当成自己的烦恼。
- **O 是可能的选项。**凡事都有三个以上的解决方案，所以在特定的背景和冲突下，案例的主人公可以有很多选择，当然不作为也是一种选择。讲故事的时候既可以对比分析几种选择，也可以直接描述主人公的选择。选择的背后是价值观，弘扬企业核心价值观的正面故事通常是讲：在两难的关头，主人公选择了跟企业价值观相吻合的做法，最后取得了很好的结果，反面教材则通常讲主人公的选择跟企业价值观背道而驰，结果取得很强的负面性效果。在这个环节还可以描述主人公选择以后所做的努力、克服的困难等。

- **R 是结果**。故事总会有一个结局，结局是选择和努力共同作用的结果，而结果是选择正确与否的明证。当然，最终结果的描述也可以很感性，因为故事需要结果来强化选择的重要性和价值观的重要性。
- **E 是评价**。即对整个故事进行评价，总结出故事背后所隐含的道理。当然在授课中，这一步通常由受众们自己来挖掘，但讲师备课不能没有底牌。评价紧扣主题，和单元的知识点相互呼应。

故事是千百年来在全世界范围内备受欢迎的传播思想、剖析事理的方式。古人所谓“微言大义”的春秋笔法就是指从故事小处刻画，道理可往大处拓展。我们可以用一个尽人皆知的故事先验证一下：

森林里住着一只狐狸。

有一天，狐狸来到了一片大草原上，发现了一棵葡萄树。葡萄树上结满了一串串晶莹透亮、香气扑鼻的葡萄。它想：这葡萄一定又甜又好吃！它看着葡萄，舌头舔着嘴巴，直流口水。

狐狸想吃葡萄，它急忙伸出爪子去抓。可是，树太高了，它够不着。于是，狐狸用尽力气跳起来抓，还是没够着，只抓下了几片叶子。它想：我要是能像猫一样会爬树就好了。狐狸又试了好几次，还是没够着。旁边的小兔啦、小鹿啦……都笑狐狸是个傻瓜。

狐狸累得汗流浃背，喘着粗气说：“这葡萄还没熟，一定很酸！一定是不好吃的。”说着，它垂头丧气地回家了。它边走边回头看葡萄，心里酸酸的。它自己安慰自己说：“这葡萄没有熟，肯定是酸的。”

这就是说，有些人能力小，做不成事，就借口说时机未成熟。

这个故事可以结构化地记录为：

- S 背景：狐狸、草原、葡萄，想吃。
- C 冲突：树太高，够不着。

◆ O 选择：用力跳，爬树。

◆ R 结果：没够着，找理由——葡萄是酸的，最后垂头丧气地回家。

◆ E 评论：失败，找借口。

再如，我们 2012 年开发的《创造客户价值》的课程，其中要讲到“只有设身处地为客户着想，才可能创造性地发掘出双赢的方案”这样一个思想，我们就从业务精英的分享中挖掘出不少好故事。

小刘是一名销售经理，最近他一直在跟进一个项目，一家县级卫生院的结算系统。小刘与这家卫生院的有关人员交流得很好，客户也认可小刘的方案。但是客户还是不能购买，因为卫生院购买结算系统的预算需要省卫生厅划拨，而省卫生厅明文要求，所有下属单位的结算软件都要统一购买一家叫凡龙公司的系统。据说凡龙公司跟省卫生厅有很深的关系。

小刘尝试好多次与卫生厅的有关人员沟通都不顺畅。于是他开始思考，既然问题出在资金上，如果能够解决资金问题，是不是就可以了呢？哪些单位能够和卫生院的资金发生关系呢？小刘想到了银行。小刘找到当地的地方银行，说服该银行出资给卫生院买结算系统，条件是将卫生院的医药费结算账户设在这家银行。

这样，卫生院就不需要向省厅申报，也就不受省厅的限制了。卫生院和银行对这个合作方案都感到很满意。

◆ S 背景：客户很认同方案，但需经上级单位审批。

◆ C 冲突：上级单位不划拨预算，没钱购买。

◆ O 选择：游说银行出资，卫生院在银行开设账户。

◆ R 结果：三方都满意。

◆ E 评论：为客户着想，创新找多赢。

近年来，我主持的次数最多的行动学习项目，当属组织经验萃取了。我最喜欢用故事会的方式进行。假如把开展某项业务很突出的 30 个人从全国各地抽调在一起，组成一个最佳实践经验萃取研讨班。30 个人分为 5 个小组，每组 6 人。我们会让每个人讲一个自己亲历的业务最佳实践的故事，这样每个小组就可以分享 6 个故事。之后，我们让每个小组派代表，面向全班分享本组最好的故事。这样下来，每个人都有机会听到 10 个最佳业务实践的故事。

萃取关键成功要素

接下来的工作，是引导参与者从这些故事中萃取关键成功要素，一般提炼 5~7 个关键成功要素。反过来，这些萃取出来的关键成功要素又可以指导我们未来的实践。在未来的实践中，完全可以以关键成功要素为目标，努力提高各个关键要素的满足度，以提高业务实践的绩效表现。

从精英的最佳实践中萃取关键的成功要素，既是重点也是难点。最佳实践故事总是与特定的背景、环境、人物等裹挟在一起，我们必须像屠呦呦在青蒿中提取有效成分青蒿素一样，只有萃取出其中起作用的成分（我称之为关键成功要素），才能有效地指导接下来的实践。

任何一项需要熟练掌握的动作技能，都是有机整合多项成分技能的综合表现。比如书法，要写一手好字的背后就有多项成分技能，如字本身的笔顺和结构、每一个笔画该怎么写、每一个偏旁部首该怎么写、不同字放在一起的视觉效果等，“书圣”王羲之在练字的时候，甚至会到大自然和生活中去体验每个笔画的神韵。如果你能写一手好字，说明在你的潜意识中，已经能够自动整合所有这些成分技能了。但是，如果你的字写得不好，想要提高，首先应该明确短板在哪个成分技能上。再如弹钢琴背后的成分技能有：能识谱；能把谱子的每一个音符匹配到钢琴的琴键上；能找到琴键并按音符的强弱操作琴键；能掌握合适的节奏；能沉浸在音乐的氛围中并融入情感。

成分技能还可以分为认知类、态度类和行为动作类。比如游泳，首先要不怕下水，渴望学会游泳，这就是态度；其次，了解人体漂浮起来的原理，蛙泳、蝶泳的具体姿势等，这些都是知识，需要认知脑理解；最后，连贯的一套手、脚和身体配合的动作，这属于行为动作类。

为了提取这些最佳实践故事中的有效成分，行动学习催化师需要持续运用引导技巧，引导参与者进行有效评估。催化师通常可以反复问几个问题，比如：

- 在这个故事中，主人公做对了什么而取得了如此的效果?
- 你认为，这个故事最值得你借鉴的元素是什么?
- 这个故事最让你眼前一亮，特别有感触、令你兴奋的关键点是什么?
- 故事中的哪个措施对结果的形成起到了决定性作用?

不难看出，这些问题其实都是同一问题不同形式的问法，都指向故事背后的关键成功要素。催化师用这样的问题，引导全体参与者对每个人分享的最佳实践故事进行有效成分的提取，很快就会收集到不少可能的有效成分。

接下来，催化师再引导全体参与者，用团队共创的方式对这些有效成分进行归类，为不同的类别贴上标签。通常能找到 5~8 个关键成功要素。

用平衡轮寻找差距和弥补措施

当关键成功要素提出来后，行动学习催化师可以采用平衡轮的工具帮助所有参与者找差距，并寻找弥补差距的措施（如图 6-2）。

EMPOWER LEADERSHIP 工具箱

平衡轮

将一个圆平均分成若干份，然后将一个人的工作、生活或生命中一些并列的内容填写在图中，接下来对每个要素的现状和未来用1~10打分，以帮助人们理清现状，觉察到平时忽略的部分，找出希望有所改变的内容。最后制订计划，采取行动。平衡论包含以下三个方面的含义：

◆一个目标的实现需要相关方面的支持，就像一个轮子要想转动，需要里面辐条的支撑一样。

◆平衡轮就像一架照相机，可以拍摄到此时此刻有关目标各个方面的真实情况。

◆让目标实现者清晰地了解这些相关方面的目前状态。但如果想让轮子转动，就需要这些辐条长短一致，强度一致；同样的道理，要想实现目标，需要每个方面都平衡发展。

需要注意的是，运用平衡轮所展示的一定是当事人的现状；对每个部分是否满意，满意的程度如何，哪个部分需要改变，这些都按照当事人的标准，必须由他自己做出判断和决策，而不是遵照教练的意愿。

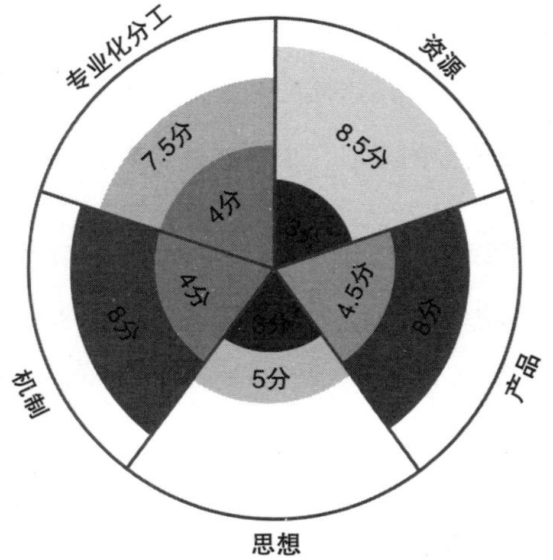

图 6-2　某公司“产业生态链”5 大关键要素总平衡论

看似简单的平衡轮，其实背后有很多心理学原理在起作用，其价值是显而易见的。

第一，平衡轮是一个重要的要素分析工具，采用的是总分结构的思想，类似金字塔结构和鱼骨图。凡是能够分解成若干要素的，都能用平衡轮来检查评估、设定改进目标和制订改进计划，所以这个工具应用面极广。

第二，平衡轮最值得称道的是，它能将非常抽象的指标具象化、视觉化。比如，某件事情的关键成功要素中有“能力”这一项，能力是一个很抽象的概念，但如果把它装到平衡轮上，就强迫当事人对这个抽象的概念进行主观打分，而这个主观打分所确定的扇形面积，就成功地把“能力”这个抽象的概念用扇形具象化、视觉化地表达出来了。

第三，对各个关键成功要素设定目标值的过程，使得目标和现状之间的差距得以视觉化地展现。用格式塔心理学的观点分析，直观的差距形成了认知缺口，激发了当事人急于“补齐缺口”的完形动力。

第四，填补缺口的探索是一个非常落地的动作，直奔具体措施和行动计划。

平衡轮是一套从目标引导到实际行动的有效流程和工具的组合，整个过程不仅逻辑连贯，而且动作环环紧扣、步步紧逼。这套工具让教练过程自动进行，甚至可以说，平衡轮是一个很好的自我教练的工具。我经常使用平衡轮。

有朋友向我请教：“两个工作机会应该选哪一个？”我就会用平衡轮一步步引导，先问他选工作真正在乎的要素，如学习成长、发展空间、社会关系、工作成就和薪酬待遇等，然后把这些要素装入平衡轮中，让他自己对两个机会的关键要素的现状打分，之后再评估每个工作机会的关键要素在未来三年可能的发展潜力。就这样，让那位朋友一步步地把很抽象的、令人很纠结的两难选择转换成两个几何图形面积的对比。作业做完了，他的选择也有了。

我们招聘专职讲师也用平衡轮评估。我们把专职讲师的能力要素分为工作激情、学习能力、逻辑思维、表达能力和应变能力。当应聘者做完授课试讲和交流之后，我们就画一个平衡轮，并用行动学习的方式收集面试参与者的意见，对面试者的每个能力要素及每个要素的发展潜力进行合议评估，最后选择各方面能力素质比较均衡、发展潜力大的候选人，邀请他们加盟。

不知不觉中，平衡轮以其应用面广、效果直观、操作简单又能自动运行的原因，已经成为我最喜欢用的行动学习工具。

就这样，**通过确定研讨主题、分享最佳实践故事、风暴萃取关键成功要素和平衡轮四个行动学习工具的有机组合，实现对组织最新的最佳实践进行挖掘，并在全组织内复制的目的。**这样的工作可以持续迭代进行，只要团队里有最佳实践，就可以进行经验萃取，从而把先进的经验总结成课程，进而培养其他团队成员。

业务复盘：模式在迭代中进化

阿基里斯把学习分为单环学习和双环学习，单环学习致力于行为层面的提升，双环学习涉及价值观和信念系统的优化。对应到复盘上，也可以有两种基本形式的复盘，一种是方法论层面的复盘，一种是价值观层面的复盘。

两种不同类型的复盘

方法论层面复盘的目的，是提高学习者在今后遇到类似情景时的反应能

力。通过复盘，总结为现成的方法和套路，当再次遇到类似的情况时，当机立断，类似自动化地快速解决问题，提高效率，少费精力。打个比方，高中时学三角函数，老师把一个公式推导了半个黑板得出一个结论。以后再遇到类似的题目，就不需要重新推导了，而是直接套用现成的三角公式。套用现成的公式就提高了效率，节约了时间，总结归纳形成公式的过程就类似行为复盘。

价值观层面复盘的目的，是帮助学习者在今后遇到类似情景时，能做出正确的选择。快速反应不是第一目标，在关键时刻能做出正确选择才是第一目标。孔子说自己的弟子颜回“不迁怒，不贰过”，能做到“有不善，未尝不知；知之,未尝复行也”。可以理解以“不贰过”为目的的复盘为价值观层面的复盘。越是在春风得意或艰难困苦环境下的两难选择，越能凸显一个人的价值观。所以，**价值观复盘的重点，是深度剖析事件过程中重大选择的有效性，不同的选择会有不同的结果，比对结果和预期的差异，探索在既定情景下的最佳选择。**

后来，我结合人类学家格雷戈里·贝特森的学习和改变层次，以及迪尔茨在贝特森的基础上发展出来的逻辑层次，意识到单环学习和双环学习也可以拓展。对照迪尔茨的逻辑层次，如果说单环学习对应的是行为和能力层面的提高和改进，双环学习对应的是价值观和信念层面的提升与优化，那么，还可以有致力于提高身份和自我形象层面的三环学习，激发一个人成为更好的自己，显然需要更高层面的学习。当然，还可以有激发和创建更伟大、更高尚的人生愿景的四环学习。

方法论复盘：提炼方法，解放前额叶运动

方法论复盘的目的，就是从已经发生的事件中开发出一套应对某一类情境的流程和工具。人们的大脑处理各项事务的过程分为三种类型：第一，完全

自动化进行；第二，有现成的处理方法；第三，临时想办法。借用开车来说明这三者的不同。

情景 1：你在路上边开车边听音乐，突然，前车来了个急刹，你也下意识地“咔”一下把车刹住了。这个过程你完全是自动反应，靠潜意识完成。

情境 2：你开车到路边要停车，正好路旁有个车位，前面有车，后面也有车，中间空出一个车位来。见到这种情况，你的心里很有把握，这就是一个标准的侧方位停车，在驾校学过。你只要略加思索就能把车停到中间这个车位里。

情境 3：当办完事出来准备开车回家的时候，你发现有人把车停在你的车旁边，把你的车憋到里面去了。于是你目测了一下，感觉前车和旁边车之间的夹缝够一车宽，你的车可以开出来，但需要慢慢腾挪。这就是一个全新的问题，需要你临时想策略来解决。

借用罗姆索斯基的理论分析三种情境下的心理过程。罗姆索斯基把大脑处理信息的机能虚拟为四大模块：感应器、存储器、处理器和效应器。这四大模块正好可以与意识的四大机能：感知、联想、评估和决策一一对应，如图 6-3 所示。

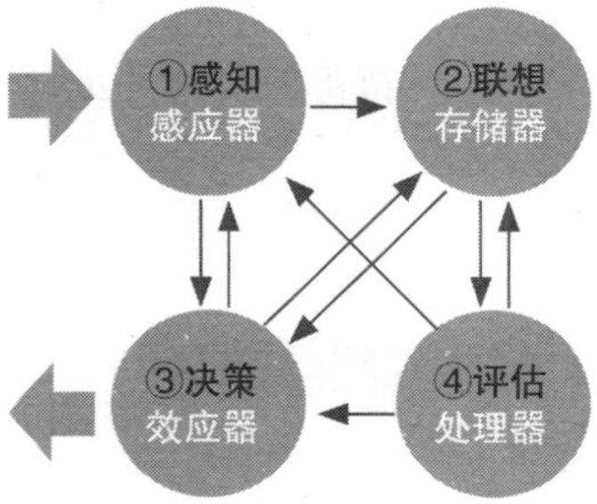

图 6-3　大脑学习的过程

情境 1 是从感知直接到处理：①—④模式。

情境 2 是从感知到提取策略再到处理：①—②—④模式。

情境 3 是从感知到联想再到评估，最后处理：①—②—③—④模式。

大脑学习的过程，就是试图把临时想策略的过程，逐渐转化为有现成策略的半自动化过程，再逐渐把半自动化的过程，逐渐转化为潜意识直接反应的自动化完成过程。无论是①—②—④模式，还是①—②—③—④模式，大脑都会自觉地把解决问题所使用的策略和办法存储起来，即①—②—④—②或①—②—③—④—②，以备将来再次遇到类似情况时调用，这个存储实际上就是学习过程。

后来我从脑神经科学中了解到：①—②—③—④这种全新情境反应模式，全靠前额叶完成；而①—②—④反应模式则会激活顶叶，通过大量练习后，一些现成的解决问题的方法和策略会转移到顶叶完成。至于①—④反应模式则根本不用通过大脑皮层，只需丘脑、小脑和基底神经配合就可以自动完成。所以，我认为，总结和提炼方法技能的根本目的是解放前额叶。专家做事的时候激活一大片脑区，前额叶很轻松，所以显得自在从容、游刃有余。而新手做事的时候全都没有现成的策略，都靠前额叶临时想办法，工作记忆区的负荷严重超载，所以显得手忙脚乱、捉襟见肘。

方法论复盘就是要梳理做事全过程的节点，思考每个节点该做什么，如何做，节点之间如何衔接，试图总结出一套流程来，将操作过程程序化。程序化过程也是标准化过程，标准化的目的就是大脑前额叶可以授权给顶叶、小脑和基底神经来完成。

有意思的是，复盘方法本身也是一种方法论，而且是开发方法论的方法论。教育学上把这种能力称作元认知能力，也可以理解为学习能力。我认为，**从经**

验中学习的能力是人与人最大的区别之一。如果一个人能把复盘当成生活和工作的习惯，他的人生就开始迈向高尚和从容。

价值观复盘：优选决策，像导弹一样逼近目标

价值观是一个人表现出来的一种比较稳定的审美倾向和选择标准。所以，没有选择就体现不出价值观，越艰难的选择越容易凸显一个人的价值观。你与一个人相处 10 年却不一定能深入了解他，因为这 10 年来，你们只是处于表层交往，没有冲突也没有大的选择。极端困苦和极端得意的两极状态，最容易凸显一个人的价值观，没有大的选择和严峻的考验，价值观往往隐藏在背后。

价值观复盘就是要从事件过程中的决策点入手，看看每个环节做了什么样的选择，又得到了什么样的结果。选择背后是价值观和信念。当年史玉柱因盖摩天大楼导致破产，待他东山再起的时候，他就选择向那些当初认购了大楼的客户退钱。这个重大选择传达出史玉柱的价值观，也大大提升了他在公众心目中的形象。

理想的情况是，做出符合价值观的选择，且得到了跟价值观相符的结果，这就是一个正强化，复盘时会得出一条结论：下次继续这种选择。另一种情况是，事件的结果跟当初预想的不一样，下次遇到类似的情况就要考虑新的选择，而新的选择背后就可能涉及价值观的调整。比如 30 年前，大多数中国人根深蒂固地认为借款买房压力太大，买房子总是不愿贷款，后来经过复盘觉得还是贷款划算，两种不同选择的背后伴随着价值观的迁移。价值观是相对稳定的，往往在经历过刻骨铭心的教训时才会真正迁移。查尔斯·汉迪说："只要对过去经历的事情加以反思，学习就发生了。"

价值观复盘是需要勇气和魄力的，自我保护意识强的人常常习惯性地陷入自我防御状态，外归因倾向明显，遇到问题总抱怨环境和别人。抱怨他人和环境固然可以让自己暂时轻松一下，但同时也错失了从错误中学习的机会。可以借用鲁迅先生的话形容复盘："真正的勇士，敢于直面惨淡的人生。"直面流血牺牲之痛，为的是避免重蹈覆辙。

德鲁克在《21世纪的管理挑战》(*Management Challenges for the 21st Century*)中有很多论述都是复盘语言。比如他问："你当初的目标是什么？你从中学到什么？"所以，价值观复盘最好是让复盘者本人私下进行，也就是进行自我批评。

人生能否像导弹运行一样逐步逼近自己的目标呢？《自控原理》里讲得很明白，导弹逼近目标是靠一个无限死循环的反馈电路（如图6-4）实现的。控制器首先发送指令给执行器，执行器来驱动控制对象，控制对象的运动状态会被传感器采集并反馈给控制器，控制器再把控制对象的当前状态和目标状态进行比对，根据比对结果计算下一步的控制策略，然后发送新的指令给执行器……控制器总是根据控制对象的状态来调整控制策略，一个无限循环迭代，逐步逼近目标的系统就这样形成了。反馈电路给我最大的启示是：**要根据对方的反应来调整自己的行为，重要的不是我做了什么，而是我的所作所为在对方身上发生了什么反应，再根据反应来调整自己的行为，我唯一能控制的是自己的行为。**

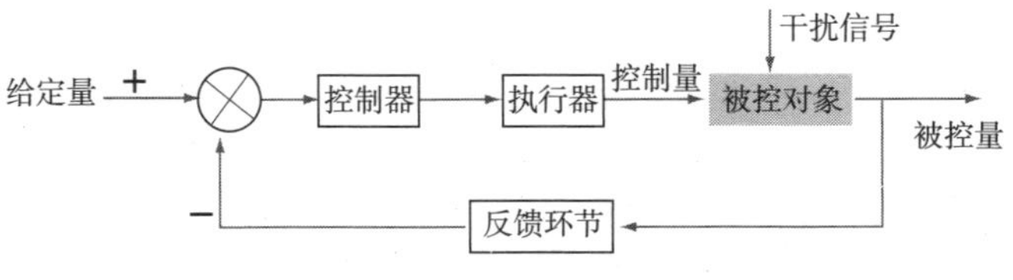

图6-4 导弹运行反馈电路

类比到人的复盘上，人们做事情总会有个最初的意图，根据意图采取行动，行动后必然有个结果，而这个结果反过来要跟当初的意图进行比对，若结果意图相符，顺利实现了当初的目标，就继续坚持；如果结果与意图不符，就要制定改进策略。这个改进策略就是从复盘中学习。借助联想集团的复盘 4 步框架略作说明（如图 6-5 所示）。

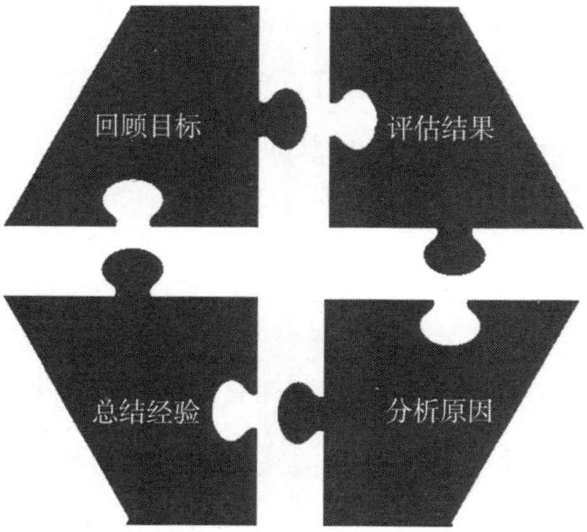

图 6-5 联想集团复盘 4 步框架

EMPOWER LEADERSHIP 工具箱

价值观复盘 4 步框架

回顾目标：有时候目标本身就是冲动的选择，而非与价值观一致的选择；还有，你确立目标时很容易只考虑自己的利益，而忽视对方的利益。典型复盘问题如下：

◆当初的目标是你真正想要的吗？目标与价值观相符吗？

◆确立目标的时候有没有关注共同利益，兼顾对方的目标？

评估结果：你的行为所带来的结果往往跟当初的意图不一致。你常常会根据自己的意图为自己辩解，而忽视你的行为所引起的反应。

◆事件取得了哪些理想的结果和哪些不理想的结果？

◆你的所作所为，达到当初的既定目标了吗？为什么？

分析原因：人们总是根据你的行为给他带来的影响，来猜测你的意图，并据此回应。一个人对他人意图的猜测，有90%以上都是错误的。

◆你的所作所为给对方的感受是什么？
◆对方如何理解你的意图？做出什么反应？

总结经验：你唯一能控制的是自己的行为，要根据对方的反应来调整自己的行为。适应社会是一个持续改进的迭代过程。

◆如何使行为的结果（即对方的反应）与当初的意图一致？
◆你从这个事件中学到了什么？

一位妈妈复盘了她与儿子的一次激烈冲突。儿子高三的那一年，家里为了让他上下学少费周折，特意请专车接送他上下学。让妈妈失望的是，高三第一学期的期中考试，儿子的各科成绩居然大幅下滑。妈妈决定找他谈谈，想督促他好好学习。

妈妈："儿子，我和你爸都是工薪阶层，收入也不高，每个月拿出1 000多元的专车费用接送你上下学，你却用这样的成绩来回报我们吗？"

儿子："你以为我爱坐专车上学呀？从明天开始我自己坐公交车上学。"

第二天，儿子坚决不再坐专车上学，母子关系很长时间不愉快。

我们用复盘4步框架对该案例进行复盘：

回顾目标：妈妈的意图是希望儿子意识到父母的良苦用心，从而更加努力。

评估结果：妈妈的行为得到与其意图相反的结果。导致儿子滋生更强的对抗情绪，拒绝再坐专车上学。

分析原因：很多时候，人们采取的行为都会取得与自己意图相反的结果。为什么妈妈的行为没有得到预期的结果呢？因为儿子会根据妈妈的行为对他造成的影响来猜测妈妈的意图，儿子会将妈妈的行为理解为“要债”，好像一次考试没有考好就欠了父母一笔债一样。妈妈的行为在客观上导致了把儿子的能量层级往愧疚状态牵引的结果，愧疚是很低的能量状态，所以儿子就会有反抗情绪。

总结经验： 如何才能达到让儿子更加努力的目的呢？显然要从儿子的角度分析。他考试失利自己也很难过，最渴望得到理解、安慰和鼓励，而不是指责和抱怨。要达到激发孩子更加努力的目的，应该着眼于未来，使其从失利的阴影中走出来，树立更高的目标，开启一个新的局面。

经过复盘，也许妈妈更应该说：“我知道这次考试失利让你很难过，刚开始我跟你爸也很难过。不过现在我想明白了，毕竟这才是高三的第一次考试，后面还有机会。此刻，也许咱们应该考虑的是，如何在下一次考试中赶超上来，没必要为打翻的咖啡哭泣。加油，相信你能行。”

两种复盘混合进行

为了论述方便，我把复盘分为方法论复盘和价值观复盘，但在具体实践中，却不容易也没必要把两者区分得那么清楚。会学习的人，不会轻易放过每一段经历，遇事必问：当初确立的目标是什么？又是否达到了目的？我从中学到了什么？下次如何改进才能做得更好？对自己深度参与的事件进行深入反思，是最有效的学习方式，从直接经验中归纳总结某种规律，以期在未来的实践中应用——这是人类最能体现智慧之处，也是学习的最精要之处。

比如一堂课下来，老师要复盘。一部分是教学策略复盘，老师可以在脑海里回放整个课程的进行过程，看哪些环节还可以优化；另一部分是教学内容复盘，如课堂上学生问了哪些问题，展开了哪些有意义、有价值的讨论，学员有什么精彩的案例分享，学员的提问有没有促成老师更深层的思考，等等。教学内容的复盘有不少会涉及价值观层面。

实际上，我写的很多公众号文章，有不少是我对一些真实经历复盘的结果。复盘是很好的知识整理过程，不能光看书和做事，更要及时地通过复盘的方式整理心灵的花园。

人们在失败中学到更多

还有人强调：成功了固然要复盘，失败了更要复盘——因为惨痛的教训更容易促进人反思学习。这一点让我想起早年做《企业全面经营沙盘》讲师时的经历，我困惑地发现，那些在企业模拟经营中取得很好成绩的学员，总结发言时常常志得意满，浮于表面；而那些经营惨淡甚至把自己的企业搞得倒闭了的学员，在总结发言时却很深刻、很全面、很真切。

荣获诺贝尔经济学奖的心理学家丹尼尔·卡尼曼（Daniel Kahneman）研究表明：与得到的欢喜情绪相比，损失的厌恶情绪要强烈得多，丢掉 100 元钱的痛苦远远大于捡到 100 元钱的欢乐。我则极力强调，复盘的有效性恰恰在于，它能有效调动当事人真实的行为、情感和认知三部分能量，人们对损失的厌恶情绪更强烈，就意味着人们在失败的实践中投入的情感能量更大，所以更容易促进认知的更新。复盘也可以理解为反向学习。通常的学习是老师在课堂上讲理论，期望学员在课后付诸实践，参考现实是绝大多数人根本不会尝试去实践，所以正规的培训鲜有效果。复盘则是先有实践，甚至是付出惨痛代价的实践，在这一过程中有了深切的情绪体验，反过来再探索实践背后起作用的内在规律，总结可能优化的决策或提高效率的模式，显然比传统的学习更有效果。

但同时，复盘也最容易出现一个问题：自己复盘自己失败的经历得不到有效的社会反馈，虽然复盘了，但仍受自身认知水平的限制，所以长进并不大。出于自我形象保护的考虑，很多人讳疾忌医，不愿意把自己失败的经历分享给大家。敢于和朋友共同直面惨淡过去的人，才是真正的勇士，才能在复盘中收获更多。

综上所述，复盘更接近学习的本质。互联网时代最崇尚的敏捷开发和快速迭代思想，最需要或者说不得不补充的一个环节就是复盘。《周易·系辞》有言：“尺蠖之屈，以求信（伸）也。”复盘的目的就是提高未来在类似情景下的决策质量和工作效率，是典型的屈以求伸。

规模轮训：促进高质量的战略共识和落地

前文讲过，大型组织很容易掉进失败陷阱中。当经营遇到问题时，最高领导者强烈地意识到危机的存在，急切地寻求突围，推进组织变革。而下属单位和个人，如果想领会并在工作中贯彻新政则需要一个过程，况且新政从实施到见效也需要一段时间，但急于求成的领导者在短期内看不到新政实施的效果时，往往误认为是新政决策失误，再次改弦易辙，匆忙推出更新的策略，后果可想而知，从此，组织陷入失败陷阱中难以自拔。问题是，在经营环境迅速变化的今天，企业之间的竞争比的是变革的速度，谁能快速制定策略并快速推动变革落地，谁就能在未来的竞争中取胜。如何推动新政在组织中的迅速推行，很显然是一个组织发展和学习的大命题。

促进“心肾相交”是个典型的病构问题

组织要避免掉进失败陷阱，需要在战略共识上下功夫。不能在年初的时候，总经理做一个年度业务策略报告，然后把PPT下发给下级部门和员工就算了事。总部的政策听起来很虚，而基层每天所做的事情又很具体。如果基层不能把总部的业务策略与自身的具体业务有机地结合起来，他们会先用原有的模式开展各项业务，再犹疑地观察总部及兄弟单位的反应。如果总部没有具体到行为的业务指导，基层单位就会习惯性地按照他们原有的模式做下去，组织就陷入上下不一的病态运营模式。我借用中医的概念称其为“心肾不交”。《易经》把这种乾上坤下的卦象称为“否”卦，意思是天高高在上，地兀自在下，各干各的，呈现出天地不相交的否塞状态。而健康的状态应该如老子所说：“万物负阴而抱阳，冲气以为和。”上级应该往下走，下级应该往上凑，这样才能达到阴阳和合的通泰境界。

解决问题的办法是要用大型团队学习的方式，促进基层负责人和业务骨干将总部的业务策略和自己的日常工作紧密结合，回答“在日常的业务中做何种改变才符合最新的上级精神”的问题。从客观上讲，这个问题的答案既不能由总部规定（因为基层开展业务的情境很多，且常常需要权变，总部管得太死，基层没有创新空间就只能胡乱应付了），又不能任由基层在实践中慢慢摸索创新（因为结果会五花八门，乱了秩序）。这是一个典型的病构问题，行动学习是解决病构问题的典型工具。

因地制宜的行动学习

很多人把培训狭隘地理解为由一个老师在台上讲，大家正襟危坐地在下面听。实际上，培训完全可以没有知识输入，而只有问题要带领大家共同解决，培训完全可以是一种工作方式，是解决“心肾不交”问题的方式。

解决“心肾不交”的问题可以组织这样的行动学习：把基层负责人和业

务骨干召集起来，跟总部相关业务推动部门的负责人和骨干一起，开展一个业务研讨学习班。催化师（有能力的领导者可以像杰克·韦尔奇一样，自己担任这个角色）引导大家思考“如何把总部的关键业务策略，与自己的日常业务实践结合起来”。首先可以把“多个关键业务策略如何在实践中结合”转化成若干个问题，然后开展“以问题为课程大纲，以学员为老师，以老师为催化师”的行动学习。这样的学习至少有几大好处：

- 基层骨干有机会深入领会总部业务策略，有疑问可以当面问。
- 各地基层骨干之间可以充分碰撞和协商。
- 可以即刻形成行动计划。

还有一点非常关键，也成为我思维模式的一部分，就是要引导所有参与者，找出在贯彻执行总部的业务策略过程中，自己能获得的成就和成长。**建构领导者最大的不同之处是，不仅关注外在的绩效，而且更加关注团队的成长。**只有参与者真正把工作与自己内在的成就需要、成长需要紧密地结合起来，工作才能真正激发他们的内在动力，否则工作就只是任务，是谋生的手段。

研讨班结束后，每个人都带着与自己的成就需要、成长需要紧密结合，与当地业务实践相匹配的行动计划返回。

各地实践跟踪和萃取

总部业务策略是天，基层最佳实践是地，组织变革永远是顶层设计和底层实践的有机结合。底层实践的作用更大一些，因为底层更接近客户、更务实、更符合大多数人的利益需要。

总部相关业务推进部门应该持续跟踪和支持基层的业务行动，对各地的不同实践保持密切关注。等到各地的实践取得一定进展的时候，又可以用本章介绍的“最佳实践经验萃取”的方法和流程进行经验萃取，抽取关键成功要素，引导各地骨干用平衡轮找短板，制订改建计划。

这样的持续改进可以迭代多次，一旦萃取出相对稳定的模式和打法，就可以把多次经验萃取的成果整合成课程，面向全员组织规模轮训了。

形成课程并规模轮训

一种成功的模式在组织内快速复制，业务开始走上有序的轨道。规模轮训就是请前期深度参与“最佳实践经验萃取”的业务骨干当讲师，快速在全国范围内开展培训。通常可以在两三个月内，用一门课程对某个序列的全体员工展开全覆盖式的培训，敦促每一个基层员工用新的模式开展工作，促进业务策略落地。

指数型组织须有指数型组织的业务开展模式。快速迭代解决的是创新问题，不仅能够尽快满足客户需求，而且能加速业务模式的成型。规模复制解决的是最大限度变现的问题，目的是以最快的速度让最多的人享受到组织创新带来的便利。解决了快速创新和规模复制问题的组织，在竞争中将无往而不胜。

赋能领导者要亲自为团队授课

GE 前 CEO 杰克·韦尔奇，20 年如一日地坚持在克劳顿维尔学院亲自授课，每半个月一次。杰克·韦尔奇说：“我每个月都要去克劳顿维尔一两次，每次都要待上 4 个小时。在过去 21 年的课程里，我有机会与将近 18 000 名 GE 经理进行了直接的沟通。我一次又一次地向他们提出同样的问题，让他们给予评论和回答。”难道这位世界巨头公司的掌门人就不忙吗？难道我们的CEO比杰克·韦尔奇还忙吗？难道仅仅是因为这位“全球杰出CEO”有好为人师的爱好吗？为什么杰克·韦尔奇能坚持在克劳顿维尔学院为GE的各级管理人员上课？事实上，他把培训当做开展工作的重要方式，在我看来，他坚持上课起到了一箭五雕的效果。

第一，推进既定业务策略

杰克·韦尔奇把课堂当作重要业务策略持续推进的加油站，他借助上课的机会，持续宣贯、检查和督促其既定业务策略的落地情况。我曾与诺埃尔·蒂奇谈话时提到这个话题，他说:“全球的CEO都知道，在每年年底的时候总结、检查一下全年业务的执行情况，每年年初的时候部署全年业务策略，只有杰克·韦尔奇能做到第三步，就是用上课的方式持续推进和检查业务的执行情况，所以他成为全球杰出CEO。”杰克·韦尔奇把上课当成推进业务的方式，他可不是准备一大堆内容去宣贯，而是围绕业务的实际问题与学员互动。

第二，获取一线业务反馈

世界巨头公司的掌门人当然也要深入业务，却又很难亲临一线考察所有业务。杰克·韦尔奇的聪明之处在于，他利用课堂的形式与业务骨干保持亲密地接触，在与他们的研讨过程中，他收集了各项策略在执行过程中出现的种种问题，得到来自业务一线的第一手反馈，进而调整他的业务策略。比如他一贯推行的“数一数二”战略，有一次在克劳顿维尔学院的课堂上就得到学员不同的反馈：数一数二的理念会束缚GE的发展，一些业务领导们为了做到市场份额的“数一数二”，认为把业务范围定义得太窄，将导致GE错失良机。这一反馈促使杰克·韦尔奇深入反思，不久后他就修正了这一策略：各业务部门要以产量市场占有率低于 10% 的领域为目标，充分发挥创造力和主观能动性，寻找吸引客户的新方法。杰克·韦尔奇称，这种观念上的改变，是 20 世纪 90 年代后期，公司收入呈两位数增长的重要原因。上课是他获取一线业务执行情况反馈的最快捷、最高效的方式。

在《杰克·韦尔奇自传》(*Jack*)里提到:“克劳顿维尔的巨大价值还在于，我们的行动计划给公司带来的困惑，能在这里得到清晰的反馈。无论什么时候去克劳顿维尔，我从来不发表演讲。我喜欢展开公开而广泛的交流。学员们教给我的与我教给他们的一样多。我成为一个助推器，帮助所有人取长补短。我把我的想法带到每一堂课上，通过我和他们的交流使这些想法更加丰富。我希望每一个人都给我以反馈和挑战。”

第三，解决业务实际问题

《杰克·韦尔奇自传》里提到:当他们遇到一些新的业务挑战和问题的时候，通常用的手法是把它扔到克劳顿维尔学院的课堂上去解决。杰克·韦尔奇的秘书罗赛娜在其作品《支撑》中也写道:“当我们遇到一项愚蠢的制度或决定时，我们不再只是思索，也不再只是白眼一翻、与世沉浮，我们会高喊——群策群力来解决它!”

杰克·韦尔奇在克劳顿维尔学院的授课也采用行动学习的方式。他们通常用群策群力的方式解决业务中的实际问题，恰好利用这些来自不同业务一线的精英的智慧，用团队共创的方式解决实际的业务问题。

第四，培养和发现人才

只要是培训，肯定能起到培养人才的作用，克劳顿维尔学院是 GE 的领导者生产“工厂”。GE 的多元化战略之所以能成功，恰恰是因为它能批量生产领导者。据说在世界 500 强公司的 CEO 中，大约有 1/3 在 GE 工作的经历，试想，世界 500 强公司涉及各行各业，为什么 GE 培养的人才总能够轻松胜任？足见 GE 的继任计划和人才培养确实非常有效。2011 年我去 GE 考察时，在克劳顿维尔学院工作到退休的西蒙斯教授甚至自豪地说：“杰克·韦尔奇和杰夫·伊梅尔特只不过是克劳顿维尔的两个产品，即便没有他们，我们也照样能造出胜任的 CEO 来。”

杰克·韦尔奇亲自授课不仅传达了公司对人才发展的重视，而且每一位讲师（通常是高管）在课堂上传达公司的核心价值观和企业精神，也实实在在地让这些参训学员掌握了企业经营与管理的要妙。更重要的是，杰克·韦尔奇还可以在课堂的讨论中，发现那些真正有潜力的人才。

第五，展示个人魅力和传递激情

课堂也是杰克·韦尔奇传达企业精神、展示个人领导魅力的舞台。他在课堂上尽情分享自己对事业的激情——他很重视激情，并认为对工作的激情是区分优秀员工和普通员工的重要标志，他在课堂上用自己的激情点燃更多人的激情。杰克·韦尔奇在自传中写道：“我总是不断地提醒我们的经理，不管在哪一个级别上的人，都必须分享我对人的激情。今天，我在他们面前是大人物，他们回到公司后，在员工们看来，他们是事实上的大人物，他们必须把同样的活力、献身精神和责任心传递给员工，传递给那些远离杰克·韦尔奇的人们。”

更重要的是，面向真实问题的、互动的课堂也带给杰克·韦尔奇带来很多信息输入，促动他的深入思考和转化，实际上也是他自我塑造不可多得的机会。我常常在课堂上问：“大家都知道工作上有不懂的问题请示领导，一级一级向上请示，好像上级领导就是高人，请问，最高级的领导向谁请示？跟谁学习？难道他们天生就是高人吗？”**领导者也是人，领导者的学习需要深入员工，从员工中获取真实的信息，再思考、转化成应对策略，领导者也要在工作的同时完成自我塑造。**

古人讲“教学相长”的道理，只有把课堂当成跟信息交汇和相互促进转化的道场，教学相长才能真正实现，一堂课下来，收获更大的往往是讲师。难怪杰克·韦尔奇说：“我很容易陷入克劳顿维尔……来克劳顿维尔总是感到自己年轻了，这是我最喜欢的工作内容之一。”

作为今天的CEO，你准备好为你的团队上课了吗？你还在忙这忙那顾不上吗？“没时间”通常是认为不重要的借口，还有什么比一箭五雕的事情更重要呢？

借用诺埃尔·蒂奇的话说：“成功的领导者会教导他人成为领导者……杰克·韦尔奇最值得模仿之处在于，他作为一个教导者所做的工作。杰克·韦尔奇对授课充满热情，并引导参与者和他对话，用对话激发他们去思考关于领导的一些最基本的问题。”

EMPOWER LEADERSHIP

第三部分

赋能领导者必需的三大能力

07

你认识谁比你是谁更重要

构筑人脉

互惠是影响力的关键要素之一，有资源、有能力给他人带来价值，也就有机会从他人身上得到你想要的资源。权力和资源之间可以相互促进，权力和资源会带来更多的权力和资源。

——影响力教父　罗伯特·西奥迪尼

EMPOWER LEADERSHIP

赋能式思考
EMPOWER LEADERSHIP

- 为什么说核心能力和人脉关系是个人发展的两条腿?
- 如何利用自身优势和资源拓展人脉?又如何利用人脉开展业务?
- 领导者如何及时走出舒适区，把握“上升气流”?

一个人的人脉网络也像有机体一样，是不断成长和发展的。人脉发展是一个人成长的重要方面，在互联网时代尤为如此，只可惜这一点并没有被更多人意识到。人们只能在自己意识到的领域里有意识地规划和经营，反过来，没意识到的领域常常成为制约一个人更好发展的短板。本章将深入探讨领导者构筑高质量人脉的问题。

不容回避的人脉和权力

社会交往和饮食起居一样，是每天都涉及，且看上去像自然发生的事情。很少有人把自己的饮食和健康纳入有意识关注的范围，同样的道理，也很少有人有意识、有规划地管理和发展自己的人脉。很多人在遭遇没有被提拔、缺乏社会关系而办事受阻之后，才意识到人脉的重要性，但却并不懂得如何去做。于是，“凭真本事吃饭”成为很多人不重视发展人脉的借口。

俗话说，一个好汉三个帮。人是社会动物，每个人都不可避免地活在各种各样的圈子里，且在不同的圈子里扮演着不同的角色，发挥着不同的作用。人们既需要圈子给自己归属感，又要在圈子里刷存在感，离开圈子，孤独的感觉是可怕的。社会是由人组成的，而人的生存发展也离不开社会。只要在社会中生存，人脉和权力就是一个不容回避的话题。我总结出三个拓展人脉、提升个人影响力的重要理由。

影响力，发挥个人价值的基础

任何事业的核心都是人，事业的失败本质上是为人的失败。《周易·系辞》中说："举而措之天下之民，谓之事业。"真正的事业，一定是惠及万民，推动整个社会进步的事情。有人把事业失败的根本原因归结为失去人心——要么伤了客户的心，要么是伤了团队的心。古人云："得人心者得天下。"可见，要干成"举而措之天下之民"的大事业，首先要得天下之民心。我很早之前就说过，一个人的成功可以自己定义，但伟大却只能别人说了算。最大限度地利他、为更多人谋福利的人才称得上伟大。一个人光有利他的发心、利他的知识和技能，或利他的产品和服务还远远不够，还必须将这些核心能力的社会价值充分地发挥出来，让更多人从中受益。

稻盛和夫提出了著名的绩效方程式：绩效＝思维方式 × 能力 × 态度。他认为，思维方式有正负之分，正能量带来的是正绩效，负能量带来负绩效。我觉得一个人的绩效光有这三个因素还不够，应该还有一个因素，就是社会效用。该公式应该修正为：

绩效＝思维方式 × 能力 × 态度 × 社会效用

同样的东西，要看有多少人从中受益。一件东西再有价值，其社会效用没发挥出来，只能说它是一个价值远远大于实用价值的奢侈品。杂交水稻之父袁隆平的研究让数十亿人吃饱了肚子，屠呦呦的研究让上千万人从疟疾的病患中得以康复。要使自己的研究成果让更多人受益，人脉和影响力至关重要。

事业的成功离不开团队与合作伙伴

换个角度看，在当今社会，单枪匹马闯天下已经不太可能了。任何事业的成功都离不开团队和合作伙伴。大量业余爱好者自发地组织起来，去实现一个伟大的目标，这似乎已经成为互联网时代的新常态。新时代的领导者应该敢于并善于不断提升自己的影响力，发展人脉圈子，成为某个领域内全社会爱好者的带头人。比如，网红一方面利用自己的声望整合各种人才和资源，形成产品和服务；另一方面又利用自己的声望，将这些产品和服务轻而易举地推荐给粉丝。网红经济的实质就是借助互联网，将各路专家的知识技能整合成内容，又借助互联网让这些内容的社会效用实现最大化。

在组织内开展工作，领导者也要善于成为内部网红，善于发动群众，利用非正式组织开展各项工作。在组织内部人脉好、有影响力的领导者，在推动业务、实现宏伟目标时照样有优势。

成功的事业一定要兼顾客户、股东、团队、伙伴和社会的利益，各方面利益都均衡兼顾的组织才是健康的、可持续发展的组织，各方面利益都均衡兼顾的社会才是稳健的社会。组织领导者如果能持续得客户心、得团队心、得合作伙伴心、得各级领导和股东心，位子一定能够坐安稳；相反，失去了部分人心、失去客户的信任、失去团队的信任、失去伙伴的信任、失去领导或股东的信任，位子就很难坐稳。一切事业的基础是人，一切事业的目的是服务于人，一切事业都需要让各个环节的参与者，也就是干系人满意，哪里不满意，哪里就会出问题。

影响力让人压力指数更低，幸福指数更高

事实上，有影响力、有人脉的人掌握了某种权力，他们能够掌控更大的局面，做事有更大的腾挪空间，遇到挑战可以多处求助，化解危机和应对风险的能力也更强。每个人都有一个内在的诉求，就是能够掌握自己的生活。积极心理学在养老院做过对比实验：

养老院的工作人员对一楼的老人说："你们只能在周一和周四下午去游泳。"工作人员又对二楼的老人说："一周内你们既可以选择在周一下午去游泳，也可以选择在周四下午。"调查发现，二楼的老人因为感觉上有自主选择权而幸福指数更高，而一楼的老人则因为感觉被限制，缺乏自主性而幸福指数降低。

这个现象从另一个角度很容易理解：当一个人处在不能控制其周围环境的状态时，会因为这种"失控"而感受到压力和无奈，而压力是健康的大敌。影响力对一个人意味着能够掌控更多的资源，压力指数更低，幸福指数更高。

明确目标，此生为何而来

发展人脉就像中国古人讲的修身、齐家、治国、平天下一样，有一个渐次升级的过程，扫天下还需从扫一屋开始。不想当将军的士兵不是好士兵。真正的有心人在进入职场时，就会有意识地规划自己的发展之路。在职业生涯中，每 3~5 年必须上一个台阶，走出舒适区，迎接更大的挑战。那些被提拔之人有一个共性，就是为了得到提拔而实施"战略性的"能力挖掘和人脉构筑！

左手核心能力，右手人脉关系

在人际交往中，有一个很微妙的原则就是对等原则，讲究门当户对。部

门经理有部门经理的圈子，总裁有总裁的圈子，董事长有董事长的圈子。拜访某个单位，对方的接待人员总是和拜访人员职位相当。职位的高度能带来交往的高度和广度，所以，提升个人的社会影响力和发展人脉的第一步是，努力在自己的单位里获得提拔。提拔的一个必要条件是有能力、有业绩，但并不是所有有能力、有业绩的人都能获得提拔的机会。

陈秋实和杨春华是大学的同班同学。学霸陈秋实荣获优秀毕业生称号，学渣杨春华磕磕绊绊费了蛮力才勉强拿到毕业证书。毕业时，两人同去应聘某个让人羡慕的职位，陈秋实很顺利地拿到Offer，杨春华因成绩不佳遭拒。不甘心的杨春华多次去单位求情，面试官见他很执着，又嘴甜脚勤，蛮讨人喜欢，所以也勉强被录用了。

在工作岗位上，两个人同样卖力，同样能力突出，同样业绩优秀。不同的是杨春华天生喜欢交往，上班时爱向领导请示汇报，下班后常与领导走动。而陈秋实则踏实本分，一向清高孤傲，非常鄙视巴结领导，认为只要工作干好了领导自然看得见。三年后，两人都在当前的岗位上做得游刃有余。终于，提拔的机会来了，当初的学渣杨春华却优先于学霸陈秋实被提拔了。被提拔意味着获得了能够最大限度发挥其能力的机会。杨春华因为被提拔而走出先前岗位的舒适区，迎接更大的挑战。经过一番打拼后，他慢慢站稳了脚跟，发展出更强的能力，也在部门经理的位置上拓展了更广的人脉。陈秋实则不得不继续在原岗位上重复原先的工作，重复毫无挑战性的工作让他深感倦怠，身为学霸没有被提拔让他心态失衡。更要命的是，又过了三年，杨春华因为业绩突出、人缘好得到二次提拔。而这时的陈秋实只能望其项背了。

我身边有不少优秀的朋友，他们在回忆对自己的成长贡献最大的一段经历时，经常会想到某段时间迎接了明显高出其能力水平的艰难挑战，从开始时手忙脚乱、捉襟见肘，几经周折总算站稳脚跟，到后来达到从容应对的状态，还表示这段经历价值连城：不管是自信心、职业素养还是发展平台，都有跨越式突破，自己正是在这个过程中发展出较强的能力。**不难看出，核心能力与人脉关系相辅相成，左手核心能力，右手人脉关系，才是真正的职场晋升之道。**

持续提升核心能力、不断拓宽施展平台，是一个人社会价值最大化的两个基本措施，也非常符合中国传统文化的精神。《周易·系辞》中说："夫乾，其静也专，其动也直，是以大生焉……天行健，君子以自强不息。"乾的品质是自强不息，要有工匠精神，专注在某个领域，精益求精地做到极致，这叫"其静也专"。一旦有施展的机会，则当仁不让，大刀阔斧、风卷残云般的快速行动，这叫"其动也直"。持续提升核心能力是乾的品质。书中还有一句与此对应："夫坤，其静也翕，其动也辟，是以广生焉……地势坤，君子以厚德载物。"坤的品质是敦厚包容，兼收并蓄，广结善缘。得乾坤者得天下，可见，核心能力和拓展人脉是个人发展的两条腿。

打造核心优势：你的人生标签是什么

斯坦福大学教授迈克尔·雷从他20多年来的教学经验中总结发展出"最高目标"的概念。在他的著作《此生为何而来》中指出："所谓最高目标是个人的核心本质、协助我们的力量，通常可以用一个字或词来表示，比如爱、沟通、智慧、连结、能量、安宁、创意，等等。每个人的最高目标都不同，唯有找到自己的最高目标，为它而活，生命才能充实、圆满，也更有创意。"实际上，他讲的"最高目标"很像教练技术中提到的核心价值观的概念。他不是用传统的观点直接点明创意，而是深入心理层面，引导每个人从自己的天赋、内在的特质出发，通过"最高目标"的概念，了解自己此生来到这个世上的目的、能做出的贡献。

《此生为何而来》是斯坦福大学最受欢迎的创意人生课，畅销书《从优秀到卓越》（*Good to Great*）的作者吉姆·柯林斯在他的推荐序中深情地表示：他的人生就受到迈克尔老师很大的启发。其著作中所谓的 BHAG，即宏伟（Big）、艰难（Hairy）、大胆的目标（Audacious Goal），也是来自迈克尔老师的启发。每个人生命中都有一个至高诉求，当你与之连接时，万物将只为你存在，你拥有无穷力量、莫大的价值，知道自己为何而生、为何而活；遇到困境时，永远不会绝望。这个秘密，斯坦福商学院的许多学生都知道，只要翻开此书，你就能拥有这个开启人生能量的钥匙。

每一个生命都是带着某种使命来到这个世界上的。找到自己生命中的最高目标是最幸福的。西方人比喻说人有两个生日，一个是来到这个世界的那一天，另一个就是找到最高目标的那一天。从找到最高目标的那一天起，新的生命历程就开始了。生命的意义和价值就体现在个体对社会的贡献和对他人的价值上，因为成功可以自己说了算，伟大却需要他人和社会的认可。

遗憾的是，不是所有人都能找到第二个生日，正如鲁泰斯所说："上个世纪，很多人没有活明白就死去了，希望这样的悲剧不要在这个世纪延续。"

> 德鲁克曾谈到，在他 13 岁时，一位颇能启发学生的宗教老师，给他上了一堂让他终身受益的课。老师要求每一位学生说出，希望自己过世后，最令后人怀念的是哪一点。大家当然都答不出来，因为当时都太年轻了。老师笑着说："我并不期待你们现在能答复这个问题。但如果你们到了 50 岁仍然没有答案，就表示你们白活了。"从那一天起，他时时刻刻在思考这个关乎一生中生存意义的严肃课题，并穷尽毕生之力，寻找适切的答案，他说："我经常询问自己同样的问题……这个问题会引导我不断地做自我更新，因为这样会强迫我把自己看作另外一个人，也就是我能'变成'的那个人。"

我想，德鲁克后来之所以能成为世界级管理大师，受那位老师的影响很大。老师成功地在孩子的脑海中埋下了一颗理想的种子，使其把思考人生意义当成一种习惯。毫无疑问，如果他的学生认真思考了这个问题，其人生的决策力无疑将会有很大的提高。

人生苦短，每个人只能有一次生命，“此生为何而来”是一个非常严肃却不能回避的话题。每个人都需要尽快地为自己找一个人生标签，每个人的人生都可以用一句话概括。这是因为：

- 首先，人生的标签能够最大限度地调动一个人的内在动力，激发更多潜能。
- 其次，有了标签的人生目的更精准，之后就可以有意识地在某个领域内积累，马尔科姆·格拉德威尔（Malcolm Gladwell）说：“成功是优势的积累。”
- 最后，标签是个人品牌的体现，也称为个人品牌宣传的要点。一瓶茅台酒和一瓶普通的牛栏山二锅头的实际造价可能相差并不大，但因品牌不同则价值差异巨大。在社会中，从某种意义上讲，人跟商品相似，个人品牌在很大程度上影响着社会地位和经济收入。没有标签的人被称为凡人，大部分凡人的人生定位不明确，没有明显的特长。

给自己贴标签需要与自己的灵魂对话，询问内心深处的声音，并不需要与别人商量。贴标签甚至无须考虑你现在是谁，有句话叫作：“重要的不是你现在是谁，而是你想成为谁。”年轻人只要不是特别笨，并且愿意在某一个领域几十年如一日地积累，必将成为该领域的专家。稻盛和夫说：“如果你明确自己的方向，整个世界都会为你让路！”

如果想给自己贴一个合适的标签，还是需要下一番功夫的，很多人一辈子都没找到自己的人生标签，也有人中途不断变换自己的人生标签。一个人不怕找不到自己的人生标签，就怕中途停止了对人生标签的探寻。人生标签常常在社会需要与自己的特长爱好的交汇处，经常自问三个问题，有助于找到自己的人生标签。

EMPOWER LEADERSHIP 工具箱

三个问题找到自己的人生标签

◆问题1：当你离开这个世界的时候，最希望人们怀念你的是哪一点？（该问题直通人生的意义，探求自己能在哪一方面做出贡献，为他人带来利益。）

◆问题2：你做什么事情能让自己身心愉悦，很容易沉溺其中，有打游戏的感觉？（该问题直通情感，寻找自己的内心深处的兴趣爱好。）

◆问题3：你做什么事情的时候，与常人相比有事半功倍的效果？（探求自己的天赋才干，对成功而言，天赋比后天学习更重要。）

自我标签不断强化就会成为自我形象的重要部分。麦克斯威尔·马尔茨（Maxwell Maltz）博士被誉为“心灵导师中的导师”，他在《心理控制术》（*The New Psycho-Cybernetics*）中讲道：“人们是通过自我谈话和视觉想象来建立和维系自我形象的。”自我谈话就是人们和自己内心之间的对话，当人们心中想着某件事情时，实际上就是自己在跟自己对话。自我对话可以是积极的，也可以是消极的；积极的对话会建立正面、自信的自我形象，消极的则相反。优秀的运动员头脑中都有一个积极的、成功的自我形象，并以持续积极的方式和自己交谈。自我对话是个人建构自我形象和认知的重要方法，实际上，自我对话的过程是整合认知脑能量和情感脑能量的过程，当人们把更多的脑能量聚焦在要实现的目标上时，行动的驱动力就更足了。目标不仅要明确，而且要画面清晰、情绪强烈。

规划人脉战略

人际关系上其实并不需要花太多的时间和精力，需要的是思考和规划。人们总是免不了社交活动，每天都要吃饭、锻炼、聚会，区别是跟谁吃饭、锻炼、聚会。你的社交活动有多少是有规划、有意识去拓展的？哪些是随机事件？如前面案例中的杨春华一样，那些被快速提拔的人总是能策略性地开展人际关系活动，他们会有意识地规划自己需要结识的人，然后有策略地接近他们。

当你有规划、有策略地拓展自己的人脉时，个人的核心优势，即标签就开始起作用了。孔子说："不患莫知己，求为可知也。"意思是不怕人们不认识我，怕的是没有值得他们结识的价值。人们更愿意结识那些在某些方面可能帮上他们的人，一个人越有独特的技能、明显的标签，越容易交到朋友。我的一位中医朋友，针灸推拿技艺高超，尽管为人很低调，也不善交往，仍然朋友极多。所以，个人核心优势和人际关系互为表里，能够互相促进。如果你不够优秀，人脉是不值钱的，它不是追求来的，而是吸引来的。只有等价的交换，才能得到合理的帮助。虽然听起来很冷，但这是事实。人脉不在别人的身上，而藏在自己身上：**唯有让自己变得强大，你才能获得有用的人脉。**孔子说："不患无位，患所以立。"不用担心没有社会地位，而要担心用什么道行站稳脚跟。

职场上还有一个很普遍的现象是：位高权重的人非常愿意帮助那些他认为有前途的后辈。这是因为，一方面他的事业的确需要能干的帮手；另一方面，他也在为自己的将来找退路，等他退休的时候，如果他提携的人能够成为当权派，对他也是极大的利好。

总而言之，首先把自己塑造成为对他人有价值的人；其次有计划、有步骤地拓展自己的人脉。此两者对一个人的职业生涯同等重要，绝不可以偏废。

竞技场：选择适合的平台

很多时候选择远远大于努力。好的职业平台对快速提拔和拓展人脉起到至关重要的作用。

早年间，我的一位HR朋友面对两个职业机会犹豫了。机会A：某中型民营企业人力资源总监，年薪40万元。全面负责人力资源业务，比如薪酬、绩效、招聘、培训、福利等，直接向总经理汇报。机会B：某人力资源管理者协会秘书长，年薪25万元。负责联络各企业人力资源总监，组织跨界交流、参观学习等。联络各类服务商，并向不同企业推广服务商的培训、咨询等服务。难以抉择的时候，他向我请教。

我问他："10年以后你想成为谁？"

他说："我想开自己的咨询培训公司，用我的专业和课程为企业提供咨询培训服务。"

我说："如果是这样的话，机会B似乎更能帮助你拓展人脉，方便结识更多未来的潜在客户。"

他说："可是待遇确实有点低呀。"

我说："如果你能够从机会B这个平台上每年深度结识50家企业的HR总监，将来你创业的时候，这50名HR总监能否帮你多带来15万元的收益！这个抉择的本质是当期收益和远期收益之间的选择。"

他醒悟了，毅然决定选择了机会B，干了三年成为HR圈子里小有影响力的人物。现在开了自己的咨询培训公司，年收入有一两百万元。

我的另一个朋友从软件行业跳槽到金融行业。前不久见面跟我慨叹说："换一个平台就是不一样，做原来的工作，最多能接触到客户方的副总裁。而今在金融行业，基本上是和客户的总经理、董事长打交道。格局大不一样了。"可见平台的重要性。

从人群中凸显出来

古人云，锥在囊中，脱颖而出。提升个人影响力和拓展人脉的第一步就是把自己从人群中凸显出来。虽然中国的传统文化崇尚谦虚，甚至老子说："一曰慈，二曰俭，三曰不为天下先。”但我以为，“不为天下先”是存身之道，而非发展之道。“受国之垢，是谓社稷主；受国不详，是为天下王。”这句话同样出自老子，意思是说，胸怀天下、有远大抱负的人，还是要敢于建立个人品牌并积极地宣传自己，要学会克服过分谦虚的倾向，敢于在人前说：“我是最棒的，这就是你们需要我的原因。”

英雄都有脱颖而出的经历

我看过很多成功人士的传记，他们中的大多数都是从底层干起来的。我对他们的第一步、比如第一桶金或第一个机会等很感兴趣。成功人士大多都是有心计的人，他们很早就会为自己的脱颖而出做设计。正如冯谖弹长铗以引起孟尝君的注意；毛遂自荐终得施展才华；李斯投奔吕不韦门下以期接近秦始皇……他们不仅才华过人，而且更善于抓住机会脱颖而出。

《杰克·韦尔奇自传》中描述了他早期在GE的经历。在他已经递了辞呈，和同事们吃了散伙饭，收了同事们的纪念礼物之后，不料却被上司的上司叫住谈话，上司的上司把他苦留下来。

> 我去见行政官员科普兰，并向他提出辞职。当我正准备驱车再次穿过乡村时，科普兰的上司，一位来自康涅狄格的年轻主管鲁本·加托夫（Reuben Gutoff）叫住了我。他邀请我和卡罗琳去匹兹菲尔德的“黄紫菀”（Yellow Aster）吃了一顿很长时间的晚饭。我认识加托夫，我们曾在几次业务总结会上见过面。我们保持着联系，因为每次我都能提出一些超出他预期的看法。作为一名初级开发工程师，我给了他一份详细的成本报告，其中包括对我们新塑料产品的物理性质的详细分析。此外，我还给出了对现在世界上主要竞争对手的产品分析，如杜邦（DuPonts）、道斯（Dows）和塞拉尼斯（Celaneses）。这份报告还列举了长期的产品成

本，如尼龙、多丙烯、丙烯酸与我们产品的成本比较。这根本不是什么意义重大的分析，但是它来自于一个穿着白色实验服的家伙，就有些非同寻常了。我想要做的就是“脱颖而出”。如果我仅仅是回答他的问题，那么就很难引起注意。其实每当老板们提出问题时，他们在脑海中早已有了自己的答案，他们只是想得到再次的确认而已。为了显示与众不同，我想我的回答应该比问题本身的范围更广泛一些。我想给出的不仅仅是答案，还有意料之外的新鲜观点。

杰克·韦尔奇能成为 GE 的 CEO，与其时刻准备“脱颖而出”的品格不无关系。

抓住前所未有的机遇

身处社会大变革的时代，今天的领导者更需要凸显自己，而且社会提供了太多凸显的机会。最近我结识了一些 90 后的成功人士，他们年纪轻轻已拥有不俗的身家。跟他们聊天会感受到完全不一样的风格。他们甚至说：“低调就是自残，着调才是不合群。”还说，“不靠谱”“不着调”在前几年是明显的贬义词，但这两年被赋予了新内涵，它们已成为不落俗套的代名词。在大家都不走寻常路的时代，按部就班就是落伍。还有人说：“你所谓的稳定不过是在浪费生命。”

雷·库兹韦尔认为，现在的社会正处在新旧范式跃迁的时代，在各个领域都存在着巨大的商机，各个领域都开始尝试用全新的模式颠覆过去的模式。在打破传统的游戏规则，建立全新商业秩序的当下，为有想法、有勇气干一番大事业的人提供了前所未有的机遇。马尔科姆·格拉德威尔在他的畅销书《逆转》（*David and Goliath*）中做了精彩的论述，他说：“当弱者选择不按巨人的规则玩游戏时，他们就赢了。”

正如美国诗人罗伯特·弗罗斯特（Robert Frost）所言：“林子里有两条路，我选择了行人稀少的那一条，人生从此变得与众不同。”独辟蹊径当然会面临很大的风险，而落入俗套又意味着在红海中激烈竞争。如果你的与众不同不是故弄玄虚、刻意标新立异，而是像乔布斯一样，认真地想“活着改变世界”，尽管道路可能很艰辛，脱颖而出的可能性也会倍增。

用心经营人脉的 5 个关键

王立群教授讲《史记》时谈到人的一生要四个能行：第一，要自己行，有真本事；第二，得有人说你行；第三，说你行的人还要行，他要有影响力；第四，你身体要行。职场上还有一句话叫作：你认识谁比你是谁还重要。

我认为，社会潮流永远被最有权力、有资源的群体和最有想法、有活力的群体所引领。有权力、有资源的群体大约在 40~50 岁，他们经过较长时间的摸爬滚打，拥有了足够的资源、影响力和社会地位，很想利用职场最黄金的时段干一番事业；有想法、有活力的群体大概在 25~35 岁，他们精力旺盛、头脑灵活、无所畏惧、敢说敢干。如果最具活力的未来精英能想方设法结交最有资源、有影响力的当下精英的话，事业成功的概率就提高了。

资源和权力有着密切的关系。权力意味着能够控制更多的人和预算，而拥有资源又能笼络更多的人，促进和发展更大的人脉和权力，因为人们很乐意跟有资源、有影响力的人打交道。须知，全世界的人都想结识那些炙手可热的有权力、有资源的名人。问题是，那些名人为什么偏偏要结识你呢？罗伯特·西奥迪尼（Robert Cialdini）[①]在《影响力》（*Influence: The Psychology of*

---

① “影响力教父”，著名社会心理学家，全球知名说服力研究权威。其誉满全球的超级畅销书《影响力》简体中文版已由湛庐文化策划，北京联合出版公司出版。——编者注

Persuasion）一书中总结出：

> 互惠是影响力的关键要素之一，有资源、有能力给他人带来价值，也就有机会从他人身上得到你想要的资源。权力和资源之间可以相互促进，权力和资源会带来更多的权力和资源。

经营事业的同时，也要经营自己的人脉网络。**外在的事业、内在的心智以及人际关系要同时成长，才是真正健康的成长，才符合建构的理念。用心经营人脉才是一个至关重要却很容易被人忽视的工作。**下面介绍几种我认为在经营人脉上比较有价值的关键要素。

第一，钻进对方的管子里看问题

人都是管状思维，目光都聚焦在与自己的目标紧密相关的事物上。要想获取掌权者的支持，首先要学会钻进他的思维管道里看问题。没有资源、没有实力地一味讨好谄媚、攀附权贵的做法往往会得到适得其反的效果。孔子说："君子安其身而后动，易其心而后语，定其交而后求。"

安其身而后动。先找到自己的位置，明确自己的身份和应有的状态。比如销售员见客户高层，一副奴颜婢膝的样子，满脸堆笑，唯唯诺诺，让对方反倒心里不踏实。销售最忌讳的就是永远摆着一副求人的嘴脸。真正好的产品和服务是帮助客户开展业务的，既然你的目的是对客户提供帮助，为什么还要奴颜婢膝呢？先理解自己的身份和为什么去拜访客户，再去约谈。

易其心而后语。见面的时候，首先要换位思考，高层愿意花时间见我肯定对这次约见是有所期待的。他对我的渴望是什么？什么事情是他感兴趣的？什么信息对他是有价值的？他希望我采取什么行动？先设身处地为对方着想，然后什么该说、什么不该说，什么重点铺陈、什么一笔带过，就自然清楚了。人的思维都是管状的，注意力都聚焦在自己最关心的事情上，只有谈话的内容在客户关注的管道里，客户才有兴趣跟你深谈。真正聪明的人会努力做好掌权者在乎的事情。初级人员常犯的错误是：好不容易见到高层，抓紧时间宣传自己的产品、表现自己的能耐，生怕错失了好机会。殊不知，高层早已阅人无数，看着你一副跳梁小丑的样子，立刻想找理由打发你走。

定其交而后求。先建立充分信任再去求人，人们才会爽快答应。没有得到充分信任，贸然求人，只能激发人们更强的防范心和逆反心。人都是有感情的，没有感情的润滑，谈什么都在利益层面，那就是赤裸裸的生意关系。长久而可靠的生意建立在相互信任的基础上，越是大生意，越要先交朋友。

第二，请求也是一种恭维

你也许会有质疑：我倒是想跟有权力、有地位的领导交往，可是人家位高权重，也得看得上我才行呀。实际上，正因为大家都这么想，才使得位高权重的人有孤独感，高处不胜寒。如果你向他们请教问题或寻求帮助，他们的优越感就会得以凸显。谦恭地向掌权者请教，这件事本身就能够满足掌权者高层次的社会需求——受尊重和有成就感。反过来，掌权者会感觉你谦虚好学，孺子可教，有勇气寻求高人支持，事业心很强。请教问题或寻求支持只是事情的一方面，另一方面，这种方式客观上拉近了你和掌权者的距离，通过请求帮助的方式与有权力、有资源的人建立了关系。我将它戏称为“以请教的名义搞关系”。

喜欢怀念自己辉煌的过去和传奇的历史是人之共性。我拜访诺埃尔·蒂奇的时候就问过他一个问题：“您当年是凭什么说服杰克·韦尔奇聘请您当克劳顿维尔的负责人呢？”显然，我的问题打开了老人的话匣子。一个后生谦恭地向他请教，把话题引向回顾他最骄傲的传奇经历，这件事本身就激发了他的成就感和自豪感。于是，我们的谈话从原计划的两个半小时延长到四个多小时。斯坦福大学组织行为学教授菲佛在《权力》①中提到，奥巴马在刚进参议院的时候，就是用这种方式建立了广泛的人际关系，他曾经向1/3的参议员寻求建议。《纽约时报》评论说：“一个好学生的角色为他赢得了一些国会议员的喜爱。”

有时候，请教和影响的界限非常模糊。向掌权者请教的时候，也是你展示能力和施加影响的机会。请教时给领导汇报你的创新和想法，如果领导采纳你的意见，岂不是你影响了领导？我戏称其为“以请教的名义影响领导”。这不是什么阴谋，而是“阳谋”。因为很多事情都需要商量着来，领导也需要听取多方意见，好的方案本身就应该是集体建构出来的。

菲佛还直言，“恭维”是最美妙的礼物。他说：“让掌权者自我感觉良好，最好的方法之一就是恭维他们。”被欣赏、被感激、被需要和被崇拜是人类亘古不变的情感需求。恭维也遵循互惠的原则，你恭维某人，就像请他吃饭或者给他送礼一样，在他的潜意识中会欠你一个人情。你的恭维也从第三方角度强化了他的自我形象，他的满足感会转化成对你的支持。恭维也要恰到好处，过度的恭维又容易被人理解为曲意奉迎。

第三，迈进1/3生态圈

人际网络是分圈子的，每个人都同时存在于不同的交际圈，每个圈子都会有自己的标签。只要圈子存在一段时间，圈子里的成员又会自然分层，分化

---

① 杰弗瑞·菲佛(Jeffrey Pfeffer)教授的《权力：为什么只为某些人所拥有》(*Power*)简体中文版已由湛庐文化策划，浙江人民出版社出版。——编者注

出领导层、核心层、非核心层，甚至还有外围层。研究表明，越接近圈子的中心位置，在圈子里的影响力越大。换句话说，在人际关系的网络中，中心位置带来了某种权力。

在任何圈子里都存在 1/3 生态圈。成为圈子的核心层意味着承担更大的责任，参与更多的决策，也同时意味着得到更多的资源，发挥更大的影响力。如果把 1/3 生态圈再分化出 1/3 的核心人员，大概就是 1/9 领导圈，它意味着拥有更多的资源和影响力。

第四，善用弱关系

弱连接理论的提出者，美国社会学家马克·格兰诺维特（Mark Granovetter）研究发现，在寻找工作的过程中，社会关系很关键。大约有 56% 的受访者是通过社会关系找到工作的。更有意思的是，那些通过关系找到工作的人中，大多数是利用泛泛之交的弱关系找到工作的，其中有 55.6% 的人是通过“偶然”接触的牵线者找到的，还有 28% 的人“很少”见到帮自己牵线的人。

为什么弱关系比强关系对你更有价值？强关系的朋友与你很熟悉，你们的圈子更可能同质化。而弱关系正是因为平时接触得不多，他们的圈子和你的圈子不大一样，所以他们掌握的信息才更有价值。也许一件在你看来很难办到的事情，对那些恰好掌握某种信息和资源的人来说就是一句话的事。所以，最佳的策略是通过弱关系把很多不同的人际关系圈子连接起来。当你认识了来自各行各业的人时，拼接不同圈子的弱关系朋友的资源与需求，促成各种新的合作就变得很容易。我的一个朋友就特别善于组织各种各样的局，朋友们都非常愿意参与他组织的各种聚会。把不同朋友的优势整合起来形成一个一个的项目，带来不错的社会效益成为他最大的乐趣。他曾经向我如数家珍地描述自己曾经促成的项目，眼神里充满了自豪！

哈佛商学院教授安妮塔·埃尔伯斯（Anita Elberse）的畅销书《爆款》（*Blockbusters*）阐述的正是这个核心思想，美国流行女歌手 Lady Gaga 的音乐专辑在发行前，策划人就安排了 50 位人气音乐博主对 Gaga 进行采访，每位博主都有自己的圈子，都有很大的人气，这些采访为 Gaga 积攒了上千万的关注量。他们挖掘不同粉丝群体的力量，从同性恋、舞者、夜总会常客，到时尚人士和艺术圈子，把不同圈子的人整合成为共同捧 Gaga 的强大粉丝团，透过弱关系把工作做到了极致，所以他们打造了超级 IP。

第五，学会与不喜欢的人打交道

绝大多数人喜欢结交趣味相投的朋友，遇到自己不喜欢的人则敬而远之，还为自己找一个理由：不是一路人。而实际上，你不喜欢的人才更可能是你的贵人。这是为什么呢？

首先，那些你不喜欢的人，甚至比你喜欢的人拥有更多的资源和影响力，他们不一定能成为生活中的朋友，却未必不能成为生意上的伙伴。曾经有一位我很不喜欢的朋友一直渴望跟我合作，我却因为感觉自己跟他不是一路人而找茬推诿。三番五次之后，他也有所觉察，有一次跟我坦言："就算你看不上我这个人，也不至于跟钱有仇吧？我们俩确实不是一个风格，但也不妨碍我们一起赚钱呀。"他的一席话对我触动极大。阿尔伯特·格雷（Albert Gray）花费毕生之力探索成功者的决定性因素，最后他发现："每一个成功人士的成功秘诀，就是他们习惯于做失败者不喜欢做的事。"这些事情成功者当然也不喜欢去做，但是他们能够让自己的不喜欢服从于自己对目标的追求。在他们的字典里，有价值大于有感觉。

其次，你不喜欢的人很可能在思维方式、处事方式上与你存在较大差异，而思维方式、处事方式的背后更可能是大脑功能开发的不同。有人逻辑思维强，有人情感丰富，有人凭直觉做事，有人的感觉很灵敏……你不喜欢一个人，往往是因为他大脑开发的强项恰恰是你的短板，从学习的角度上看，你从他身上才能学到更多。与性格和处事方式互补的朋友相处，对促进彼此的发展是有好处的。

EMPOWER LEADERSHIP 工具箱

经营人脉的 5 个关键

第一，钻进对方的管子里看问题。

第二，请求也是一种恭维。

第三，迈进1/3生态圈。

第四，善用弱关系。

第五，学会与不喜欢的人打交道。

发挥与传播更大的价值

用心经营人脉的目的在于更好地发挥和传播自己的价值，没有价值承载的人脉是虚假繁荣。我见过太多的人，在见面寒暄时相互说要深度合作，但事后不会有任何动作。关系在共事的时候才可以持续升华，无事可做的关系迟早会演变为若即若离的弱关系，甚至彼此遗弃。播种的目的是收获，人际关系的价值实现是一个更值得深度探讨的话题。

提高“偶然”发生的概率

在互联网时代，人们对用户和客户做了区分。所谓用户是指使用你的产品和服务的人，而客户则是用户当中最终花钱购买产品和服务的组织或个人。假如你有 100 万粉丝，平均每 100 名粉丝中有一个人愿意购买你的产品和服务，那么你会从 100 万粉丝用户中发展出一万个愿意花钱购买的客户。100 万粉丝里你很难搞清楚谁会是花钱买你产品和服务的客户，但在大数据的支持下，1/100 的转化率发展出一万个客户又是一个必然事件。借用今天互联网的流行说法是一手抓流量，即发展粉丝；一手抓变现，即促成合作。

努力经营人脉，持续传播价值的目的是积累用户基础。每一次合作看似都是偶然带来的机缘，虽然我们无法控制“偶然”，但可以通过持续拓展人脉、传播价值以提高“偶然”发生的概率。因为曝光度越大，价值越凸显，被人选择的命中率越高。

良好的口碑是人品爆发的关键

贝恩公司资深顾问弗雷德·赖克哈尔德（Fred Reichheld）提出了一个真正衡量企业能否创造高利润、促进持续增长的指标，叫作客户净推介值（net promoter score，简称 NPS），用来衡量那些忠诚且热心的购买者，在购买之后还愿意推介给其亲朋好友的比例。NPS 很高的产品和服务是不需要销售的，良好的口碑会让客户自己找上门来。这就又把问题撤回到“不患无位，患所以立”上来，人脉关系和过硬的核心竞争力相得益彰，能够互相促进。**无论是企业还是个人，良好的口碑是品牌进一步爆发的关键！**

相反，如果缺乏过硬的品质，即便短期的炒作能带来繁荣，这种繁荣也是不可持续的。当年的秦池酒就是典型的例子，企业拼命为产品做广告，两度斥巨资勇夺 CCTV 标王，一时间在全国名声大噪。遗憾的是，后端的产品质量并不过硬，供应渠道也出了问题，很快便遭消费者抛弃。

对个人而言，要想得到提拔，业绩的丰碑固不可少，在团队中的口碑似乎更加重要。口口相传的威力超乎我们的想象，我经常收到粉丝向我反映，某老师向学员推荐了我的书，或者某老师讲课引用了我的观点。口碑常常会以让人难以捉摸的神奇方式创造流行。

每一次服务都是打磨优势的机会

客户的诉求是持续发展变化的，社会评价人的标准也是持续演进的。昨天的核心优势未必是今天的核心优势，今天的核心优势也未必能保持到明天。持续的辉煌需要以持续的核心优势为基础，而持续的核心优势又需要持续改进的精神。每一次与客户的接触都是产品和服务持续改进的机会，也是打磨自己核心优势的机会。用建构的眼光看，真正的智者绝不会停留在某一个水平上，而是不断建构和发展自己的核心优势。

正确看待挫折与成功

再优秀的人也难免遭遇挫折，但挫折和挫败感是两个不同的概念。我很欣赏埃莉诺·罗斯福的一句话："如果没有你的同意，就没有人可以让你觉得不如别人。"多数人把目光投向外在的成功上，没有取得预期的辉煌就认为是失败了。而我认为，即便在所谓完败的经历中，也还会有一个终极收获，就是我们能够从中学到、悟到一些道理，提升了内在的心性。从这个意义上讲，世界上并不存在失败，不认输就不会输。正如尼采所说："一切没有摧毁我的，必将使我更加强大。"在挫折中学习的能力，是领导者必须发展的能力。老子说："贵大患若身。"把遭遇患难看得比自身还重要，因为，对一个善于学习和反思的人来说，每一段经历都是上天让你悟道的礼物，正如乔布斯所言："每一段经历都有意义。"

历史学家汤因比说："没有什么事像成功那样失败了。"因为成功持续得越久成功的模式越固化，而今天固化的模式不能应对明天变化了的挑战。中国古代的智者对这一点看得更明白，他们早就认识到"冬至一阳生，夏至一阴生"的自然规律。这个规律在事业上照样适应。事业最辉煌的时候也许正是最需要改变的时候，或者是最需要酝酿下一波行情的时候。一个人最得心应手的时候，也许恰恰是需要酝酿下一波更大发展的时候。如果错失了机会就会逐渐进入舒适区，有成为"温水里的青蛙"之危险。

培养你的接班人

工作就是修行，修行就是持续建构。事业的持续建构有一个很重要的功课就是培养自己的接班人。我从《杰克·韦尔奇自传》中解读到培养接班人的重要性，无论是杰克·韦尔奇自己的上位过程，还是他后来从三个候选人中选中伊梅尔特接班的过程，都经过较长时间的严格流程的培养、考察和评估。正因为 GE 一直能够用一套严格的程序在内部选出合适的接班人，所以才保持了上百年的基业长青。我曾经感叹，全球领导者的培养，唯一经得起历史考验的是 GE。连 IBM 都不足为训，1993 年若不是郭士纳的空降，IBM 早就分崩离析了。

在很多世界 500 强公司中，培养合适的接班人是一个人被提拔的必要条件。如果你不能在自己的岗位上培养出随时可以接任的接班人，你是没有资格获得提拔的。因此，在事业最辉煌的时候，培养自己的接班人既是事业持续发展的关键，又是领导者本人持续发展的关键。

把握"上升气流"

建构主义者永远用发展的眼光看世界，世间的一切都是动态发展的。发展意味着变化，在外部环境飞速变化的今天，如果一个人的工作和生活有两三年没有发生变化，就应该警惕：其人生是否已进入温水煮青蛙的模式了。

不做习惯的奴隶

人很容易成为习惯的奴隶，沉浸在舒适区中难以自拔。这是因为一方面，当下的得心应手是过去长时间摸爬滚打的努力换来的，好不容易坐稳位子，当然希望多舒服一会儿。另一方面，成功带给人的成就感实在是太好了，容易让一个人自我意识膨胀。当一个人沉浸在过度自信的境界时，很容易表现出强势和粗鲁的一面，常常难以听取别人的意见，降低了对他人的关注和敏锐的感知，对环境的变化失去警觉，对机会的洞察力下降。

古人讲，时位移人。当一个人不懂得恰当运用自己的权力时，很可能反过来被权力所控制。在后面的章节中还会详细论述“职位越高，学习发展能力越差”的深层次原因，在这里就强调一点：不做习惯的奴隶，至少不要长时间做习惯的奴隶。你所谓的稳定不过是对生命的浪费！

持续上升才能建构人脉新生态

物以类聚，人以群分。人际网络是分圈子的，社会交往是讲究层级对等的。假如你刚被提拔到一个新的职位，属于这个社交层级的“新司机”，处处小心谨慎，努力适应环境。在这个阶段的人际交往中，你会感到自己能从圈子里的“老司机”身上学到很多东西，能清晰地感受到自己的成长和变化。随着时间的推移，你在摸爬滚打中逐渐发展成为“老司机”，不仅完全掌握了各项工作的开展，而且在该层级的交际圈子里显得轻松从容，这时候你会感到，在每次的社交活动中，你得到的和你给予别人的一样多，输入和输出大致平衡。再过一段时间，你也许会发现自己逐渐成为“资深老司机”了，圈子里的“新司机”都用崇拜的眼神看着你，很多人向你请教，你也许很享受这种被人尊重的感觉。但不得不承认一个事实，那就是每次在社交活动中，你学到的东西很少，而别人从你这里学到的却很多，输入小于输出。从个人成长的角度看，这就是你应该升级人脉圈子的信号。你需要抓住更上一层楼的机会，接触更高层面的朋友，建立新的人脉生态。

你的升级，不仅能解决自己的成长瓶颈问题，而且空缺出来的职位也能为你的下属带来更上一层楼的发展机会。有价值的人脉你可以带走，当然你也可以利用自己的人脉，帮助你新提拔的下属拓展他的人脉，这就是成长。方生方死，方死方生。这就是社会发展的必然规律，与自然发展的规律非常相似。

把握“上升气流”的契机

在你人气最旺、口碑最好、工作最得心应手的时候，也许职业上升通道的阀门就已悄然打开，“上升气流”会迎面吹来。作家柳青说：“人生的路虽然很长，可最关键的只有几步。”错失一次绝佳的上升契机，常常会造成人生发展的巨大差距。

机会常常是以挑战的形式出现在我们面前的，人们常常在失去后才意识到它是机会。只要贪图享受、怕冒风险的念头在我们的心中稍稍占了上风，机会就会与我们失之交臂。美国创新领导力中心的研究表明，大多数人为了规避风险，在机会到来的时候采取了保守策略，使得后续的发展趋于平淡。只有少数人勇于迎接挑战，在遭遇了短期不适造成的业绩下挫之后，迎来了新的跳跃式发展。而跳跃式发展和趋于平淡发展之间的差距，就是失去的学习机会（如图 7-1 所示）。

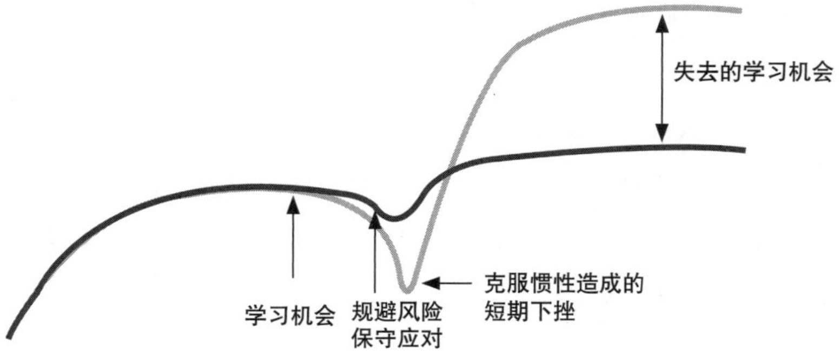

图 7-1　把握“上升气流”契机

开始新一轮的循环

如果你抓住了“上升气流”，那么恭喜你，你的人脉游戏升级了，从此开启了新的境界。在新的平台，同样的模式和流程，只是游戏的内容和其他玩家的层次不同了。同样面临着规划新的形象和标签、打造新的核心优势、在更高层面脱颖而出、拓展更高层次的人脉关系、传播和实践更高的价值……就像树木的年轮一样，一圈一圈地升级，始终有成长的感觉，每年都有自己的 Δ。

就这样，逐渐提升你的境界和格局，逐渐实现你的人生价值，逐渐逼近你的职业理想。有意识地构筑人脉会让你的人生更加精彩，会让你的人生价值实现最大化。

构筑人脉是建构领导力的必修课。在这门课上会有很多人挂科，只要你稍微用心，就会和你的同事拉开距离。祝你好运！

08

做一个有故事、高感性的领导者

传播思想

人类生来并不能很好地理解逻辑，但是却能很好地理解故事。

——美国心理学家　罗杰·斯坎克

EMPOWER LEADERSHIP

E赋能式思考 EMPOWER LEADERSHIP

- 为什么说不当网红的领导不是好领导?
- 领导者如何用故事提升自己的影响力?
- 领导者如何将工作经历开发成自己的独特故事?

在这个低调就是自残的年代，表达能力的重要程度比以往任何时候都高。沟通是领导者工作的基本方式，有人统计，高级别的领导者每天把 80% 的时间用于各种各样的沟通。按说，本章最好的标题应该叫作高效沟通。有感于大部分领导者已经是讲道理的高手，所以本章只聚焦在高感性的沟通上，以借助故事传播思想的话题代替“高效沟通”能力，虽然偏不盖全，但突出重点地提升故事力，也不失为提升沟通能力中矫枉过正的措施。

构成宇宙的是故事

美国女作家拉克瑟说：“构成宇宙的是故事，而不是原子。”故事是最好的传授思想的方式。《圣经》《古兰经》《金刚经》《楞严经》都是借助满篇的故事来传播他们的思想，中国古代的列子、庄子、孟子、韩非子都是借故事弘扬其主张的高手，把要讲的道理埋藏于情境之中，让受众从情境中品味出其中的道理。人们更愿意接受自己品味出来的道理，而排斥别人灌输给他们的道理。认知心理学家史蒂芬·平克[1]说："人们总是借助情境理解抽象的概念。"后来我深入地研究了《认知心理学》之后才发现，故事能够成为思想的载体是有其必然性的，因为这种形式能够最大程度地吸引受众，使其大脑中的各个器官参与进来。

不当网红的领导不是好领导

我有一个朋友是培训公司的老板，有一天他向我请教如何才能将业务做大，因为每年都一两千万元的营业收入已经让他非常倦怠了。我刚刚看完伊斯梅尔的《指数型组织》，就顺便跟他聊起这本书的观点，他兴奋地抢走我的书就去看。第二天下午三四点钟的时候，他又来到我的办公室，过了一个晚上好像变了个人似的，一头乱发，脸色苍白，眼袋比眼睛还大。他迫不及待地说："昨晚我一夜未眠，看完《指数型组织》这本书，然后就失眠了。书写得真好，我想请教你的是如何才能把我的公司做成指数型组织。"我又和他共创，把他的业务改造成指数型增长的可能措施。

眼看要下班了，我们都有点疲惫，他还是忧心忡忡，没找到特别让他兴奋的点子。我想结束谈话了，突然想起"领导者最大的问题，是没有意识到自己是问题的一部分"这句警句。于是，我对他说："你知道贵公司要成为指数型组织的最大瓶颈是什么吗？"他眼睛放出了光，好奇地问："是什么？"我说："是你自己。在互联网时代，你见过哪一个指数型组织的老板不是网红吗？马云、王健林、刘强东、雷军、罗振宇、樊登等都是网红，连一向低调的任正非都开始借机场排队的事件炒作呢。互联网时代，不是网红的 CEO 不是合格的 CEO。企业的成功带动 CEO 成为网红，网红的 CEO 反过来又带动企业更加成

① 当代最伟大思想家、世界顶尖语言学家和认知心理学家。其超级畅销书"语言与人性"四部曲：《语言本能》《思想本质》《心智探奇》《白板》简体中文版已由湛庐文化策划，浙江人民出版社出版。——编者注

功。”朋友问：“怎样才能成为一个网红呢？”我说：“做网红从讲好一个故事开始。趋势专家丹尼尔·平克在《全新思维》（*A Whole New Mind*）里把故事力定义为决胜未来的六大能力之一。”我的朋友若有所思。我推荐他回去阅读《全新思维》，他点头答应了。

好故事胜过百万雄师

故事因其鲜活生动、寓理于情，所以深得人们喜欢。用隐喻故事促使别人思考，引导别人改变是古今名嘴惯用的方式。比如，触龙说赵太后、邹忌讽齐王纳谏等脍炙人口的故事都收到奇好的效果。

很多好故事，它们诞生时就收到奇效，以至于流传千年。而今很多妇孺皆知的故事，人们却似乎并不甚了解其当初的背景。探其发端，详其旧事，益发让人惊叹：好故事胜过百万雄师。今略举一二。

◆ 鹬蚌相争

> 《战国策》赵且伐燕：“今者臣来，过易水。蚌方出曝，而鹬啄其肉，蚌合而箝其喙。鹬曰：‘今日不雨，明日不雨，即有死蚌！’蚌亦谓鹬曰：‘今日不出，明日不出，即有死鹬！’两者不肯相舍，渔者得而并禽之。今赵且伐燕，燕赵久相支，以弊大众。臣恐强秦之为渔夫也。故愿王熟计之也。惠王曰：“善！”乃止。

故事的背景是赵国想打燕国，辩士苏代借用民间流传的寓言故事来说明赵燕相持会给两国都带来祸害，让强秦坐收渔利，从而阻止了赵国攻打燕国。这个故事成功地说服了赵惠王，从而化解了一场大规模的战争。

◆ 螳螂捕蝉

> 吴王欲伐荆，告其左右曰："敢有谏者死！"舍人有少孺子欲谏不敢，则怀丸操弹，游于后园，露沾其衣，如是者再三。吴王曰："子来，何苦沾衣如此！"，对曰："园中有树，其上有蝉，蝉高居悲鸣、饮露，不知螳螂在其后也；螳螂委身曲附，欲取蝉，不知黄雀在其旁也；黄雀延颈，欲啄螳螂，而不知弹丸在其下也。此三者皆务欲得其前利，而不顾其后之有患也。"吴王曰："善哉！"乃罢其兵。

贪欲驱使吴王一门心思地想吞并人家的土地，却忽视了用全副精力对外作战的同时，也把自己置身于巨大的危险之下的风险。祸莫大于不知足，咎莫大于欲得。年轻的宫廷侍从用一个故事成功地让吴王换一种方式思考这个问题，从而意识到风险。

为什么故事有如此好的说服效果？为什么讲故事比讲道理更有效？概而要之，有几点原因：

- ◆ 故事给人场景，打开右脑思维模式，用叙述的方式影响他人，比让人厌倦的讲大道理更容易被人接受。
- ◆ 故事有隐喻性，讲故事的人可以借助故事的主人公表明立场倾向，却没有强迫听者接受的意味。把思考空间和决策的掌控感给了听者。
- ◆ 故事常常能给人不同的启发，让听者换一种方式、换一个角度重新审视所处的情境，从而作出更好的决策。
- ◆ 一席演讲转化团队能量状态。

1999 年 5 月，美国轰炸中国驻南斯拉夫大使馆。国人震怒，各地民众纷纷游行抗议。华为员工自发集结了上千人准备上街游行。董事长任正非得知此事后，赶到现场，面对黑压压一片群情激昂的员工，他做了一个简短的演讲。

结果，奇迹发生了。他说：

各位同事，此刻我跟你们的心情一样愤怒。我跟你们同样有爱国热情，但我以为爱国要讲求形式。今天，美国之所以敢欺负我们，归根结底是因为我们的综合国力不够强，如果游行能让我们的国家强大起来，我跟你们一起去游行。倘若游行只是为了泄愤，岂不是匹夫之勇。

我想我们更应该做的是产业报国，用实际行动为国家赚更多的外汇，增强国家的综合国力。就在此时，我们价值 4 000 万元的交换机卖到俄罗斯，由于产品不稳定，摩托罗拉、西门子的交换机已经等在门口，等着我们的设备再次出故障而被换下。我们赚回这 4 000 万元也意味着增强了我们的综合国力，被摩托罗拉夺去这 4 000 万元意味着我们跟美国的综合国力差距拉大了。所以，我认为你要是真的爱国，就应该憋着这股劲儿，回到你的工位上，擦干眼泪，打开你的电脑，修改你程序里的BUG，让我们的产品更稳定，在商场上打败我们的老对手摩托罗拉和思科，为国家赚更多的外汇。如果各行各业都像我们一样选择产业报国，企业的强盛累积为国家的强盛，何患我们超越不了美国。君子报仇，十年不晚嘛。上街游行不仅不是解决问题的方式，反倒为政府添乱，耽误我们产业报国的功夫。

我的话讲完了，你们要是还决定上街游行，就去吧。

听完任总的演讲，上千人沉默不语，纷纷低着头，眼含热泪回到自己的岗位上用自己的方式产业报国去了。十几年前我听到这个故事，因其成功地将团队的愤怒情绪转换成巨大的工作热情而赞叹不已。也许这个故事存在演绎成分，作为借故事传播思想的案例，鲜有出其右者。

用讲故事的方式推广业务

一个朋友向我介绍他的私有云业务，热情洋溢地罗列其产品的功能，介绍每项功能带给客户的便利。我说："且不说你介绍的内容，单就这种论述式讲话的形式而言就给人推销的感觉。一旦人们感觉到有人向他推销，逆反心理便随之而生。"他问我："那该怎么办？"我说："在商业社会，人们已经厌倦了论述体，而更容易接受描述体。如果你能用讲故事的方式推广你的业务，情况也许会不同。比如什么用户，在什么背景下用了你的产品，给他的工作和生活带来哪些不同，把你的产品价值包装在用户故事中，给人的感觉会不一样。"我又给他讲了马云用故事推广淘宝的例子。

> 6年前我刚搞出淘宝网的时候，我告诉一位做皮具生意的老板："把你的生意放到网上来做吧。"他说："我先看看。"4年前我再次告诉他同样的话。他说："有时间再说吧。"两年前他找到我说："我的生意都让网上那些小孩抢走了。"

马云用短短100多个字，一分钟可以讲完的故事在推广他的业务。丝毫没有推销的感觉，却达到喋喋不休的推销者永远都不可企及的推销效果。

我的朋友后来反馈说，跟我谈话之后，他尝试用讲故事的方式推广业务，他先剖析互联网时代的新型商业模式案例，然后讲这些新型的商业模式背后需要哪些支撑，再讲他们如何用自己的产品和服务帮助某企业成功实现商业模式转型的故事。甚至有一次，他赞助了一个大型会议，主办方给他10分钟的业务推广时间，他在上面讲了10分钟，观众居然提议让他多讲一会儿。

如何讲好一个故事

你可能会问：想要讲好一个故事要从哪几个方面下功夫呢？这需要深入到心理学和脑科学中去理解。一个简单的故事，不同的讲法能驱动大脑的不同区域思考。讲故事的效果可以用有效激活大脑各区域的面积来衡量。

你不是在给部分大脑讲故事

大脑只要处于清醒状态，其每一个器官都是工作的、活跃的。比如大脑皮层，简单地分为左脑和右脑，仔细分还有额叶、顶叶、枕叶和颞叶，内部还有杏仁核和海马体，再往下还有小脑、丘脑、下丘脑、脑干和基底神经等。你知道这些器官是如何接受信息和处理信息的吗？它们各自的偏好又是什么呢？

在对人类的大脑没有进行深入研究的时候，人们讲故事全凭经验抓人的注意力。而最近 20 年里，人类依靠核磁共振、PET 扫描等先进技术对人脑的研究取得了空前的进展。遗憾的是，这些进展和成果多数还以文献的形式躺在书本上，很少有人把这些成果运用到工作、培训和生活中。而今，我们有条件了解大脑的内在机理，就像我们有条件利用 B 超、透视等手段了解身体的内在运转后，就没有必要仅依靠传统医学把脉的诊断方式，至少要做到中西医结合的诊断和治疗。我认为，不涉猎脑科学和认知心理学，仅凭三寸不烂之舌忽悠，即便把故事讲好了也是碰运气。不同类型的环境和刺激会激活不同的脑功能，所以，讲故事要同时满足多个器官对不同信号的诉求，才能牢牢地抓住听众的注意力，如果某个器官的信息诉求没被满足，它就会开小差。比如，为什么上数学课容易感到枯燥？因为老师从头到尾都在讲逻辑推理，只刺激大脑的左前额叶，其他那些没有照顾到的器官就强烈抗议了，这些抗议共同作用的结果就是让学生感觉数学非常枯燥。

5 大系统都满意才是真满意

如果只是为了讲好故事，就把大家拉到研究大脑的每个物理器官的功能层面上来，未免陷入心理学和脑科学太深。尽管大脑的物理器官比较复杂，但这些器官总是相互配合来完成某些机能的，在大脑的机能层面讨论问题才容易被人们理解和接受。霍华德·加德纳总结的多元智能理论就是从大脑机能层面来探讨的。我以为，好的故事必须满足大脑的 5 大系统对信息的诉求，促成受众内心整合这 5 大系统，联合加工形成内外在的综合体验和结论。

第一，逻辑思维。笛卡尔说:“我思，故我在。”逻辑思维有两个基本诉求，首先好奇心强，喜欢问为什么，凡事总想探个究竟，热衷于搞清楚事物背后的道理，问题和悬念最容易调动逻辑思维系统。其次，喜欢条理清晰、有理有据的结构化表达。逻辑脑最逆反没有条理的表达——如果你演讲时东拉西扯既不知道要表达的核心思想是什么，也不知道引用的论据和论点是什么关系。受众的逻辑脑一定率先起来造反。

第二，想象力。想象力是人类智慧中最了不起，也是最值得深度开发的部分。无论是情境还是角色，演讲者都需要给受众一个画面感。社会心理学家苏珊·斯皮尔（Susan Speer）研究发现，当人们阅读故事时，故事中的空间位置变换、人物变换等都能引起阅读者脑区活动的变化。人们阅读和听讲的同时，脑海里都在想象故事所描述的情境。演讲中，缺乏必要的细节描述，大脑很难进入想象状态，而太过详细的描述又限制了受众大脑的想象空间。用“沉鱼落雁，闭月羞花”这样的词来描述美女，意在打开受众的想象空间，每个人都可以根据自己心中美女的标准在大脑里构造“沉鱼落雁,闭月羞花”的个人版本。

第三，感官。感染力强的表达还能够用语言驱动大脑的感觉中枢和运动中枢工作。感觉中枢和运动中枢所占大脑皮层的面积很大。2004 年，认知心理学家奥拉夫·豪克（Olaf Hauk）等人就借助功能性核磁共振技术，观测被试在真实干一件事（比如用脚踢）和阅读同样动作的单词（比如阅读“踢”）时大脑皮层的反应。结果发现，一个人真实做一个动作和阅读动作单词引发了相同的脑区活动，只不过真实动作引发的大脑皮层范围更广一些。演讲者的肢体语言和动作词汇直接驱动受众的感觉中枢工作。

第四，情绪。情绪是人们在进化过程中逐渐形成的对外界刺激的应激反应，情绪是动物捍卫自己的地盘、保护自己和同伴免于受伤害的应急机制。任何情绪背后都有积极的动机。所以，情绪背后关联着人们的价值观，情绪是价值观的渲染。

人们说话的同时也表达着情感。语音、语调和肢体语言都可以表达情绪：轻松的时候语调明快而上扬；悲伤的时候语调缓慢而低沉。声音的长短、快慢、轻重的组合变幻能够表达丰富的情感。沟通高手的声音中常常带着很强的情绪能量，总能巧妙地运用各种情绪来提高其讲话的感染力。语言中的情绪词汇当然也是驱动大脑情绪系统工作的引擎。·

第五，觉察。受众在听你讲故事的时候，其内在有一个声音在问：我能从中学到什么（What In It For Me，简称 WIIFM）？这个故事告诉我什么道理呢？我在工作和生活中可借鉴的是什么呢？这些声音都是觉察的声音。讲故事者要有意识地设计，时不时强调故事的主题思想，驱动受众的觉察系统工作。

无论演讲者怎么讲，受众大脑的这 5 大系统都在工作，它们都在努力捕捉和加工自己感兴趣的信息，且这 5 个部分的信息会相互影响，整合成一个总体印象。演讲者只有轮番地刺激这 5 大系统，分别满足每个系统的信息诉求，才能最大限度地抓住受众的注意力。忽视哪一个系统，哪一个系统就会开小差。

三位一体提升你的表达张力

丰富的语言是人类的大脑皮层充分进化后发展出来的重要大脑机能。我们可以方便地利用语言驱动他人富有成效地思考，可以通过语音语调和肢体语言传递情绪和感觉。

富有张力的表达至少同时传递三种信号：思想、情绪和风范。

信号 1，思想：重点突出、条理清晰地表达观点

参与者想表达什么？语言表面的意思是什么？背后的意图又是什么？这些属于认知层面的信息交换，比较容易理解。有的人说话很有感染力，很能煽情，却不能做一个让人满意的演讲。原因并不在演讲技巧上，而处在更本质的层面：逻辑混乱，思维不清。

表达思想最基本的要求是做到思路清晰，重点突出，这就需要演讲者有结构化思维能力。如果把一小时的演讲压缩成三分钟，演讲者应该能清楚地表达出其核心思想，重点要表达的几个方面，而这几个方面之间又符合不重复、不遗漏的原则。永远只突出重点，纵然有千万条理由，永远只讲其中最重要的三项，因为听众的大脑接受能力有限。

麦肯锡的经典著作《金字塔原理》（*The Minto Pyramid Principle*）是提升结构化表达能力的宝典，要提升表达中的结构思维和条理性的朋友一定要看。在此不再赘述。

重点突出、条理清晰地表达自己的观点是基本功。逻辑混乱的演讲对受众来讲是一场灾难。

信号 2，情绪：浓淡适宜地运用情绪能量

情绪既有负面情绪和正面情绪之分，也有唤醒的强度差别，情绪的方向和强度都可以在这个场域表达和接收。情绪信号又透过两个基本途径表达：

- 一种是声音，语音、语调的轻重缓急中带着情绪。比如我说这段内容“很重要”，我说话时把“很”字拉长，读重音强调，听众就能感受到我想表达的情绪。
- 另一种是表情，面对面的交流，表情能表达很丰富的情绪信号。

人们为了提升其表达的感染力，常常会不自觉地提高嗓门、加重某个自己的发音或者运用能表达情绪浓度的词汇。演讲训练中，与其说训练语音、语调，不如说训练带着情绪说话。演员要表现角色的愤怒情绪时，自己确实要先进入愤怒状态，这叫进入角色。情绪状态有了，语音、语调自然就跟上了。我认为在沟通中不会酝酿和运用情绪，只练习语音、语调是舍本逐末之举。

有人问：“我这个人天生平淡，不会表达情绪怎么办？”我就反问他：“你哭过吗？伤心过吗？哈哈大笑过吗？”我相信每个人都有过极端的情绪，这些情绪你都会，只不过你不会轻易把它们用在你的表达中，这本质上是一种价值观的选择，而不是缺乏能力。”情绪是一种能量，更是一种影响力资源，在谈话中注意酝酿和控制情绪，表达的感染力就会自然流露。控制情绪是初级技巧，酝酿和运用情绪才是高级技巧。当然，也不能夸张地用情绪，当你夸张地运用情绪时，潜意识会出卖你，给人造成矫情的印象。

一个初三学生请教我，说：“老师说我写的作文思想性很好，常常立意深刻，说理透彻，条理清晰，缺点是细节描写和人物情感描写不足。我该怎么改进？”我说：“假如你要描述一个很感人的场面，先不要急着下笔。先把那个感人的场面调到你的脑海里，酝酿主人公在那个场面中的情绪，感悟那份感动，当你进入角色，甚至感觉自己的鼻子都有点发酸的时候，再下笔把真实的感受描写出来。你的情感系统会帮你表达到位。”

要表达某种情感，先尝试进入这种情感状态，当情感状态出来了，语音、语调的问题自然就解决了。

剧情常常在冲突下进行，冲突是情绪的源头，没有冲突，波澜不惊也就不容易起情绪。如果能在表达中满足了听众脑海深处的情绪的诉求，实际上也就成功调动了对方的颞叶、杏仁核、海马体和脑岛的参与。

信号 3，风范：用肢体动作传递感觉

风范是个很中国化的表达，只有中国的古人才能用阴阳相辅相成的智慧发明这个词。风是空气的流动形成的，范是指样式，一个人的行为造成空气流动的样式，称之为风范。用风范这个词来形容一个人带给其他人的感受再合适不过了。除了语义和情绪，还有一种在人与人之间传递的信息叫作感觉、感受。这个东西非常微妙，有时候两个人并没有多少接触，就能感觉到彼此志趣不投；当然也有一见如故、相见恨晚的情形。那些大师级的对话，甚至不用浅层次的语言表达，而直接深入到更高级的智慧层面。两个高手沉默对望，谁都不说话，各自带着自己的情感和风范，做眼神的交流。他们“目欲之，神往之，心语之”。一阵对视之后，心灵的默契达成了。这种交流的水平更高。风范层面的对话更高深，更让人难忘。有一种说法，人们甚至可以忘掉你跟他打交道的具体情境，但很难忘记你曾经给他的感受，我深以为然。

有人很困惑地问我：“我演讲的时候，常常不知道两只手往哪里放。怎么办？”实际上，古人早就明白其中的道理。《诗·大序》中说：“情动于中而形于言。言之不足，故嗟叹之。嗟叹之不足，故咏歌之。咏歌之不足，不知手之舞之足之蹈之也。”大意是演讲中最重要的是激情，心中充满激情就能表现在话语中，话语不足以表达时就感叹，感叹还不足以表达就歌唱，歌唱还不足以表达就手舞足蹈。当演讲者感觉自己的手脚都不知所措的时候，根本的原因还是演讲者没有足够的激情，没有做到全情投入，表达的感染力打折也是很自然的事情。当演讲者没有全情投入的时候，突然意识到自己的双手不自然，然后有意识地想让自己表现得自然一点，奇怪的是，越想表现得自然就越显得做作。为什么呢？因为演讲者一旦留意自己的手势动作，这份留意就会占一部分“内存”，而这些被挤占的“内存”原本可以用来让你的表达更有张力。如果一个人在演讲时刻意安排：讲到这里该举一下手了，讲到那里该往前跨一步了，那么“内存”全部被这些无关紧要的事情挤占了，演讲的效果就会大打折扣。相反，当一个演讲者手舞足蹈地一番慷慨陈词之后，你问他：“你刚才在舞台上的动作简直是帅呆了，请问你是怎样练习肢体语言的？”对这个问题，往往演讲者自己也回答不了，因为他的所有表现都是自然流露。演讲激动时，甚至忘了手脚的存在。因为他全身心地投入演讲，慷慨激昂时已经进入了一种很浓的情感状态，要表达强烈情感时，肢体动作自然就出来了。

5 个方面，开发属于自己的故事

领导力大师诺埃尔·蒂奇在《领导力引擎》(*The Leadership Engine*) 中倡导领导者首先要学会开发自己的故事，用故事传播组织愿景和价值主张。他认为领导者要开发并会讲三种故事。

EMPOWER LEADERSHIP 工具箱

领导者应学会讲三种故事

第一，我是谁的故事，传播自己的价值观。
第二，我们是谁的故事，定义和传播团队集体价值观。
第三，我们将向何处去的故事，描述和传播组织的愿景。

丹尼尔·平克说，故事存在于高概念和高感性的交汇处，是一种高概念和高感性能力，他通过将一件事置于另一种情境的方式来加深我们的理解。故事源于生活又高于生活，是对生活片段的精加工。领导者身份的特殊性决定了他在开展业务中的经历会比一般员工复杂而典型，如果领导者善于将亲身经历整合成有意义的故事，这些故事自然就是传播价值主张、推广业务、有效影响他人的利器。

开发一个思想深刻、内容生动的故事，需要从主题思想、故事结构、叙述策略、细节刻画、情感渲染等 5 个方面下功夫。

主题思想

人生由无数个瞬间组成，每个瞬间都有可能成为故事的素材。好故事就是要抓住几个人生瞬间，借此展示某人的品质或者揭示深刻的道理，所以，故事是为阐释主题思想而存在的，主题思想是故事的灵魂。没有主题思想的生活瞬间叫作流水账，有主题思想的瞬间组合才是故事。事实上，我们的大脑总是本能地将生活的素材编成主题故事。主题思想是故事所要表达的终极意思，是编故事的起点，决定了素材的取舍；是听故事的终点，是对素材的诠释。

按说直接讲道理不也是传递思想吗？为什么要用讲故事的方式呢？故事并不是通过枯燥的论述，而是通过生动的描述来表达思想。美国心理学家罗杰·斯坎克说："人类生来并不能很好地理解逻辑，但是却能很好地理解故事。"论述仅仅是通过逻辑思维一条通道表达思想，而描述则可以激活感觉、情绪、想象和逻辑等多条通道来表达思想。被誉为"好莱坞编剧教父"的罗伯特·麦基说："理智的分析无论多么清晰，都不可能滋养人们的灵魂。"一个好故事既不是对一个论点的精密推理的表达，也不是对强烈但不成熟的情感的发泄。它的胜利体现在理性和非理性的交融上。

故事结构

小时候写记叙文的时候我们都知道必须有时间、地点、人物、事件等基本要素。一个完整的故事需要将一些生活素材整合成一个有意义的序列，以激发人们的某种情感，并表达其主题思想。这个有意义的序列就是故事的结构，SCORE 是我总结的一个既能用于架构故事，又能快速获取他人故事结构的故事框架，该框架在第 6 章有详细介绍，这里就不作过多阐释。

人们的逻辑脑对结构有强烈的诉求，认为凡事都应该有因果渊源，故事要有背景、有发展、有冲突和高潮，也要有最后的结果。好故事总是要把主人公置身于特定背景（Situation）下的冲突（Confliction）中，没有冲突的故事索然无味。麦基说："冲突之于故事，犹如声音之于音乐。"故事和音乐都是时间艺术，时间艺术家最艰难、也是唯一的任务就是要勾住我们的兴趣，始终如一地集中我们的注意力，然后带我们在时间中穿行，却不让我们意识到时间的流逝。激烈的冲突逼迫主人公在不同的选项（Option）中作出艰难的选择，比如《唐山大地震》中的母亲选择救儿子还是救女儿，《赵氏孤儿》中的程婴选择救赵孤还是保全自己的孩子等。只有把主人公置身于艰难的选择中，讲故事的人才能借以传递某种价值观，价值观通常在艰难的选择中才得以淋漓尽致地凸显。今天中午吃面条还是吃米饭这样的选择，是不可能凸显人生价值观的，而秋菊选择咽下一口气还是讨个说法这样的艰难选择才能凸显价值观。不同的选择必然带来不同的结果（Result），结果与选择的前后呼应烘托出主人公的品格和价值观。正如程婴的舍子救孤烘托出他的赤胆忠心；包公铡了驸马陈世美凸显出他的公正不阿、大义凛然……通常还少不了要用评论（Evaluation）的方式点出主题思想。

一个主题思想与选材非常匹配的故事有着与生俱来的生命力，无论怎么讲效果都不会太差。好的故事并不需要太多的修饰，无论谁讲、怎么讲，故事本身的韵味都在。

叙述策略

有只小白兔去钓鱼，第一天，钓鱼竿没有动，小白兔失望而归。第二天依然如此，小白兔还是没有钓到一条鱼。第三天，小白兔刚把鱼竿放下水，就从河里面起来一条鱼，对小白兔大声骂道："愚蠢的兔子，敢再用胡萝卜来钓鱼，我一巴掌拍死你。"

这个故事要讲好就需要有一定的叙述策略。倘若换一种方式讲：小白兔用胡萝卜钓鱼，连续钓了三天都没有任何收获，鱼实在受不了它了，就从水里跳出来骂它傻瓜。这样显得索然无味，主题思想没能有力地凸显出来，效果大打折扣。可见讲故事的策略很重要。

已故作家陈忠实史诗般的巨著《白鹿原》开头第一句话是："白嘉轩后来引以为豪的是他一生娶过七房女人。"一句话就牢牢地抓住了读者的好奇心。你会问：什么样的男人会娶七房太太？接下来作者就如数家珍，娓娓道来。等读者把七房女人都搞清楚了，蓦地发现已经一口气读了 50 多页了。

叙述策略就是要讲求铺垫和悬念。激发人们的好奇心，激活人们的逻辑思维，制造认知不和谐，让人们处于不满足的焦虑状态。优秀的悬疑片就是一路上用疑惑抓住观众的意识，剧情的跌宕起伏让受众一直揪心，直到结尾观众才恍然大悟，最好的效果是大大地出乎意料，可是仔细琢磨又在情理之中。观众的大脑里再次回放过程中的细节，感慨其实已经给了很多暗示。这些暗示从叙述者的角度看就是铺垫。

细节刻画

好故事会引领人们进入精神体验，激发人们的想象力，让人们在头脑里产生清晰的画面，有身临其境的感觉。就需要对故事情节进行细致入微、栩栩如生地刻画。文学作品中的细节描述就是要激发读者大脑的想象机能。

- 说话的时候，王老伯的嘴角挂上了自豪的笑容，胡子也跟着翘了起来，眼睛眯成一条线。
- 皎洁的月光下，微风吹来桂花的清香，漫步在静谧的小道上，隐约能听到远处的蛐蛐叫声。
- 瓢泼大雨中，他猫着腰踩着泥泞，艰难地顶风前行，雨水混着泪水顺脸颊流淌到嘴里，咸咸的泪水滋味激起他内心更强烈的怨恨。

上述三段描述都构成了清晰的画面，读者的大脑中很容易闪出相似的画面。很多人担心自己的文学功底不好，从小就怕写记叙文，不容易把故事讲得这么细致。事实上，这件事没那么难，当讲故事的人想到或提到故事的情境时，他的潜意识中就会自然浮现出一幅画面，只要忠实地把潜意识中浮现出的画面描绘出来，听故事的人就会同样感受到这幅画面。这时，两个人的大脑振动频率很接近，活跃区域也很接近，能量很容易在两个振动频率一样的大脑之间流动。

情感渲染

好故事给受众的精神体验不仅仅是画面的，而且还带着能量：语音、情感和动感。这就是另外一个维度，也就是浓度。浓度是一个概括的概念，可以理解为衡量讲故事人在讲述过程中投入自身能量多少的指标。受众的脑海里除了需要一个清晰的画面之外，还要能从讲故事人的语音语调、情感流露、肢体语言中感受到故事主人公的精神状态和情绪强度。

高浓度通常体现在语音的强调、声音的高亢、肢体动作、价值观词汇上，总之，受众要能透过这些细节感受到情感的程度：多么愤怒？多么高兴？多么紧张？多么成功？其实做到强度也不难，首先是语音语调，比如：

> **瓢泼**大雨中，他**猫着**腰**踩**着**泥泞**，**艰难**地顶风前行，雨水混着**泪水**顺脸颊流淌到嘴里，咸咸的**泪水**滋味**激**起他内心更**强烈**的**怨恨**。

这段话中加黑处理的文字要加重、拉长、有力量地读，人们就能感受到讲故事人的情感强度和内在动能。

其次，就是肢体语言，比如，讲故事人可以用肢体语言表现语境中的很多场景，诸如“瓢泼大雨”“猫着腰”“艰难地顶风前行”“泪水顺脸颊流淌”等，都可以用肢体语言表达。

此外，整个过程中讲故事人的眼神和受众对接，用眼神表达自己的情感，就连嘴巴的形状也能表达出内心的力量。

持续优化

我经常用一张卡片，持续优化我的故事。如表 8-1 所示，在每个栏目中写一个故事要素，填写相关内容。如前文所述，任正非董事长成功制止员工游行的故事，就可以用表格进行持续优化。有意思的是，当我把故事内容填入这个结构化表格中的时候，发现原文中的细节描述不够，这也许恰恰是因为该故事的逻辑和情感运用非常出色，而造成了对细节的忽视，框架在提醒我应该补充一些细节描述。于是我返回去补充了几个细节，自己都能感到动人了许多。

表 8-1　持续优化框架（举例）

主题思想：干好本职工作就是产业报国	
故事结构：满足逻辑思维需要	**细节描述：激发想象力**
S：大使馆被炸	黑压压一片，群情激昂
C：民族自尊心受损	竞争对手的交换机就在门口
O：上街游行、回去工作	擦干眼泪，打开电脑
R：更努力地工作	
E：干好本职工作就是产业报国	
叙述策略：激发和满足好奇心	**情感渲染：激发情感动力**
共情：同样愤怒、爱国	受了欺负的愤怒
找根本原因：国力不够	交换机面临被换的焦虑
引发思考：如何提升国力	“憋着这股劲儿”的隐忍
举例：交换机事件分析	对国家强盛的期待
得出结论：努力工作，产业报国	
激发畅想：各行各业都产业报国会如何	
发出号召：回去努力工作	

E 工具箱
EMPOWER LEADERSHIP

开发故事的 5 个方面

第一，主题思想。
第二，故事结构。
第三，叙述策略。
第四，细节刻画。
第五，情感渲染。

持续打磨，让故事成为社交货币

海明威说："任何初稿都是一堆臭狗屎。" 好故事是在不断地传播中持续完善的。既然理解了故事是借以传递思想的工具，那么，工欲善其事，必先利其器，持续打磨自己的故事就好比磨刀。故事的结构、叙述策略以及细节刻画、情绪渲染都可以在实践中持续优化。

故事的迭代优化

英国心理学家弗雷德里克·巴特莱特（Frederic Charles Bartlett）通过讲故事的实验发现，每个人在传播故事的过程中，都会结合自己的经验对故事进行再加工。他把这些再加工分为三种基本类型：

- **钝化：**传播者为了突出故事主题，舍弃自认为无关紧要的细节。
- **锐化：**传播者为了提升故事的感染力，根据自己的经验补充部分细节。
- **合理化：**传播者围绕故事的主题思想重新组织故事内容。

如果把开发故事比作编剧工作的话，那么讲故事就是演员的工作。麦基说："剧作者要为每一个演员提供最大的机会，来展示他们自己的创造力……每一次讲故事既是传播思想的机会，也是验证剧本和优化剧本的机会。"

我有几个故事已经讲过上百遍了，故事情节、叙述策略在讲述中持续迭代优化，动作词汇、细节描述、情绪词汇、肢体语言等都有优化的空间。当"编写故事—讲故事—优化故事"形成一个持续迭代的闭环时，故事就有了生命，故事也在成长。很多人有限制性的信念，认为故事既然是真实的，就不能随便改造。我认为，**故事是用来传播思想的，而不是用来描述事实的**。所以，故事和其他艺术表现形式一样，要源自生活而高于生活。

退一步讲，故事的原作者即便再尊重事实，也难以阻止受众听完他讲的故事，再向第三方传播时不植入自己的演绎。我曾多次听过我的学生向第三方传授我的知识，在现实中验证了知识再生产的属性。同样的信息进入不同人的大脑，产生的反应完全不同，因为每个人都以自己已有的经验、知识和信念来理解这些信息。知识是学员基于自己的经验主动建构的，每个人都可以结合自己的经验和既有知识，对老师所授的内容建构属于自己的版本。我在课堂上也常常做这样的练习：

> 让学员分小组对我讲过的一个故事进行集体再加工，他们可以随意地进行钝化和锐化、合理化的改造。然后让他们派代表分享他们改造过的故事。这个过程常常精彩纷呈，气氛十分热烈，所有参与者都表示收获很大。我会汲取同学们有价值的改造元素，改进这个故事的设计和讲法。

让故事成为社交货币

社交货币（Social Currency）的概念是由乔纳·伯杰（Jonah Berger）在《疯传》（*Contagious Why Things Catch On*）中提出的。社交货币是指利用人们乐于与他人分享的特质，塑造自己的产品或思想，从而达到口碑传播的目的。人们喜欢晒自己独特的生活方式，以此来持续塑造和展示自己的形象，倾向于分享那些使自己的形象显得更高大上的生活内容来凸显自己。而这种分享和获得金钱与食物一样能给人带来快乐。

> 有一次我去深圳出差，朋友一定要带我去吃海边渔村的炖鱼。他先向我渲染了一番：餐馆在很偏远的城中村，环境很糟糕，服务态度也很差，每次去吃都要排很长时间的队，但就是很火，没办法。我们驱车将近一个小时终于赶到，果然排了半个小时的队，到 7 点半才吃上。饥肠辘辘

时果然觉得非常好吃。朋友边吃边赞叹，说今天运气好只等了半个小时，破破烂烂的农村停了这么多高档车，甚至连用餐环境很差和服务员的傲慢都成为他赞叹的内容。这个餐馆就成为朋友的社交货币，我也切实感受到朋友待客的用心。

只要你的产品或思想具备非凡的吸引力，那些铁杆粉丝就会根据自己的所见所闻和理解来主动渲染和传播。很多人都向朋友称赞过海底捞的用心服务、炫耀过苹果手机的独特与好用、渲染过吃羊肉泡馍时掰馍的讲究……我理解，人们之所以喜欢传播这些话题，除了借助这些话题塑造和展示自我形象以外，这些话题也给他们足够的发挥和创作空间，他们可以根据自己的见闻和理解，使用钝化、锐化、合理化的手段发展出自己的故事版本，更卖力地传播自己改编过的故事。

创造流行不见得要有一个精品故事，关键是要有能够成为精品故事的素材。每个人都有自己丰富的经验和聪明的脑袋，建构主义认为知识的一个特性就是再加工性，每个人都可以在传播故事时发展出自己的版本，又热衷于传播自己的版本，流行就这样被制造出来了。

总之，领导力的本质是影响力。用讲道理的方式影响人显然不够，丰满的故事之所以比骨感的道理更能打动人，是因为故事能驱动受众大脑的多个部分参与。赋能型领导者更应该是善于讲故事的领导者，工作和生活中的素材都可以加工成有意义、好传播的故事。

09

在工作中修行

反思觉察

工作是修行的道场。

——世界著名实业家、哲学家　稻盛和夫

EMPOWER LEADERSHIP

E 赋能式思考
EMPOWER LEADERSHIP

- 为什么说领导者成功之前养成反思的习惯至关重要?
- 在复杂多变的环境中，领导者如何保持快速成长?
- 高阶领导者如何实现自我突破?

被誉为“日本经营之圣”的稻盛和夫说：“工作是修行的道场。”《大学》有言：“自天子以至庶人，壹是皆以修身为本。”领导者所从事的领导工作本身也是自己修身的功课，领导者带领团队开展业务的同时，更要注重自身的格局和能力的提升，只有领导者学习进步的速度远大于团队平均水平，才有持续站在领导岗位上的资格。如果领导者自身的格局和能力不够，就会成为整个团队发展的瓶颈，成为限制团队能量发挥的枷锁。领导者常常因为意识不到自己是问题的一部分，而拼命指责下属，陷入“领导有病，让下属吃药”的尴尬局面。本章重点讨论一下领导者自我成长的话题。

成功之前养成反思的习惯

行万里路，不反思也就是个邮差；读万卷书，不反思也就是个 Kindle。经历和经验之间横亘着一个层级叫反思，经过反思的经历才能叫经验；没有经过反思的经验只能叫经历。有的人工作了 10 年是把同样的事情重复做了 10 年，而有的人只工作了半年就能总结出很多经验。

我认为反思是一个人心智模式的迭代，就像APP软件需要常常更新一样，人的心智系统也要常常更新。以前感到俗不可耐的事情，突然觉得妙不可言，说明你的心智在迭代；以前奉若至宝的东西，突然视若敝屣，说明你的心智在迭代；以前忍不了、放不下的事情，现在看来没什么、很平常，说明你的心智在迭代。互联网加快了迭代的速度，手机上的APP每周都在迭代，初次发版功能很一般的APP，可以通过持续的迭代演变成为广受欢迎的APP。其实，人的心智系统也类似，迭代的速度比最初的天赋要重要得多。请问你的心智系统多久没迭代了？

名校毕业生表现平平之谜

阿基里斯在哈佛商学院当兼职教授时，发现哈佛商学院的学生在校时总是踌躇满志的样子，大都抱着成为世界500强公司CEO的职业理想走向社会。阿基里斯想一探究竟：哈佛商学院的毕业生在职场混得到底如何。他对那些曾经在学校踌躇满志的佼佼者毕业10年后的发展情况进行了跟踪调查。结果发现，有相当一部分人在职场上表现平平，他们曾经渴望成为CEO和行业领头人，却陷入中层管理岗位无法继续提升。这个现象引起了阿基里斯的好奇，他进一步跟踪那些郁郁不得志的名校毕业生在工作中的行为表现，发现他们身上有一个共性：他们都有习惯性防御的特点，没有学会如何从失败中学习，当遇到挫折的时候，他们变得过于自我保护，听不进批评意见，把责任推到其他人身上，不会找自己的原因。

这个现象也很容易理解，因为他们带着名校的光环，自我形象很高大，当面对失败时，很容易为维护自我形象而陷入习惯性防御的状态，常常找外部原因，比如感叹运气不好，抱怨队友不给力等，很难做到深刻的反躬自省。因此，他们在工作中表现出来的学习能力和适应社会的能力，并不比普通学校的毕业生强，反而更弱。

在此研究的基础上，阿基里斯后来发展出双环学习的概念。他认为双环学习是学习者通过克服自己“习惯性防御”造成的认知障碍，通过反思对自身心智模式的提升和优化。与之对应的单环学习，强调的是对现状的认知和行为模式的提升。我最通俗的理解是：单环学习是假设身份、价值观都是完美的，不完美的是做事的方法和行为，学习的目的是提高做事的效率；而双环学习则是通过对事件的深刻反思，从而对价值观、身份认知等深层次的心智模式进行优化。

越自大，学习能力越差

阿基里斯还发现，公司的高层管理者身上存在着类似的现象。他曾在1991年《哈佛商业评论》中撰文《教会聪明人学会学习》。他说：“在一个公司变成学习型组织之前，它必须解决一个问题，就是竞争的成功越来越依赖于学习，可是大多数人不知道如何学习。更严重的是，那些在公司中居于领导地位、被认为最擅长学习的人，事实上并不善于学习。”《行动学习塑造组织领导力》里也讲到一个现象：“当一个人获得了较高领导地位以后，他正式的领导力发展活动就停止了。”

从学习的角度看，其背后的道理也很简单。**学习意味着改变，改变的目的是适应环境**。高层管理者高高在上，那些处在低阶的人们会想办法适应他。掌权者身边不乏趋炎附势、曲意逢迎之徒，无论他们做什么都会迎来一片叫好。这会让掌权者误以为自己真的高明，继续任性下去，不做任何改变。实际情况是掌权者不仅未必高明，而且消息闭塞，往往是最后知道坏消息的人。比如乾隆皇帝刚刚登基的时候，名臣孙嘉淦就向乾隆呈上著名的《三习一弊疏》，他说："耳习于所闻，则鼓谀而恶直；目习于所见，则喜柔而恶刚；心习于所是，则喜从而恶违。三习既成，乃生一弊——喜小人而厌君子是也。"孙嘉淦的劝诫对所有位高权重的领导者都有借鉴作用。这是一个很浅显的道理：**那些整天围着你转的人其实都打着各自的小算盘，他们为了自己的利益而对你巧言令色、百般顺从，长此以往，你的感知能力下降了，适应变化的能力也下降了。**

名校毕业生和高级领导者都有很高的自我形象，他们要花更多的能量去建立和维护自己的自我形象，很容易陷入习惯性防卫状态。高大的自我形象在客观上成为他们和外界之间的屏障，妨碍了他们能量的流动性，也妨碍了他们的学习和进步。国内有一项针对恢复高考 30 多年来，各省高考状元发展情况的研究，得出的结论也是类似：这些高考状元没有一位成为行业领袖，没有一位成为行业领军人物，没有一位成为一流科学家。我想其中很大一部分原因在于，过早到来的辉煌和上名校的经历，让他们还没来得及取得更大的人生成就，却率先进入自我意识膨胀的状态，使他们在接下来的人生中，很容易陷入为维护自我形象而习惯性防御的状态，这种状态对他们后续的成长非常不利。

反思，成功前最需要具备的能力

有人问，如何才能走出"获得较高领导地位后，领导力发展就停滞了"的怪圈？如何才能做到职位晋升而学习能力同步提高？我认为最重要的解决方法在于：努力在获得地位和权力之前，修炼自己的自我反思能力。当还不具备较强的自我反思能力就获得了巨大的成功时，很容易让一个人栽大跟头。早年的史玉柱就是一个例子，年纪轻轻获得商业上的巨大成功，在众人的追捧下把持不住自己，好大喜功地要盖一幢 70 层的摩天大楼，最后因资金链断裂而破产。

所以，越有潜力的人才，越应该早早培养自己的学习反思能力。越想坚

实持久发展的事业，经营班子越应该把复盘当成一种工作习惯。柳传志在联想推行复盘工作法，倡导复盘是一种工作方式，实为高明之举。他说：

> 联想有一种称为复盘的学习方式：做一件事情，无论失败或成功，都重新演练一遍。大到战略，小到具体问题，原来的目标是什么，当时怎么做的，边界条件是什么，做完了回过头来看，做得正确不正确，边界条件是否有变化，要重新演练一遍。我觉得这是提高自己非常重要的一种方式。

在复杂多变的商业社会中，没有人能保证永远把握住机遇，没有人能保证永远不犯错误，关键是如何在经验中学习，不断提升自己的心智模式，持续提高自己对环境的适应能力。华为轮值主席徐直军说："经验是华为最大的浪费。"不要轻易放过一段经历和经验，如果能够从每一段经历和经验中萃取一点未来可能用得上的财富，日积月累下来就是大智慧。人力资源管理大师戴维·尤里奇最爱问的问题就是："你从中学到了什么？"

霍华德·加德纳把反思智能作为人的 8 大基本智能之一。稻盛和夫的 6 项精进把反思作为其中之一，他认为，"竭尽全力、拼命工作"再加上"天天反省"，我们的灵魂就会被净化，就会变得更美丽、更高尚。反省就是耕耘，整理心灵的庭院。要通过天天反省，扫除心中的邪念，然后播种美丽的花草，让清新、高尚的思想占领心灵的庭院。

反思的根本目的是在经验中萃取有价值的元素，从而优化自己的思维模式和能量运用模式，反思实际上是心智模式的持续迭代过程。当一个人在成功之前就能养成时时反省的习惯，在事业路上抗风险的能力就很强，从某种意义上讲，他更具备持续成功的可能。反之，即便取得暂时的成功，也必将会因为不具备反思能力而遭遇巨大挫折。

觉察，大格局与大境界

我很欣赏《菜根谭》里的一句话："立身不高一步立，如尘里振衣，泥中濯足，如何超达？"在尘土里振衣，在泥水里洗脚就干净不了。修行的核心任务就是突破自我束缚，不断提升自己的境界，立身要高，格局要大，如稻盛和夫所言："让我们的灵魂走的时候比来的时候高尚一些。"要提升自己的境界，首先要提高觉察力，有效的反思建立在内在有效的觉察之上。

换位思考，以限制自我膨胀

意识的局限使得人们考虑问题常常局限在自己的角度。庄子在《齐物论》中道："物无非彼，物无非是。自彼则不见，自知则知之。"事物有对立总会分彼此，仅仅从彼的角度则看不见此，因为"此亦一是非，彼亦一是非"。只有观人之心，也观己之心，才能洞察全面。"夫子之道，忠恕而已"。忠就是忠于内心，恕就是要换位思考。

换位思考，是人们常常挂在嘴上，却做得最不够的一个概念。试问，在冲突的当下，在利益攸关的局面里，有几个人能真正做到换位思考？要把换位思考当成一种思维习惯需要长时间的强化训练。关于换位思考，有一个故事给我的印象深刻：

有一个颇有名气的、很高端的私立幼儿园，只有家境殷实的孩子才有实力进去。一次，老师带着一群孩子去户外活动，孩子们玩得非常开心，直到下午快放学的时候才被校车送回学校。返校后，老师发现居然少了一个孩子，当下就慌了，赶紧向园长汇报。园长马上动员所有教职员工去寻找，同时也通知了孩子的家长，家长急疯了，一大群人大呼小叫地在孩子们玩耍的周围四处寻找。还好，在天黑之前终于找到了这个

4 岁半的孩子——她一个人在一个废旧的工地旁边哇哇大哭。老师赶到了，孩子狠狠地瞪着她，妈妈也赶到了，搂着一脸委屈并抽泣着的孩子。

妈妈说："我知道你一个人很孤单、很害怕、很着急。你一定很恨阿姨不小心让你落单了吧？"

孩子委屈地点点头。

妈妈说："你现在已经回到妈妈身边了，一切都过去了，你不用担惊受怕了。可是宝贝，你注意到没有，阿姨一直比妈妈还担心你的安全，她感觉自己犯了很大的错误，可能因此受到园长的处分，甚至丢掉工作。你快过去亲阿姨一下，告诉她你没事了。"

孩子走上去亲了阿姨一下，难为情地说："阿姨，别担心，我没事了。"

要是换了其他家长，可能早已经把阿姨骂个狗血喷头了，甚至指着鼻子骂园长"幼儿园怎么能如此不负责任"。而这位家长的处理方式非常独特，她先换位思考地说出女儿的感受，重要的是让女儿内心重新回到安全的状态。然后又引导女儿换位思考老师的处境，让女儿学会宽容和谅解。真正高素质的家长绝对不是因为家里有钱、有地位而任性，恰恰是因为有涵养、有格局而大度，她用言传身教的方式教女儿从小学会换位思考，学会宽容。父母有换位思考的习惯，孩子才会逐渐养成换位思考的习惯。

我非常喜欢庄子"此亦一是非，彼亦一是非"的说法，只有快速换位到对方的角度，从对方的眼睛看问题，我们才有机会冲出自己意识的束缚，觉察事情的真相，作出合理的决策。换位思考是一个很重要的思维习惯。

第三方视角，跳出情绪泥潭

仅仅从彼此的角度看问题还不够，要提升对事情的觉察力，还需要引入第三方视角。第三方视角好比架在旁边的摄像头，把冲突的各方表现和整个过程都拍摄下来。对事情的觉察就像警察办案时调出当时的监控录像，只要人们习惯用第三只眼看事情，觉察力就会提升到一个新的境界。

据说印度尼西亚有一个80多岁的华人巨富，他12岁下南洋，大字不识一个的他居然白手起家闯出一份伟大的事业，事业有成之后做了很多慈善事业。有人好奇地问他："你一生并没读过多少书，怎么能作出这么多正确的决策？怎么能有如此高的境界？"他讲了自己的故事：

> 小时候家里很穷，孩子很多。12岁那年，家里穷得实在揭不开锅，父亲迫不得已放手让我这个老大出去闯荡，与其饿死在家里，不如跟随村里的流民下南洋，也许还有一线生机。父亲帮我拿着几件简单的行李送到村口，分别的一刹那，父子都意识到此一别很可能是生离死别。父亲语重心长地说："孩子，临别了，爹没什么好送你的，就送你一句话吧，遇事不好决策时，就想一想，假如父母在你身边，他们会不会支持你这么做？"我就带着这句话去了南洋。后来的几十年里，我遇到过各种各样的困难，面临各种各样艰难的选择，我都会问自己："假如父母就在身边，他们会不会支持我这么做？"我在对待竞争对手、对待下属、做慈善事业等需要作出决策时，都会问自己这个问题："假如父母就在身边，他们会怎么做？"

实际上，父亲的临别赠言在客观上帮助这位富商养成了一个很好的习惯，那就是用第三方视角审视问题，从而提升自己对问题的觉察能力。

在教练技术中，有一个很有用的工具叫作导师桌，就是采用这个原理：当被教练者遇到很难决策的问题时，教练引导被教练者在记忆中找出自己最崇拜的三个偶像作为导师，可以是历史人物，也可以是现实人物。然后问："假如我的某位偶像遇到同样的情境，他会做什么样的决策？"引导被教练者从第三方视角看待自己遇到的难题，并换位到自己偶像的角度寻找对策。

还有一种教练技术是帮助人们从情绪中抽离以来：假如某人为某事非常烦恼，情绪很大。教练可以尝试引导他坐在观众席上，将发生的事情像放电影一样回放一遍，观众的视角是第三方视角，第三方视角最大的特点是能帮助人们从情绪中抽离出来，单纯从认知的角度审视问题。

着眼未来，作出理性选择

时间是一个很重要的变量，20 岁、30 岁、40 岁、50 岁的我们，对同一件事情的看法绝对不一样。时间可以模糊很多记忆，时间也可以清晰很多东西，时间可以化解很多矛盾……过去很大的事情，到今天就成了故事，今天很大的事，到未来也就是个故事。一些难解的问题放到时间的长河里前后看看，自会有不一样的觉察。

领导老赵不仅经常给下属小刘很多关照，甚至时不时地还给小刘送礼。老婆很不解地问："你在单位不仅地位高，而且资格老，为什么要去巴结一个小年轻？"老赵摇头说："你想想，小刘是博士学历，心地也好，年纪轻轻就工作成绩突出，深受各方好评。我还听说，他眼下正与局长女儿热恋，前途不可限量呀。要是再往远看 10 年，那时候我就该退休了，而小刘也许刚刚上位。我现在帮帮他，日后他要是上位，岂能忘了我？"

这个故事虽有揶揄意味，却也算是对时间转移的一个生动解释：老赵正是用着眼未来的思考提升了觉察力，从而能审时度势，反过来巴结下属。

康熙晚年唯一可以畅怀交谈、毫无顾及的知己叫方苞。他在遇到难以决断的事情时，常常咨询方苞。相传，康熙在确立继承人的问题上非常纠结，传给老四胤禛？还是老十四胤禵？最后问计于方苞。方苞说："立嗣大事，事关社稷，何妨考虑得再长远些。"康熙问："如何考虑得再长远些？"方苞说："不仅考皇子，而且要观圣孙。"一句话点醒了梦中康熙。

因为康熙喜欢胤禛的儿子弘历，所以决定传位给胤禛。方苞成功地把康熙的思维引向更远的未来，从而改变了他脑海中天平两边的平衡，更改变了历史进程。

尽管这个故事也许只是个传说，却是一个极好的着眼未来的例子。当决策者权衡再三，举棋不定的时候，如果能够有效引导其思维导向更长远的未来，决策者便会有不同的觉察，影响决策的力量结构就有机会改变。

立身高远才能超达

不难看出，各种转移的本质，无非是让人的思维能够跳出自我、跳出当下，只有跳出当下的意识，才能超越当下的意识。还有更高的转移，就是让意识站在天地、宇宙、银河系等更高、更广阔的空间思考问题。我发现，圣人的言论无一例外都是站在更广阔的空间、用更高的视角去看问题的。

佛陀说："色即是空，空即是色。"空和色只是有形的物质和无形的物质区分，没有什么本质的不同。佛陀主张大千世界，万物皆有灵性，人们和动物没有什么不同。

耶稣主张博爱、宽恕，理想是创造一个充满爱的世界。

老子则说："大道泛兮，其可左右。万物恃之以生而不辞，功成而不有。衣养万物而不为主，可名于小；万物归焉而不为主，可名为大。以其终不自为大，故能成其大。"

庄子有齐万物、等生死的主张，还说："天地有大美而不言，四时有明法而不议，万物有成理而不说。"

孔子主张礼与仁，也常用高远的视角看问题。比如，子曰："天何言哉？四时行焉，百物生焉，天何言哉？"

孟子主张施仁政，说恻隐之心，人皆有之。还教导人们："老吾老，以及人之老；幼吾幼，以及人之幼。"

鬼谷子格局更高，他说："目贵明，耳贵聪，心贵智。以天下之目视，则无不见也。以天下之耳听，则无不闻也。以天下之心虑者，则无不知。辐辏并进，则明不可塞。"用俯瞰天下的眼睛看，没有看不见的，用广闻天下的耳朵听，没有听不到的，用胸怀天下的心去思考，没有不知道的。

圣人的言论有一个共同点，那就是高屋建瓴，胸怀天下，仿佛站在宇宙的顶端俯瞰地球，又好像把所有的生灵视为己出，关注着它们的幸福。那些有力量的伟大言论，好像句句都是来自宇宙的天籁之音，说到每一个人的心坎里。这就是更高级别的转移——超世俗转移。如果一个人能尝试从更高的层面俯瞰问题，视角就会不一样，得出的结论也会不一样。

能用父母心、圣人心看世界，当然就更具家国情怀，更具使命感和责任感。老子认为："受国之垢，是谓社稷主；受国不祥，是为天下王。"一个人有胸怀承受国家之责难，可以做国家的领导者；一个人有胸怀承受国家之灾难，可以做天下的领袖。"贵以身为天下，若可寄天下；爱以身为天下，若可托天下。"一个人能够把天下看得比自己的命还贵重，才可寄以天下重任；像珍爱生命一样珍爱天下的人，才可以将天下托付于他。

常人虽不能时时处处表现得像圣人一样，但养成以更高的视角俯瞰问题的习惯，一定能提高自己的觉察力。觉察是修行的起点，是格局的基础。

成长意味着改变

俞敏洪在一次演讲中说青春和年龄无关，和活力有关。确实，有的人死了，他还活着，他的思想还永葆青春，持续给人活力；有的人活着，他已经死了，因为他生存的方式就是日复一日简单地重复，就像驴子拉磨一样。从这个意义上讲，我们每个人都可以衡量一下自己在多大程度上还保持着青春？还活着？

可以有个百分比。

生命的活力体现在对待变化的态度上

青春跟活力相关，活力又跟什么有关呢？我认为，一个人对变化的态度可以看作衡量活力的指标。你是喜欢变化的好奇、拥抱变化的新意、享受变化的快乐，还是喜欢沉浸在过去、期待维持当下的安稳、排斥不确定因素的危机呢？老子讲：“柔弱者，生之徒，强壮者，死之徒。天下至柔，驰骋天下之至坚”保持生命的柔性，就会适应外界的环境，适应环境是生存能力的重要标志。“物壮则老，是谓不道，不道早已。”物壮则老就是僵硬的状态，僵硬僵化就是离死亡不远了。

接下来，怎么看一个人有没有活力呢？那就要看他运用自身内在能量的方式和习惯。如果一个人总是用同样的逻辑和模式运用自己的内在能量，每天都重复着同样的事情，得过且过，生命沦为驴子拉磨式的，当然缺乏活力。如果一个人总是喜欢尝试用不同的方式运用自己的能量，对外界保持不变的好奇心，总喜欢体验不一样的感觉，欣赏变化带来的快感和成就感，他的生命才有活力。鲁泰斯说：“上个世纪有很多人没有活明白就死去了，但愿这种悲剧不会在这个世纪延续。”**保持和恢复生命活力是教育者义不容辞的责任，也是领导者义不容辞的责任。**

其实，自然界任何生物的成长和发展都符合这个规律：一方面，保持自己最核心的特征不变；另一方面，在持续稳定地变化中。稳中求变，既不失其本性，又不乏发展的感觉，在变化中适应环境。动物的皮毛在冬天就会加厚，北方的植物在冬天会落叶，几乎所有的生物都会根据环境的变化而变化。而在人类的精神领域，也当然要与时俱进，每个人都应该找到成长的感觉，感受变化带给人们的不同体验。

在时代飞速发展，外部变化日趋频繁的今天，任何人、任何组织，如果仍在按部就班地重复着原有模式的话，用不了三五年，就会惨遭淘汰。与时俱进是祖先留给我们的精神财富，生生之谓易，一旦你感受到自己的模式和状态在较长时间里都没有发生变化，就一定要提高警惕了。彻底不变，就无法适应变化的环境，也就面临着被时代淘汰的危险。电影《老炮儿》中的主人公六爷，年轻的时候意气风发，甚至是那个时代少女崇拜的偶像，然而，一个时代一拨人，一个时代一种价值观，如果不能与时俱进，终将显得不合时宜。

一个自己不愿意改变的人也很难让别人改变。每个人身上都有不可改变的底线和可以改变的部分，当一个人很难改变的时候，就说明基本不具备学习力。如果讲师是一个油盐不进、又臭又硬的石头，又如何促进学员改变？孔子讲了四个不："毋意，毋固，毋必，毋我。"即不主观臆断，不固执已见，不绝对化，不以自我为中心。如果做不到毋意、毋固、毋必、毋我，那么修身就耽搁了。修行最重要的一个标志就是有所改变，一个人停止了改变，就像老子所说的"物壮则老，是为不道，不道早已"，意味着提前衰老，也意味着精神生命提前结束。**在外部世界加速变化的今天，拥抱变化是所有人必备的立身处世态度。**

像树一样成长

树木的成长是有年轮的，每一年都比上一年有明显的增量成长。在自然界的很多生命体上都能明显地洞察到成长的痕迹，其背后有一个数学的模型即自然基数。2、3、5、8、13、21、34、55、89、144……这个基数的特点是，后一项是前两项之和，后一项又约等于前一项的 1.618 倍，实际上，自然基数是符合黄金分割法则的一种增长基数。人的成长也一样。假如人的成长也有“年轮”的话，每一年都应该有增量的成长，这样人们才会有成就感，体验到成长的快乐，才会有成长的动力。

具体到认知脑、情感脑、行为脑三个不同能量运用系统来说，人们每年都要能够感觉到认知、情感和行为的增量，成长的“年轮”才会被清晰地感知到。有意思的是，这三个方面的增量是相互影响的，有增量的认知，才会有增量的行为；有增量的行为，才会有增量的情感体验；有增量的情感体验，才会激励人们反思和更大胆地探索，于是，内在的能量循环就运行起来，人的内在一旦建立起相互增强的内在循环，成长的通路就建立起来了。因为脑、心、腹三部分能量都有一个 Δ 增量，所以人们成长的势能就很足，势能转化成动能，成长的动力就很足。我发现，那些工作有激情，目标意识、责任心和执行力都强的员工，总是能找到自己的 Δ。这是我把自己多年观察的经验，与麦克莱恩的三脑理论建立关联之后的一种建构，我做了很多验证，感觉非常实用。我称之为“3Δ 法则”。任何人，只要找到自己脑、心、腹三个维度的 Δ，不仅不会感觉职业厌倦，反而会越干越起劲；相反，在那些有职业厌倦感的人身上，总会发现脑、心、腹三个环节中某个环节卡壳了。所以，我经常问员工：“你找到自己的 Δ 了吗？”找到 Δ 就找到了成长的乐趣，找到成长的乐趣就找到了生命的意义和价值，就能很好地把意义、活力、快乐三个人生最重要的要素整合好。每年都能找到 Δ 的人，生命的“年轮”就很清晰，成长的轨迹就会形成一条螺旋上升的线，有目的演进的过程就线条优美地呈现出来，我把这个过程形象地总结为图 9-1 所示。

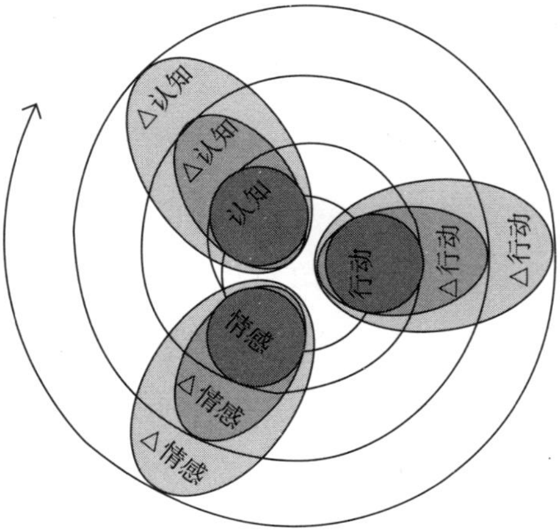

图 9-1　成长的“年轮”

黄仁宇先生在他的《万历十五年》中谈历史的演进也用了类似的说法，画了一张类似的图。他的观点是，历史发展进程中总有两种力量在角力，一种力量是总要维持旧系统、旧秩序的保守势力；另一种力量是总想建立新系统、创建新秩序的新锐势力。前者是内敛力，后者是外张力，两种力量角力的结果必然使历史的发展成为一个螺旋线。他还强调，随着科技的进步、人类的智慧不断快速进化，外张力总是要略大于内敛力，人类历史的演进因此有一个加速效应。这几年，在互联网的驱动下，我们大家都能明显感受到这种加速效应的威力。

重新定义，重新实践，重新体悟

在一个岗位上几十年，若总是用同样的模式为人处事，那么，再高大上的工作都会沦为枯燥的驴子拉磨模式。游戏吸引人的地方在于它总让人闯关，每一关都有它的新鲜和挑战，让人着迷欲罢不能。其实工作中也能找到玩游戏的感觉，只不过其中的“关”要自己寻找，自己定义。如果把领导力的进阶比作游戏，新手把领导力定义为控制，要把手下的员工管好了；资深点的领导者把领导工作理解为营造文化，总是控制怪没意思的，不如营造积极上进的文化，造成“三勤加一懒，想懒不得懒”的效果；再资深点的领导者会意识到领导力的精髓在于激励，只要激励到位，员工就会自己干；更进一步的领悟，领导力可以定义为授权、信任和激发；我现在将其定义为引领团队共同做事、共同成长，更强调成长……其实，以上这些都对，都是有效领导力的一个方面。领导力进阶过程就是不断地重新定义领导力的内涵，根据自己的最新理解去实践，在实践中再深度体悟。在职场 20 多年来，我对领导力、教学、行动学习、演讲、著书立说等很多工作都有若干次重新定义。让我欣喜的是，每次重新定义都让我加深了对工作的理解，找到更多的理论支持，也拓宽了它的应用面。多次重新定义之后，开始有了豁然开朗的感觉，逐渐体悟到“运用之妙，存乎一心”的乐趣。

要想成为任何一个领域的专家，对你所从事的工作没有十次八次的重新定义是不行的。可悲的是，很多人从事某项工作一辈子也就对工作有一种理解，把同样的模式重复了几十年，最终也没有进入更高层次的领悟。

找到自己的 Δ

我有一个朋友在几年前就给我分享他的活法，他说：“人生就是旅途，就是一次生命的体验，我每年都要尝试玩一种自己没玩过的东西，去年是摄像，今年是学乐器……去一个自己没去过的地方，完成一个自己以前认为不可能的挑战。总而言之，我对自己的要求是，在有限的时间里，体验更多人生的精彩。”我觉得他是活明白的人，人类与生俱来的好奇心驱使我们探索未知、体验新奇、感受新鲜。

人性中最矛盾的一点是：既害怕变化，又厌烦不变化。变化太大会让人心生恐惧，没有变化又会让人倦怠消沉，每个人都需要在变与不变之间找到一个点，体验变化带来的新奇，体悟不变沉淀的真谛。

多数人疲于奔命，得过且过，没有时间思考这些问题。**我认为，优化个人能量分配方式和运用习惯的绝好做法，就是每隔一段时间总结一下过去的成长变化，规划一下未来的 Δ。**

我曾经面对 170 多名职业经理人授课，用工具帮助他们规划未来一年的发展。首先，让每个人搜索自己的记忆，回顾自己人生中发展最好的一个阶段，让大家画出这个阶段每年的成长年轮，每一年自己认知上的提升（对事业理解的不同与自己目标的不同）；行动上的差异（比以前有什么具体不同的做法）；情感体验的不同（不同的认知、不同的行为带来什么不同的人生体验）。

等大家完成了成长回顾之后，顺势邀请他们规划自己新的一年。我问他们："在新的一年里，你对事业有什么不同的理解，你有什么不同的梦想？你打算有什么不同的行动？想象一下，这些不同的想法和行动，又会给你带来什么不同的体验？"

这些练习做完之后，我会说："如果你真是一个对自己负责的人，那么今天做的这个练习将至关重要，你应该把它贴在你的办公桌旁边，时刻提醒自己。人是唯一一种能为自己规划未来的物种，请坚定不移地朝着你规划的方向行动，力争每一年都找到成长的感觉。"

太多的领导者过分关注外在的绩效指标而忽视了内在的员工成长指标，而员工成长指标才是业绩可持续的基础。**领导者不仅要自己善于提升觉察力，不断找到自己开展业务的 Δ，还要善于帮助团队成员找到他们的 Δ，发自内心的 Δ 才是工作中的势能，开展工作的时候，势能可以转化成动能。业务设计时势能越足，员工在业务开展中释放的动能也越大。**

高阶领导者的自我突破

我认为，职业生涯初期应该把重心放在如何发挥自己的优势上，如果一个人能把自己的优势能力和才干整合起来，凸显在工作中，且不说能否取得最好的绩效，至少在工作中不会有厌倦和枯燥的感觉，而且优势能力也会在工作中得到进一步的开发和提升，形成良性循环。但到了工作 10 年以后，职业生涯进入升职突破的关键期，却不能不关注自己的明显短板了。有时候，高阶领导者的显著短板会给团队带来灾难性的后果，强项当然要淋漓尽致地发挥，短板也要达到及格线以上，不能拖了后腿。

持续自我否定，绽放生命精彩

拉姆·查兰（Ram Charan）的《领导梯队》（*The Leadership Pipeline*）是领导者必读的好书。拉姆·查兰把领导者的晋级之路分为六级，并且定义了每一级领导者的身份定位、核心任务，以及胜任本职工作所必需的核心理念、能力和时间分配。不难看出，在领导力进阶的过程不是自然积累过程，而是蜕变过程。领导者的修炼难就难在一路上需要持续地自我否定，与时俱进：传统的管控方式在工业化时代是可行的，在互联网时代却不灵了；身先士卒的方式对基层领导者来讲是美德，对高层领导者而言却是致命的缺点。老子说："正复为奇，善复为妖。" 孙子说:"水无常势，兵无常形。" **能随时势、职位不断权变，无论环境怎么变化总有办法整合资源、发挥优势、绽放精彩的领导者才是得道的领导者。**

领导者在从底层到高层的进阶路上，每一次进阶都因职位身份的不同而带来工作理念的革新，关键能力的学习和时间分配的改变，意味着自我否定。领导者事实上的领导层级要根据其领导行为来判断，有的领导者虽然名片上的职位是总监，可每天干的事情更像班组长。有的领导者已经晋升到很高的职位了，却仍保持着他们当班组长时候的作风。领导者与时俱进、与位俱迁的持续修养，直接决定着自己的前途和事业的可持续发展。

事实上，每个人都能体验到成长带来的变化。随着年龄的增长，人们的审美情趣有很大的变化。年轻时觉得俗不可耐的事情，到中年感叹其妙不可言；年轻时觉得很酷的动作，到中年觉得极其无聊；年轻时难以忍受的事情，到中年感到十分平常……所有这一切的变化都是成长带给人们的感觉。

学习是人的本能。在每个人身上，无意识学习的东西要比有意识学习的东西多得多。每个人的处事方式都不可避免地带着童年经历的影子、家族的模式、学生时期的印痕，甚至早年工作的影响。这些元素既是我们成为今天这个样子的原因，又是我们明天持续修行的功课。如果一个人总是带着过去陈旧的模式工作和生活，总是受看不见的模式限制，如同自己把自己关在牢房里，虽然在物理意义上是自由的，但在精神上却如同关在笼子中的老虎。要有活着的感觉，就必须不断摆脱旧有模式的束缚，发展出全新的模式，尽情地绽放生命的精彩，让家族的进化在自己这一代有足够的增量和升华。**人生中的每一次重大进步都意味着跟历史的彻底决裂。**在某种程度上，可以把它理解为对家族旧模式和旧系统的背叛，因此，海灵格说："罪恶感是成长必须付出的代价。"尽管孔子以"三年不改于父之道"为孝的表现，但我认为，倘若终生小心翼翼地活在家族旧模式的局限里，那才是更大的不孝，相当于把家族进化的接力棒丢了。有继承、有发展才是进化的真相。

放下自我防御，反求诸己

归根结底，不能很好地跟各种人打交道的原因在于自我的边界感太强，总是不自觉地在维护自我形象和捍卫自我的边界上投入很多能量。只有发展出很强的觉察力才能客观地评价自己，才能在自我辩护上少花一些能量，在自我反思上多用一些心事。《道德经》开篇便讲“常无欲，以观其妙，常有欲，以观其徼。”欲望让人的视野变得很窄，思维受限制，所以只有放下我们自己的欲望，才能觉察到大千世界的奥妙；带着自己的欲望，就能觉察到物我的界限：这个是我的，那不是我的，就有了分别心。把过错都推诿给环境和他人，把功劳都归结为自己努力的解释是人类的基本归因偏差。外归因固然保护了自己的界限，给自己一个无辜者甚至是受害者的理由，从而获得某种解脱，同时也错失了自我反省和提升的机会。**自我不是辩护出来的，而是开拓出来的，越辩护越小，越开拓越大，而开拓的前提是找到不足。**

老子说：“吾所以有大患，为吾有身，及吾无身，吾有何患？”爱因斯坦说：“人是宇宙的一部分物质，而且是受时空限制的一部分。人们会觉得他的思想与感受和世界其他部分是割裂的，这是意识的一种错觉。这种错觉是我们的牢笼，将我们的欲求和情感限制在少数一些和我们亲近的人当中。我们必须将自己从这个牢笼中解放出来，拓宽我们的胸怀，去拥抱所有生灵和整个世界的美，这是我们的使命。”当一个人总想捍卫自己，证明自己是对的，指责别人错了的时候，也许更应该思考：我们是否把宝贵的生命能量用错了方向。

“无之以为用”与“反者道之动”

在个人修养上，我从《道德经》中得到很大的滋养。老子的“有之以为利，无之以为用”是说你的优势在给你带来便利的同时，也常常限制了你；你不具备的优势才是未来有待拓展的空间。老子说：“弱者道之用，反者道之动。”意思是向相反的方向探索是“道”的运动方式：**外在的烦恼要向内找平衡；如果用尽优势、竭尽全力仍达不到目的，就要反过来弥补短板。**

马莉曾经是某公司销售副总裁的助理，后来由于工作表现极好，晋升为总裁助理。在公司所有高管眼里，马莉都是一个责任心强又超级能干的人才。公司华东区总经理的位置空缺了，人力资源部搞公开竞聘。好几个候选人想争这个位子，马莉也在其中，她特别想去一线锻炼一下。大家都觉得凭她跟所有高层领导的关系，这个职位非她莫属。她自己也这么认为。

可最后的结果偏偏不是她，甚至她还听说5位决策领导没有一人支持她。马莉不解了，这些领导表面上都跟她关系不错，表扬她工作杰出，为什么在关键时刻都不帮她的忙呢？人心叵测呀。一夜失眠后马莉决定问一下她的老领导，销售副总裁。老领导说："参与决策的5位领导一致认为你勤奋敬业，是一个杰出的高级助手。同时，我们也一致认为，华东区总经理的位置上需要一个能够独当一面的狠角色，还需要有敏锐的市场洞察力。大家共同担心的是你不具备这两个核心能力，勉强派你去了反倒毁了你。"

听完老领导的话，马莉陷入了沉思。

马莉在总裁助理的岗位上发展出很好的执行力，是一个很好的副手。但缺乏独当一面的决断力和业务的洞察力。她必须发展出必要的决断力和业务洞察力，才能胜任更高的职位。

刘刚是某公司主管研发的副总裁，从程序员干起，因为思维敏锐、技术高超，又有极强的钻研精神，所以一路上成为研发团队的领头人，公司很多产品都是他一手参与研发出来的，他逐步被提拔为主管研发的最高领导。最近，他手下的骨干员工塌方式的集体辞职，刘刚总抱怨这些90后的程序员没有敬业精神，简直没法用。HR经理跟要离职的员工谈话，大家共同的指向是："刘总对人太恶劣，实在受不了了。"HR经理很好奇，既然刘总脾气不好，这些人为什么以前不辞职？经过更深入的了解才搞清楚事情的真相。以前，刘总主要负责把握技术方向和顶层架构，具体工作都由研发中心副总朱总落实，朱总体谅下属、待人宽厚，斡旋于刘总和其他骨干之间，既能正确传达刘总的思想，又能激励业务骨干们拼命干。不料今年年初，朱总辞职创业去了，骨干们直接向刘总汇报。而刘总整天逮住谁骂谁，闹得团队鸡飞狗跳。大家实在难以忍受，不约而同想着辞职走人，反正研发人员在外面很抢手，找工作不是问题。

因为技术过硬，又是有功之臣，刘刚被提到高管的位置。但他并没有带领团队的能力，所幸的是，有一个带团队能力较强的副手弥补了他的短板，所以很多年来，整个团队仍能维持风平浪静。但当副手离职之后，刘刚的短板显现出来了。带领团队的能力成为刘刚晋升后的最大能力瓶颈。从以上两个案例不难看出，优势突出的人往往劣势也同样突出，似乎优势总有与其固定搭配的劣势。所以，到了高阶领导者，每个人修身的功课都不一样。

同时，这两个案例也提醒领导者，对待下属要量才任用、因材施教。孔子是因材施教的高手，最典型例子在《论语·先进篇》里有载：

子路问："闻斯行诸？"子曰："有父兄在，如之何其闻斯行之！"冉有问："闻斯行诸？"子曰："闻斯行之！"公西华曰："由也问：'闻斯行诸？'，子曰：'有父兄在'；求也问：'闻斯行诸？'子曰：'闻斯行之'。赤也惑，敢问？"子曰："求也退，故进之；由也兼人，故退之。"

子路大概是勇敢胜过谋略的人，行动脑能量有余而认知脑能量不足，所以，孔子劝诫他遇事多征求父兄意见，借用外脑的反馈以弥补脑能量的不足；冉有则属于思考得多，行动得少的人，认知脑能量有余而行动脑能量不足，所以孔子鼓励他果敢行动。拿今天的观点看，孔子善于感知学生的能量状态，继而找到针对性的方法来优化学员的能量分配和应用方式，从而达到促进学员改变的目的。即便在现在看来，孔子的教育方法都是超前的。

向不同类型的人学习

领导者在自身的修养上要学会向不同类型的人学习。古人云“圣人无常师”。孔子道：“三人行必有我师”。年轻时心高气傲，交的朋友全是跟自己志气相投的同质类朋友。由于自己欣赏自己，所以人们自然也喜欢和自己相似的人交往，相似相容是人际交往的重要规律。物以类聚，人以群分。相似的人自然会形成一个群体，他们对支持自己的全体，称之为内群体偏好。反对与自己的群体调性不同的群体，称之为外群体贬抑。

然而，随着领导者职位的进阶，管理跨度和复杂度的提升，带领不同性格、不同价值观和不同信仰的人一起工作，成为很重要的事情。这种能力被称之为管理多样性的能力。觉察能力强的人就会发现：你最不欣赏的人身上往往具备你最缺乏的特质，你对他们不欣赏的原因大多是自我防御心理在作祟。他们的很多思维方式和行事方式恰恰是你应该学习的。

小时候我们不吃辣椒、不吃香菜、不吃苦瓜，长大后什么都能吃，我们的生活适应能力提高了。当一个人能够和各种类型的人很好地相处的时候，毫无疑问，他的人际能力就提高了。

找一面镜子很重要

刚开始修行的人总喜欢问上师：“您看我修行有进步吗？”上师总是鼓励他说：“你悟性高，进步很大。”于是，修行者更加虔诚和卖力地做功课。

一年以后，修行者又禁不住问上师：“您看我最近修行有进步吗？”

上师说：“我不清楚。”

修行者问：“您以前不总是说我进步大吗？”

上师说:“初学阶段确实进步明显，夸你进步大也是为了鼓励你，到了现在，我就不容易感知你的进步了。”

修行者问:“那我怎么才能感知到自己的进步呢?”

上师说:“这恐怕要问你的夫人、下属和学生。”

修行者问:“这又是什么道理呀? “

上师答:“这些人整天跟你打交道,他们最容易感受到你的言行变化,可以从这些变化中感知到你的进步。修行的结果反映在你对外人，尤其是社交中处于劣势地位的人的态度上。”

你有没有变化，跟你接触的人容易感受到。在修行路上，每个人都需要时不时地“洗洗澡”“照照镜子”。如果能有一两个跟你讲真话的好朋友，就像拥有一面镜子一样，他能给你很多真实的反馈和有价值的建议。孔子云:“益者三友，友直、友谅、友多闻。”真正好的朋友，敢说真话，彼此包容且博学多闻。越是高阶的领导者越需要益友。有讽刺意味的是，当你位高权重的时候，身边说真话的人就少了。所以，在还没有登上权力巅峰的时候，交一两个无话不说的挚友很重要。

组织，为员工赋能的平台

这本书的内容脱胎于我常讲的转变领导方式的系列课程。互联网在以全新的方式颠覆着传统行业的同时，也正在颠覆着传统的组织治理方式。萨利姆 · 伊斯梅尔在他的《指数型组织》一书中指出："当你的思维是线性的，行为是线性的，而且衡量世界和成功的方法也是线性的时候，你就会不由自主地走向线性组织的结局，用线性的镜头来观察这个世界。"未来的组织必须有超越传统的运作方式，对外必须能够对复杂多变的外部环境作出更快速的反应，对内又必须能够持续激发精英员工的内在动力，并在工作中持续为他们赋能。阿里巴巴集团学术委员会主席曾鸣教授在为《重新定义公司》撰写的序中提到："未来组织最重要的职能是赋能，而不再是管理或激励。"这就意味着，领导者不能再运用工业化时代的管控思维来开展业务、带领团队了，必须发展出与组织的赋能职能相匹配，与互联网时代的精神相适应的全新领导方式。

互联网时代的领导方式应该如何转变？为此我做了大量的主题阅读，用我独特的方式在课堂上开发课程，在实践中淘出一些既有理论支撑又很实用的方法和工具，发展出9门课程。每门课程的开发都参考了20本左右的书籍，并用我最自信的教学方法进行授课。我的课堂惯用研讨对话的方式，引导学员把实际业务难题放到我提供的方法论框架中去解决，于是每次授课也变成了打磨这些方法论和积累案例素材的机会。按说在这9门课中，每一门课都可以独立成册写一本书，可惜精力实在不能兼顾，只好删繁就简地压缩为16万字左右。整合在一起，命名为《赋能领导力》。

究竟什么是赋能领导力？我认为应该从领导者的四项基本技能说起：抓业务能力、带队伍能力、自我发展能力和体系化能力。较之传统的领导方式，赋能领导者在这四方面的工作都要重新定义，用全新的方式开展工作。

抓业务能力：持续激发和整合团队智慧以应对环境变化

领导者最重要的职责之一是，为整个组织设定方向并持续带领团队实现新的业务目标。传统的组织经营秉承的是系统工程思想。最高领导者对整体业务进行完整的顶层设计，然后将其分解为若干个可以单独完成的任务，而每个任务又交给不同的团队去完成，最后所有团队的工作成果集成为一个整体，崇尚的是设计好了再干。在业务开展过程中，工业时代的外部环境变化不像今天那么快，组织的最高领导者有能力把握全局，做好总体设计，然后命令下属部门各司其职。下属部门遇到问题，当然要请教作为组织战略总设计师的最高领导者。最高领导者可以做到乾纲独断，一声令下问题迎刃而解。

而互联网时代的情况大不一样了，外部环境在快速变化，处处充满不确定性和模糊性，业务越来越复杂。最高领导者在客观上不具备顶层设计的能力。组织不再是一个贯彻高层设计思想的机器，而更像在高层意志与基层实践共同作用下持续进化的有机体。**组织的商业模式，是由高层的指导性概要设计和基层的创新性实践合力演变而成的。业务设计崇尚边干边设计的敏捷迭代方式。商业模式并不是一开始就能想清楚**

的，而是在实践中边干边调整和优化，逐渐演变出来的。在谷歌看来，是他们的文化塑造了战略，而不是战略塑造了文化。恰恰是因为他们尊重个性、崇尚创新的经营文化逐渐演变出他们的战略。

赋能领导者懂得用群策群力的方式，能够激发和整合整个团队的智慧来设计未来业务、推动组织变革并解决业务开展过程中的各种问题。唯有这样的领导方式，才能使组织的业务随复杂、快速的环境变化而随需应变，也才能在开展业务的同时赋予团队成员一套不变的应对变化、推进变革、解决问题的能力。本书第一部分的三章内容聚焦赋能领导力的业务技能，分为业务设计、引领变革、解决问题三章内容。

带队伍能力：领导者要教导他人成为领导者

工业时代的组织是职能组织，是落实最高领导者既定战略的机器。组织把员工假设成工具，号召员工做革命的螺丝钉。福特甚至抱怨："我只需要雇用一双手，却必须雇用一个人。"今天，福特想雇用的那种人都可以用机器人替代，所以仅凭一双手生存的自然人，会因为多了一个会思考的脑袋而被机器人淘汰。**互联网时代的组织是以创意精英为主体的创新组织。组织的定位悄然发生了改变，组织是为创意精英赋能，帮助他们成功的平台。员工借助组织平台发挥他们的核心优势和创造力，绽放生命的精彩。员工不再是完成任务的工具，而是事业的合作伙伴**。

在赋能组织中，领导者要把每个员工假设成小CEO，给他们营造创业的机制和在业务中成长的机会，员工才能从工作中得到足够的创新空间、成就感和成长锻炼。传统的领导者可以绩效至上，而互联网时代若不关注员工的发展和成长，创意精英就会率先不跟你玩了。所有员工都有深度参与业务决策，把自己的才智通过创新性业务开展绽放出来的诉求，需要在产品与服务的独特风格中寻找自己的成就感和自豪感。唯有这样才能激发创意精英的内在动力。《易》云："一阴一阳之谓道。"如果把企业经营比作走路，那么当期业绩就是迈在空中的那条腿，而团队能力则是还踏在地上的那条腿。团队能力建设是组织可持续发展的保障，是未来业绩的基础，更是留住人才的重要手段。

组织要在未来的竞争中取胜，领导者最应该转型成为赋能型领导者，把团队建设、人员培养这种原来并不怎么重视的工作，提高到空前重要的高度，充分激发员工深层次的内在动力，并在工作中培养下属的业务推进和带领团队的能力。本书第二部分聚焦赋能领导者带队伍中的三项核心工作：化解冲突、教练下属和团队学习。化解冲突意味着整合个体差异、挖掘团队合作潜力；教练下属则是持续优化下属的能量运用状态，使其始终保持面向未来的积极主动状态；团队学习探讨如何在实践中不断萃取基层最佳实践，把局部最佳实践推广到全局，从而实现业务设计和实践的迭代循环。

自我发展能力：领导者自身的成长速度须大于团队的平均成长速度

只有自己的成长速度远大于团队平均速度，领导者才有资格晋升或保持现有的岗位。因此，**赋能领导者持续发展自身是带动整个团队成员在工作中成长的关键。在互联网时代，自身发展的关键在于，提高个人的影响力、不断拓展人脉和在实践中持续反思觉察的能力。**本书的第三部分探讨这三项能力的发展。

首先，领导者的另一个角色是业务代言人。我常常开玩笑地说，在互联网时代，不是网红的CEO不是好CEO。我认为，互联网时代的领导者更需要借助故事传播自己的思想，营销自己的业务。诺埃尔·蒂奇认为，领导者要会讲三种故事，丹尼尔·平克则把“故事力”定义为决胜未来的6大能力之一。如何做一个有故事的领导者？如何开发自己的故事？如何用讲故事的方式开展业务？如何在演讲中持续打磨自己的故事？

其次，互联网让所有人深切体会到人脉的价值，以至于有人慨叹，在互联网时代，低调就是自残，先赚流量再变现。现实情况是，有意识、有规划地发展管理能力和发展自己人脉的人并不多，正如很少有人把自己的饮食和健康纳入有意识关注的范围一样。拓展人脉也有整套的方法和策略，而这一点也曾是我本人发展领导力上的一个短板，好在意识到了就会刻意重视。本书第7章重点讨论构筑人脉的话题，这个话题在互联网时代已经不再是私人话题，而是开展业务的重要技能。

最后，领导者自己要能够持续进步，具备自我觉察和反思能力。这一点更为重要。反思是心智模式迭代的重要手段，领导者的心智模式也要不断迭代更新。具有讽刺意味的是，职位越高、能力越强的领导者越容易自我意识膨胀，越难认知迭代，常常出现“最高领导者自身成为组织持续变革的最大障碍还不自知”的情况。**如果领导者能够把反思复盘当成工作中的习惯，组织、下属以及领导者自身都将不断地重新定义、持续成长。**

体系化能力：有方法将资源整合成绩效

尽管本书并没有设置专门的章节讨论领导者如何发展体系化能力，却在每一章的行文中都强调了做事的方法技能。真正的高手永远守住一套不变的套路，以应对纷繁复杂的外部形势。GE克劳顿维尔学院教授谈到方法论时曾经说：“在GE，尽管我们不知道明天会遇到什么挑战，但是无论遇到什么挑战，我们都有应对它的方法。”麦肯锡年轻的顾问就能为世界500强公司做高端咨询，是因为他们有一套自己的方法技能；在世界500强公司的CEO中，大约1/3的人有在GE从业的经历，是因为GE沉淀了许多诸如群策群力、六西格玛之类的方法技能，这些技能让他们培养出来的经理人能够适应各种复杂的经营环境。所谓方法技能，就是解决某类问题的一套框架流程和工具的集合。方法技能是组织智慧的核心，是百年基业的真正基础。有丰富的方法技能沉淀的组织，才是经得起历史考验的组织。方法技能的总结需要一个去背景化的抽离过程，萃取方法技能的目的，如同盖房子用事先做好的预制板一样，正是为了下次遇到类似情境时能够快速地做出反应。我认为，今天我们最应该向西方学习的是抽象模型和总结方法论的技能。

除做事有方法、有套路外，领导者的体系化能力还体现在刻意营造组织文化上。如果领导者能够坚持用敏捷迭代的方式开展业务，依靠方法技能和群策群力的方式提升组织能力，用激发而非控制的方式带领团队，用教练而非命令的方式教练下属。久而久之，整个团队一定会发展出有创新活力、勇于面对挑战、人人主动积极自我实现的文化。这种文化的形成是赋能领导力的必然结果。

总之，在我心目中，领导者带领团队开展业务的最理想的状态是：**业务模式在实践中得到磨合和发展，团队在实践中发展出更强凝聚力和战斗力，员工在挑战中得到十足的成长，领导者自己也在实战中持续提升**。此四者相互影响，相互促进，形成良性循环。

本书正是为实现这样的理想状态而提供了一系列理论支撑和落地方法论。这些内容都是我结合各种最新的管理思想，在实践中摸索出来的，可以自豪地说，书中介绍的每个方法都是我在实践中检验过的。但愿本书对读者实现与时俱进的领导力转型有所帮助。当然，我的实践也受到很多局限，权以此书抛砖引玉，更期待您在实践中发展出自己独有的方法论。

最后，我要借本书出版之际，再次感谢老东家用友集团和王文京董事长对我多年的信任和培养，我对赋能领导力的体悟多半源于我在用友大学的管理实践和给用友同人上课的感悟。今年5月，我做了一个让自己年轻10岁的艰难决定：辞去用友集团副总裁兼用友大学校长的职务，开创属于自己的事业，成为北京易明管理咨询公司的创始人。我将致力于改变领导力培养和讲师培养两个领域的传统僵化模式，让多年的积累发挥更大的社会价值。

感谢家人对我工作上的支持，年迈的老母亲一字一顿地读过我写过的每一本书，给了我很多反馈和支持，妻子任海宁承担了大量的家务，还让我在不惑之年再为人父，大儿子今年高考考出不错的成绩，小儿子坤宝给我带来无限快乐。感谢湛庐文化董事长韩焱女士对本书的支持和关注，感谢总编辑董寰女士和策划编辑陈杨女士为本书出版付出的巨大努力，感谢大家!

EMPOWER LEADERSHIP 参考书目

[1] 萨利姆·伊斯梅尔，迈克尔·马隆，尤里·范吉斯特.指数型组织：打造独角兽公司的11个最强属性[M].苏健译.杭州：浙江人民出版社，2015.

[2] 田俊国.上接战略，下接绩效：培训就该这样搞[M].北京：北京联合出版公司，2013.

[3] 田俊国，杨业松，刘智勇.玩转行动学习：用友大学最佳实践揭秘[M].北京：电子工业出版社，2016.

[4] 田俊国.精品课程是怎样炼成的[M].北京：电子工业出版社，2014.

[5] 丹尼尔·平克.全新思维：决胜未来的6大能力[M].高芳译.杭州：浙江人民出版社，2013.

[6] 诺埃尔·蒂奇，艾利·柯恩.领导力引擎[M].周景刚译.北京：中国人民大学出版社，2010.

[7] 杰弗瑞·菲佛.权力：为什么只为某些人所拥有[M].杨洋译.杭州：浙江人民出版社，2015.

[8] 蒂姆·布朗.IDEO，设计改变一切[M].侯婷译.

[9] 罗杰·马丁.整合思维[M].胡雍丰，仇明璇译.北京：商务印书馆，2010.

[10] 罗杰·马丁.商业设计：通过设计思维构建公司持续竞争优势[M].李志刚，于晓蓓，等

译.北京：机械工业出版社，2015.

[11] 戴维·格雷.Gamestorming：创新、变革&非凡思维训练[M].方敏，郭艳春，林涛译.北京：清华大学出版社，2012.

[12] 拉斯洛·博克.重新定义团队：谷歌如何工作[M].宋伟译.北京：中信出版社，2015.

[13] 史蒂芬·柯维.高效能人士的第八个习惯：从效能迈向卓越，第2版[M].陈允明,王亦兵译.北京：中国青年出版社，2010.

[14] 罗伯特·鲁特-伯恩斯坦，米歇尔·鲁特-伯恩斯坦.创意天才的思维方法：世界著名创意大师的13种思维工具[M].王美芳，王蕾译.北京：电子工业出版社，2015.

[15] J·斯图尔特·布莱克，哈尔·B·格雷格森.变革始于个人[M].王霆译.北京：中国人民大学出版社，2011.

[16] 约翰·P.科特，丹·S.科恩.变革之心[M].刘祥亚译.北京：机械工业出版社，2013.

[17] 吉姆·柯林斯.基业长青[M].俞利军译.北京：中信出版社，2009.

[18] 杰克·韦尔奇，约翰·拜恩.杰克·韦尔奇自传[M].曹彦博，孙立朋，丁浩译.北京：中信出版社，2013.

[19] S.兰·罗伯逊.问题解决心理学：心理学导读系列[M].张奇译.北京:中国轻工业出版社，2004.

[20] E.布鲁斯·戈尔茨坦.认知心理学：心智、研究与你的生活，第3版[M].北京：中国轻工业出版社，2015.

[21] 戴尔·卡内基.人性的弱点[M].胡晓姣译.北京：中信出版社，2012.

[22] 罗伯特·麦基.故事：材质、结构、风格和银幕剧作的原理[M].周铁东译.天津：天津人民出版社，2014.

[23] 史蒂芬·柯维.第3选择：解决所有难题的关键思维[M].李莉，石继志译.北京：中信出版社，2013.

[24] 道格拉斯·斯通，布鲁斯·佩顿，希拉·汉.高难度谈话[M].王甜甜译.北京：光明日报出

版社，2015.

[25] 大卫·R·霍金斯.意念力：激发你的潜在力量[M].李楠译.北京：光明日报出版社，2014.

[26] 罗伯特·迪尔茨.语言的魔力[M].谭洪岗译.长春：北方妇女儿童出版社，2016.

[27] 斯蒂芬·吉利根.艾瑞克森催眠治疗理论[M].王峻，谭洪岗，吴薇莉译.北京：世界图书出版公司，2007.

[28] 陈中.复盘：对过去的事情做思维演练[M].北京：电子工业出版社，2013.

[29] 克里斯·阿吉里斯.组织学习：第2版[M].张莉，李萍译.北京：中国人民大学出版社，2004.

[30] 冈岛悦子.我在哈佛学到的人脉课[M].薛天依译.天津：天津教育出版社，2012.

[31] 弗雷德·赖克哈尔德.终极问题：创造好利润，促进真成长[M].杨大蓉译.北京：商务印书馆，2008.

[32] 埃伦·范·韦尔索.CCL领导力开发手册：第3版[M].徐中，胡金枫译，北京：北京大学出版社，2015.

[33] 黄仁宇.万历十五年[M].北京：中华书局，2007.

[34] 拉姆·查兰，斯蒂芬·德罗特，詹姆斯·诺埃尔.领导梯队：全面打造领导力驱动型公司，原书第2版[M].徐中，林嵩，雷静译.北京：机械工业出版社，2016.

未来，属于终身学习者

我这辈子遇到的聪明人（来自各行各业的聪明人）没有不每天阅读的——没有，一个都没有。巴菲特读书之多，我读书之多，可能会让你感到吃惊。孩子们都笑话我。他们觉得我是一本长了两条腿的书。

——查理·芒格

互联网改变了信息连接的方式；指数型技术在迅速颠覆着现有的商业世界；人工智能已经开始抢占人类的工作岗位……

未来，到底需要什么样的人才？

改变命运唯一的策略是你要变成终身学习者。未来世界将不再需要单一的技能型人才，而是需要具备完善的知识结构、极强逻辑思考力和高感知力的复合型人才。优秀的人往往通过阅读建立足够强大的抽象思维能力，获得异于众人的思考和整合能力。未来，将属于终身学习者！而阅读必定和终身学习形影不离。

很多人读书，追求的是干货，寻求的是立刻行之有效的解决方案。其实这是一种留在舒适区的阅读方法。在这个充满不确定性的年代，答案不会简单地出现在书里，因为生活根本就没有标准确切的答案，你也不能期望过去的经验能解决未来的问题。

湛庐阅读APP：与最聪明的人共同进化

有人常常把成本支出的焦点放在书价上，把读完一本书当做阅读的终结。其实不然。

时间是读者付出的最大阅读成本

怎么读是读者面临的最大阅读障碍

“读书破万卷”不仅仅在“万”，更重要的是在“破”！

现在，我们构建了全新的“湛庐阅读”APP。它将成为你“破万卷”的新居所。在这里：

- 不用考虑读什么，你可以便捷找到纸书、有声书和各种声音产品；
- 你可以学会怎么读，你将发现集泛读、通读、精读于一体的阅读解决方案；
- 你会与作者、译者、专家、推荐人和阅读教练相遇，他们是优质思想的发源地；
- 你会与优秀的读者和终身学习者为伍，他们对阅读和学习有着持久的热情和源源不绝的内驱力。

从单一到复合，从知道到精通，从理解到创造，湛庐希望建立一个“与最聪明的人共同进化”的社区，成为人类先进思想交汇的聚集地，共同迎接未来。

与此同时，我们希望能够重新定义你的学习场景，让你随时随地收获有内容、有价值的思想，通过阅读实现终身学习。这是我们的使命和价值。

湛庐阅读APP玩转指南

湛庐阅读APP结构图：

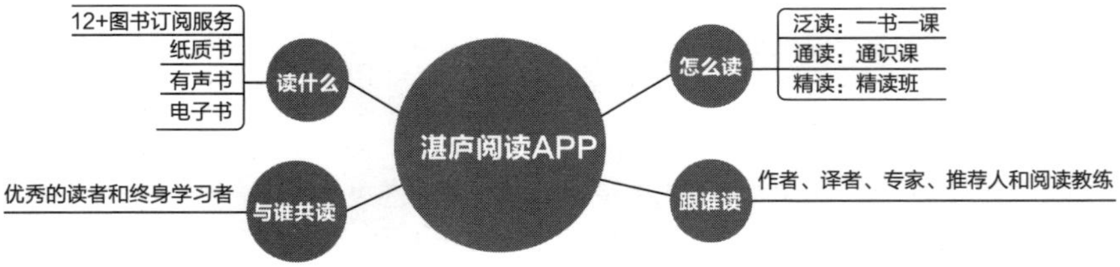

三步玩转湛庐阅读APP：

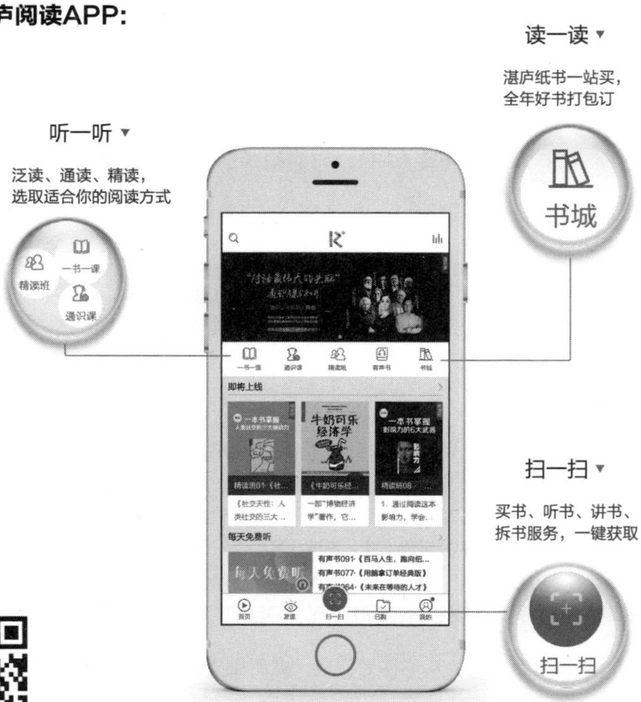

APP获取方式：

安卓用户前往各大应用市场、苹果用户前往APP Store
直接下载“湛庐阅读”APP，与最聪明的人共同进化！

使用APP扫一扫功能，
遇见书里书外更大的世界！

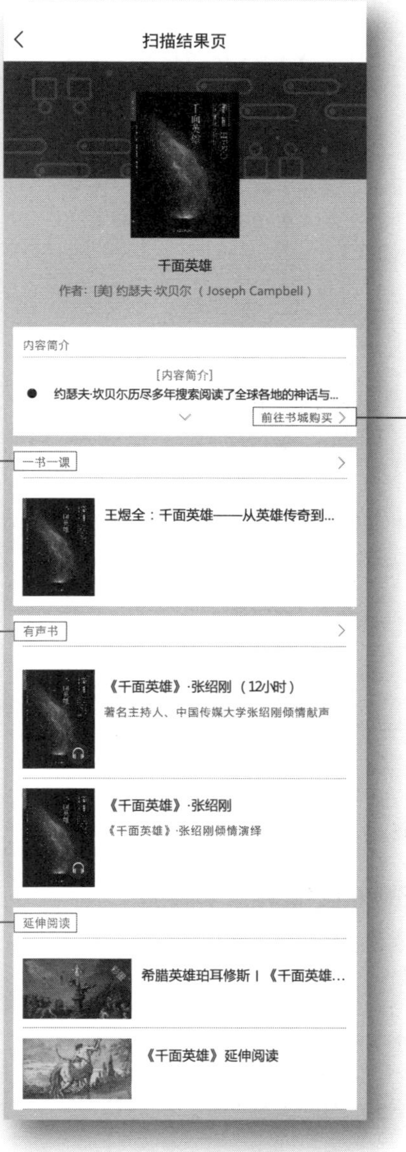

快速了解本书内容，
湛庐千册图书一键购买！

大咖优质课、
献声朗读全本一键了解，
为你读书、讲书、拆书！

你想知道的彩蛋
和本书更多知识、资讯，
尽在延伸阅读！

湛庐文化 Cheers Publishing
a mindstyle business 与思想有关

延伸阅读

沃伦·本尼斯经典四部曲（纪念版）

◎ 领导力之父，为领导学建立学术规则的大师，“领导学大师们的院长”沃伦·本尼斯四部曲纪念版:《领导者》《成为领导者》《七个天才团队的故事》《经营梦想》经典再现！

◎ 了解近代西方领导力思想、认识现代组织的领导力真谛、迎接当下和未来的领导力挑战。

◎ 清华经管领导力研究中心主任杨斌教授主编，清华经管领导力中心研究员、学堂在线“中国创业学院”频道主任徐中博士领衔翻译并审校！

使用“湛庐阅读”APP，
“扫一扫”获取本书更多精彩内容
ISBN 978-7-213-07633-6

商业的本质四部曲

◎“管理思想界的奥斯卡”，全球最佳管理思想的风向标，THINKERS 50 出品“商业的本质四部曲”:《管理的本质》《战略的本质》《创新的本质》《领导力的本质》隆重上市！

◎ 汇集全球最杰出的大师思想，直击企业发展痛点，洞悉不确定时代的商业本质。

◎ 清华经管领导力研究中心主任杨斌教授主编，海尔集团董事局主席张瑞敏鼎力推荐！

使用“湛庐阅读”APP，
“扫一扫”获取本书更多精彩内容
ISBN 978-7-300-23755-8

奇点大学书系

◎《富足》X 大奖创始人、奇点大学执行主席彼得·戴曼迪斯震撼之作！

◎《创业无畏》入选美国权威网络媒体 Business Insider2015 年最佳商业畅销新书榜单。

◎《指数型组织》美国亚马逊有史以来评分最高的商业图书，被 Frost&Sullivan 公司评为 2014 年最佳商业图书。

使用“湛庐阅读”APP，
“扫一扫”获取本书更多精彩内容
ISBN 978-7-213-07655-8

《全新思维决胜未来的 6 大能力》全新版

◎ 著名未来学家、趋势专家丹尼尔·平克畅销 8 年的著作再度登录中国，全新译本、经典升级。

◎ 未来是那些跨领域人才、故事型人才、创意型人才的天下。对于当今那些仍然奋斗在工程师、律师等岗位上的专家型人才来说，是时候给自己的工作来点不一样的色彩了。

◎ 著名管理学大师汤姆·彼得斯称赞该书是一大奇迹，把作者誉为新时代的“哥白尼”。

使用“湛庐阅读”APP，
“扫一扫”获取本书更多精彩内容
ISBN 978-7-213-05410-5

图书在版编目（CIP）数据

赋能领导力 / 田俊国著. — 杭州：浙江人民出版社，2017.7

ISBN 978-7-213-08109-5

Ⅰ.①赋…　Ⅱ.①田…　Ⅲ.①领导学　Ⅳ.①C933

中国版本图书馆CIP数据核字（2017）第146533号

上架指导：管理 / 领导力

赋能领导力

田俊国　著

出版发行：浙江人民出版社（杭州体育场路347号　邮编　310006）

市场部电话：（0571）85061682　85176516

集团网址：浙江出版联合集团　http://www.zjcb.com

责任编辑：蔡玲平

责任校对：戴文英

印　　刷：河北鹏润印刷有限公司

开　　本：720mm ×965mm 1/16　　印　　张：18

字　　数：235千字　　插　　页：1

版　　次：2017年7月第1版　　印　　次：2017年7月第1次印刷

书　　号：ISBN 978-7-213-08109-5

定　　价：59.90元

如发现印装质量问题，影响阅读，请与市场部联系调换。